数字营销系列

互联网思维
直播带货的运营法则

余来文　甄英鹏　苏泽尉　叶　萌 ◎ 著

企业管理出版社
ENTERPRISE MANAGEMENT PUBLISHING HOUSE

图书在版编目（CIP）数据

互联网思维：直播带货的运营法则 / 余来文等著. -- 北京：企业管理出版社，2021.1

ISBN 978-7-5164-2284-7

Ⅰ. ①互⋯ Ⅱ. ①余⋯ Ⅲ. ①网络营销 Ⅳ. ①F713.365.2

中国版本图书馆CIP数据核字（2020）第216864号

书　　名：	互联网思维：直播带货的运营法则
作　　者：	余来文　　甄英鹏　　苏泽尉　　叶　萌
责任编辑：	郑　亮　　黄　爽
书　　号：	ISBN 978-7-5164-2284-7
出版发行：	企业管理出版社
地　　址：	北京市海淀区紫竹院南路17号　　邮编：100048
网　　址：	http：//www.emph.cn
电　　话：	编辑部（010）68701638　　发行部（010）68701816
电子信箱：	qyglcbs@emph.cn
印　　刷：	河北宝昌佳彩印刷有限公司
经　　销：	新华书店
规　　格：	170毫米×240毫米　16开本　17.5印张　318千字
版　　次：	2021年1月第1版　2021年1月第1次印刷
定　　价：	58.00元

版权所有　翻印必究·印装有误　负责调换

前言

2020年是直播带货的超级爆发年，不同的头部主播和企业家们都陆陆续续随着快速发展的势头创造出一波又一波的销售高潮和令人瞩目的销售业绩。2020年6月18日晚，格力电器董事长董明珠举办了大型直播带货活动，微信小程序"格力董明珠店"当天的销售破百亿元，达到了102.7亿元。2020年4月1日在抖音，罗永浩的直播首秀交易额达1.1亿元，半年左右时间，其6亿元的债务已经还清了4亿元，剩下的预计未来一年左右能还清，他表示等把债务还清后，要拍一部纪录片，记录这段"诡异"的人生旅程，纪录片的名字他都想好了，叫《真还传》。

直播带货，首先，主播对产品的基础卖点、使用场景必须熟悉，并以此来调动消费者的体验与认知。其次，主播带的货要与人设、货品、人群、场景相匹配，围绕其粉丝画像与购买力选择货品；更重要的是，在运营时需要前置，并优化货品筛选，在前期也要做好宣传和话术优化，直播结束后还要进行复盘总结等。最后，优秀的直播带货能够创造流量，拉近用户与电商（平台）、品牌商家之间的距离，能够全方位展示产品。企业持续关注直播，向数字化运营转型是顺应形势，但也应该看到，无论这个模式有多么"耀眼"，直播电商也不可能解决一切销售问题。

直播作为一种新媒体手段，在当下营销手段日新月异和竞争日趋激烈的市场状态下，能给商家带来缓解压力和突破瓶颈的风口。本书以理论和实际相结合的方式，分析了直播带货运营法则的四个关键要素：平台运营、直播分享、私域生态和直播变现。

平台运营是直播带货入门的基础，了解并学习直播平台、营销模式、团队搭建及流量分发机制，有利于从中寻找自己的突破口。

直播分享把内容、IP、产品、价值的分享经济进行剖析，逐步深入学会如何搭建自己的特色路线和稳定输出优质内容。

当形成特色路线后，就可以开始圈定私域流量，形成专属的私域生态，这也是直播带货的生存命脉和底层逻辑，盘活它、裂变它、转化它，是直播带货成功最重要的抓手。

最后定格在直播变现，当流量有了、粉丝有了、产品有了、人设有了，就需要通过各种途径和方法进行有效的快速变现和营利。

通过分析成功的直播带货案例，本书在正文案例里面与读者进行剖析分享，结合直播带货行业最新发展理论知识，让读者既能快速学到知识，又能从新时代互联网思维实践案例当中找到知识的落脚点，让学习不再枯燥。

随着5G、大数据、AR/VR和人工智能等在各行各业的广泛应用，直播带货以新媒体的方式把人类带入万物可播的时代，创业者和品牌商需要通过不断的学习，以强大的新媒体运营能力支撑企业的发展。不见不识，不学不会，不疑不懂，做一个有心人，听一次思考十次，见一次实践十次。

在写作过程中，感谢刘梦凡、詹丽珍、黄思超、刘可、杨烨等同学参与本书相关章节资料、案例查找，并协助编写。特别需要说明的是，本书在编写过程中，学习、借鉴、吸收和参考了国内外众多专家学者的研究成果及大量相关文献资料，引用了一些书籍、报刊、网站的部分数据和资料内容，并尽可能地在参考文献中列出，也有部分由于时间紧迫，未能与有关作者一一联系，敬请见谅，在此，对这些成果的作者深表谢意。限于编写者的学识水平，书中难免会有疏漏，敬请广大读者批评指正，使本书将来的再版能够锦上添花！如您希望与作者进行沟通、交流，请与我们联系。

联系方式：eleven9995@sina.com；zhenyingpeng@163.com

2020年10月10日

目录

第一章 直播带货

第一节 直播带货小时代 ... 6
 一、直播带货 0→1 聚变与 1.0→5.0 裂变 ... 7
 二、直播带货的互联网思维 ... 22

第二节 引爆用户体验新逻辑 ... 27
 一、链接、流量、关注与粉丝 ... 27
 二、网红、达人与用户体验 ... 28
 三、数据、数据链与数据网络 ... 32

第三节 直播带货的法则 ... 33
 一、平台运营 ... 34
 二、直播分享 ... 35
 三、私域生态 ... 36
 四、直播变现 ... 39

本章小结 ... 45

第二章 平台运营

第一节 直播带货平台的万千世界 ... 51
 一、秀场直播平台 ... 52
 二、游戏直播平台 ... 56
 三、泛娱乐直播平台 ... 56
 四、短视频直播平台 ... 60
 五、垂直直播平台 ... 60
 六、小程序直播平台 ... 61

i

第二节　新营销模式 62
　　一、市场定位与粉丝细分 63
　　二、盈利模式的再设计 67
　　三、粉丝资源整合与开发 69
　　四、KOL/KOC 互动营销 69
第三节　平台运营 70
　　一、主播的选择与培养 70
　　二、产品的选择 71
　　三、直播团队的打造与分工 73
　　四、直播前的准备与直播间搭建 74
　　五、直播平台吸粉方法 75
第四节　流量管理 78
　　一、粉丝基数、纯度与黏度管理 79
　　二、用户、网红与平台大数据管理 79
　　三、引流效应评价与数据分析 80
　　四、短视频等内容营销的流量管理 84
本章小结 89

第三章　直播分享

第一节　直播分享与粉丝眼球 96
　　一、分享的关键词 97
　　二、颜值不止于表象 98
　　三、用户体验实际而灵活 105
第二节　IP 分享模式 108
　　一、IP 的泛化：类型文本的分享 108
　　二、IP 的转化：圈子空间的分享 113
　　三、IP 的优化：粉丝数据的分享 114
第三节　产品分享模式 115
　　一、拼多多模式 115
　　二、去中心化模式 118

三、平台化模式 120
第四节　内容分享模式 124
　　一、PGC 模式 124
　　二、UGC 模式 126
　　三、EGC 模式 129
第五节　价值分享模式 133
　　一、用户参与模式 133
　　二、数据价值链模式 136
　　三、价值网络化模式 141
本章小结 146

第四章　私域生态

第一节　私域流量池 152
　　一、公域与私域流量的内涵 153
　　二、公域流量的背景 158
　　三、私域流量的本质 160
第二节　私域流量运营的底层逻辑 169
　　一、私域流量运营 169
　　二、私域流量的底层逻辑 175
第三节　私域流量运营流程 183
　　一、需求洞察：精准定位用户痛点和资源 183
　　二、流量积蓄：裂变和社群打造流量池 186
　　三、价值服务：直播塑造口碑 190
　　四、体验转化：诊断和体验课赢得信任 196
第四节　打造私域流量生态圈 200
　　一、微信+社群 201
　　二、直播的私域玩法 202
　　三、三者相结合的私域流量玩法 203
本章小结 207

第五章　直播变现

第一节　直播变现的价值与内涵 ……… 215
　　一、直播变现的本质 ……… 215
　　二、零售行业入局"直播+"的机会 ……… 215
　　三、直播变现的未来价值 ……… 216

第二节　直播带货的流量变现 ……… 217
　　一、直播节目与广告结合 ……… 217
　　二、植入式广告 ……… 222
　　三、电商卖货 ……… 225

第三节　直播带货的内容变现 ……… 231
　　一、卖会员 ……… 231
　　二、卖赏赐 ……… 234
　　三、卖付费观赏 ……… 240
　　四、卖版权 ……… 242
　　五、卖吃货 ……… 243

第四节　直播带货的"流量+内容"复合变现 ……… 248
　　一、卖服务 ……… 248
　　二、卖影响力 ……… 249
　　三、卖悬念互动 ……… 253

第五节　跨界变现 ……… 255
　　一、"跨界+变现"：走多样化的互联网道路 ……… 255
　　二、直播带货"众生相"：跨界多元的产品模式 ……… 256
　　三、"直播+教育"跨界：实现学习资源共享 ……… 257

第六节　直播盈利模式在线 ……… 261
　　一、增值服务盈利：让流量转化为实际销量 ……… 261
　　二、广告投放盈利：使直播和电商、娱乐相融合 ……… 262
　　三、孵化"网红+电商"盈利：促进直播平台的转型与改进 ……… 262

本章小结 ……… 267

参考文献 ……… 268

第一章

直播带货

直播未来肯定会成为电商领域、电商零售业领域里的一个标配。等到尘埃落定之后，除了少数头部的会比较不一样以外，绝大多数从业人员就是在线售货员，本质就是这样。

——锤子科技创始人　罗永浩

开篇案例

快手：短视频领域独角兽直播带货的背后是什么

一、公司简介

快手的前身是GIF快手，诞生于2011年3月，是一款制作分享GIF图片的应用软件。2012年11月，GIF快手开始了艰难的转型之路，将自己重新定位为短视频社区。在一年多的发展过程中，GIF快手不断开拓社交职能，实现了向短视频社交的扩展。2013年10月，GIF快手正式确定转型为短视频社交平台。2014年11月，GIF快手正式更名为快手，重新出发。2015年6月，快手用户突破1亿人，2016年4月，突破4亿人。在积累了大量的用户后，快手也开始做起了电商。许多主播在快手带货并取得了良好的效果。许多CEO更是入驻直播间，为品牌助力。

2020年5月11日，董明珠降临快手直播间，成功带货3.1亿元。2020年6月11日，网易CEO丁磊在快手带货，开播4小时实现成交额7200万元，观看人数达到1600万人。这无不展现了快手强大的带货能力。究其背后，正是快手带货的底层逻辑发挥的巨大作用。

二、快手商业模式分析

快手直播带货的逻辑如图1-1所示。

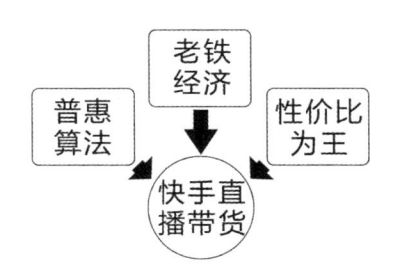

图1-1 快手直播带货的逻辑

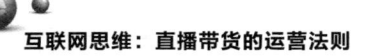

第一，普惠算法打造均衡健康生态。相较于同类型短视频APP抖音定位于内容的特征，快手将战略定位于人，这一点从快手"记录生活记录你"的品牌标语中就可以看出。快手关注的重点并不在于平台是否能塑造一些大流量、大网红，而是重视不同类型、不同地域、不同粉丝基础的主播的均衡发展。例如，在一些平台上，一些头部主播由于其强大的影响力和高质量的内容就能被平台反复推荐，获得极大的曝光率，而一些腰部、脚部主播由于无法获得流量，得不到曝光很难成长起来。而快手则不同，快手的逻辑旨在让所有人都拥有发展的机会，其更强调的是公平。

快手的算法机制独特。转型之初，快手上的短视频推荐还是简单地按时间顺序进行展示。这种方式一方面会减少用户的兴趣，另一方面也可能会增加搜寻信息的相关成本。后来，快手认识到短视频按时间展示的劣势，积极将算法技术引入短视频的推荐中，促使企业慢慢步入正轨。快手的算法机制遵循着"去中心化"的原则，即每个人都能成为中心。因此，平台对所有的用户都公平对待，并不会因为内容、身份等就进行流量的倾斜。在快手，如果一个视频得到广泛传播成为爆款，快手的算法就会对其进行限流，减少视频的曝光度，所以在快手很难形成热门、大流量；但是同样地，对新用户来说，他们拍摄的视频即使刚开始面临着粉丝数量少、点击率很低、流量很小的问题，快手也不会将其石沉大海，而是一视同仁地进行推送。除此之外，快手还将基尼系数引入算法之中，通过对视频推荐、点赞评论的控制来减少平台上的两极分化。总而言之，快手的模式不仅可以给许多新主播带来发展的可能性，帮助快手开拓新用户，而且使得快手形成了均衡、健康的经营模式，有利于快手生态长期稳定的发展。

第二，老铁经济奠定直播带货基础。快手作为一个短视频平台，具有很强的社交属性。快手社群化、标签化的特征能够帮助平台将同等类型、需求相似的消费者划分到一个社群，形成一个相对固定的圈层。在平台上，快手鼓励用户分享自己的生活，用户间积极地互动交流，以推动用户间稳定的社交关系的形成。例如，直播带货的主播会在短视频中分享自己的生活、亲身经历、与粉丝沟通交流等寻求共鸣，与粉丝之间建立一定的情感联系，营造出一种老朋友的感觉。有些主播会每天直播或者拍短视频与粉丝分享自己的日常，倾听粉丝的心声并为他们提供各个方面的建议，平时出差或是节假日等还会赠送粉丝小礼物，与粉丝之间建立了亲密的联系和信任关系。这些主播通常都拥有很强的社交能力，凭借人格魅力收获观看者的喜爱，在自己的直播间形成固定的私域流量，不仅增强了粉丝的黏性，而且提高了自己直播带货的转换率。此外，快手的"老铁经济"还形成了独特的秒榜机制。所谓秒榜机制就是主播的粉丝一般会通过刷礼物的方式表达对直播的支持和喜爱，并根据礼物金额的大小形成礼物榜单。这些主播为了表达对刷榜粉丝的感谢，会在直播中呼吁粉丝关注刷榜排名第一的人。这就使得用户可以通过刷榜积累人气、积聚粉丝，继而为直播带货打下基础。

第三，性价比为王抓住平台核心用户。快手平台上虽然各种地域、职业的用户都有，但是主要还是以三、四线城市的用户群体为主，尤其是四线以下城市的渗透率很高，他们构成了快手平台的核心用户，即形成了所谓的"下沉市场"。快手的用户群体更加真实、有趣，他们中很多是我们日常生活中的普通人，更加贴近普罗大众。因此对他们来说，在购买产品时看重的并非品牌，更多的是产品的性价比。在这样的用户群体下，主播选择性价比更高、质量更好、实用性更强的商品才能够吸引更多的用户购买。快手平台也注意到了这一点，为实现整个平台的高性价比，快手开始了产业链的布局。首先，快手平台定位三、四线城市的特征使得平台聚集了许多产业链源头的用户，如果园的园主、茶园的种植户、农产品种植户等。快手充分利用这一部分用户的资源，主动帮助他们在原产地建立直播基地，不仅帮助他们拓展了产品销售的渠道，而且提高了用户对产品的信任，从而为平台积累了良好的信誉。此外，这种直接对接生产商的方式还减少了商品宣传、销售的许多中间环节，大大降低了销售成本。将这些节省下来的成本让利一部分给购买者，降低产品价格，更好地保证了商品的高性价比，吸引更多购买者关注。

三、发展总结

通过对快手发展历程的分析，我们可以发现快手的成功并不是一个偶然的现象，这与快手这么多年积累的用户资源、平台的定位、经营战略等密不可分。从快手平台的发展中可以学习到以下几点。

第一，平台要根据自身定位制订合适的算法与战略。例如，快手平台去中心化的算法是依据平台让所有用户拥有平等发展的理念所制订出来的；抖音流量推荐的算法是依据平台重视优质内容的理念提出的。不同平台定位不同，算法也就不同。因此平台在发展过程中要明确自己的发展理念，基于此确定合适的经营战略，站准自身的定位。

第二，平台要重视社交属性，打造和谐活跃的社交圈。社交属性是互联网发展带给平台的一个重要特征，它可以在用户之间建立一种平等的关系，形成社交圈。社交圈可以增强主播的影响力，营造出活跃积极的营销氛围，带动直播效果的提升。

第三，直播带货时要根据用户定位选择合适的产品。快手上主播推荐的产品专注于性价比，是根据快手用户群体的特征所选择的。主播在产品选择时充分考虑了用户的实际消费能力与对产品的需求，实践证明也产生了良好的带货效果，体验了根据用户选品的重要性。主播选品时应该描绘用户画像，根据用户特征选择合适的产品。

总之，在直播带货迅速发展，成为新的营销现象的时代，我们需要更深入地探究直播带货背后的逻辑，才能为企业未来的发展助力。

（资料来源：作者根据多方资料整理而成）

如果你想要购买一件商品，你会选择什么方式？线下实体店还是线上电商平台？如今，除了实体店和电商平台外，直播带货也成为人们购物的一种新方式，走进直播间，观看主播推荐，下单购物成为一种新的消费浪潮。在新冠肺炎疫情（以下简称疫情）暴发期间，直播带货更是成为帮助制造业企业复工、解决产品滞销问题的有力途径。直播带货已经成为一种普遍的社会现象，并展现出其强大的生命力。

第一节　直播带货小时代

随着互联网的迅速发展，以大数据为支撑的数字经济迅速发展，对我国传统商业模式造成巨大冲击。在互联网的大潮中，淘宝、京东、拼多多等电子商务平台逐渐发展并日趋成熟，对线下实体销售造成巨大冲击，移动支付更是成为电商的重要助力，电商通过互联网实现买方与卖方间交易的有效进行及信息服务的提供，成为一种赢得人们青睐的新购物方式。在电商迅速发展的同时，直播行业也开始顺应时代潮流与人们需求的转变，寻求自身模式的转型，发生了重大变化。直播带货的商业模式以迅雷不及掩耳之势迅速占领市场。许多明星、企业家也亲自上阵，纷纷加入直播带货的大潮。直播带货成为互联网时代一个新的历史机遇。全民直播成为不可阻挡的潮流。

一、直播带货0→1聚变与1.0→5.0裂变

直播带货是直播与电商相结合产生的一种新型商业模式。在直播与电商发展纷纷进入瓶颈期的时候，直播带货如同黑暗中的一抹光亮，以一种全新的方式为零售带来了新的机遇，实现了传统零售业的转型升级。可以说，直播带货时代的到来创新了人们的消费方式和消费理念，并成功地利用数字经济为传统产业赋能。直播带货的产生绝不是偶然的，它的聚变与裂变的背后蕴含着强大的商业逻辑，值得我们深究。

（一）直播带货的兴起和跃迁

直播主要是不同类型的主播以直播平台为媒介，在互联网上利用视频、语音等方式进行现场直播的行为。刚开始的直播平台主要以游戏直播平台、语音直播平台为主，如YY语音、9158等。随着直播平台的流量积累得越来越多，许多网红、博主开始在直播平台上进行产品的推荐与销售，以此拓展了直播的内容和电商行业的销售途径，催生了直播与电商相结合的新生态。直播带货的新型商业模式正迅速占领市场。新冠肺炎疫情期间更是将直播带货推至新一轮的高潮。直播带货呈现出愈演愈烈的趋势。据艾媒咨询发布的行业研究报告显示，截至2019年，中国直播电商市场规模达到4338亿元，2020年预计达到9610亿元。

直播带货的出发点是利用网络红人（以下简称网红）、明星等社会公众人物的流量带动来促进产品的销售，进行品牌的营销。例如，大多数做直播带货的主播如李佳琦、薇娅、辛巴等都是专业的直播带货博主，他们利用自身的流量效应赢得销售方的关注，并在直播间介绍产品及功能，提供一些优惠以帮助商家销售产品。直播带货还有利于品牌进行营销活动，打造品牌竞争力。现有的CEO带货、发布会直播等正是典型的品牌营销方式。例如，董明珠的直播、华为的新品发布会等可以帮助消费者更好地了解企业产品的优势，提高产品销量，但更为重要的是，在直播中输出了企业文化，使品牌获得了消费者更多的关注，实现了更好的品牌营销。除此之外，直播带货也为企业维系老客户、挖掘新客户提供了一种途径。品牌的忠实用户获得了新的购买产品、享受服务的方式。新用户被直播吸引购买商品后也可能因为满意的体验成为企业的回头客。从平台方的角度来

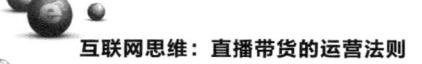

看，平台在多年的发展中积累了大量的流量，直播带货使得平台的巨额流量得以变现，获得可观的利润。

直播带货的发展可以分为五个阶段。第一阶段是以YY、9158、六间房为代表的秀场直播阶段，它们为主播提供了一个表达自我的平台。第二阶段则是以斗鱼、虎牙等游戏直播平台为主，直播的主要内容是游戏竞技。随着互联网的进一步发展，很多人热衷通过直播的方式分享美食、美妆等，直播进入了泛娱乐化的第三阶段。在信息技术发展日益成熟的情况下，5G、VR等技术开始与直播结合，开始了主播带货的第四个阶段，这一阶段以全景、互动触达为主要特征。直播带货5.0时代用户可以全方位地感受到最真实的产品，但这一模式目前还处于概念阶段，尚未真正应用。直播带货的发展演变如图1-2所示。

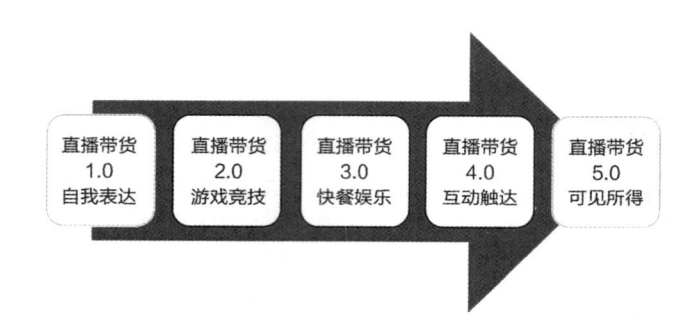

图1-2　直播带货的发展演变

1.直播带货1.0：自我表达

最开始的直播是秀场直播的形式，秀场直播的典型代表有YY、9158、六间房等。所谓秀场直播就是主播在直播间里进行表演，如唱歌、跳舞等，观看者可以通过购买虚拟礼物打赏等方式表达对主播的喜爱。秀场直播起源于视频聊天室，后来随着互联网技术的发展逐渐转移到移动端。但随着移动端发展的进一步成熟，秀场直播的发展出现了一系列问题。

首先，由于平台的门槛比较低，许多人都可以申请成为主播，没有相应的考核筛选机制。这导致直播的质量良莠不齐，各个主播之间的直播内容风格重复单一，同质化问题比较严重。

其次，秀场直播也面临着一定的道德风险问题，部分主播为了吸引流量，不惜以低俗内容或挑战社会公德底线作为卖点，对平台和用户都会造成不利的影响。

最后，秀场直播的粉丝流动性高，秀场直播依靠主播的颜值和才艺吸引粉丝的关注只是一个暂时的现象，随着直播场次的增多，粉丝的新鲜感逐渐丧失。如果主播的内容输出仍然局限于以前的方式，没有创新和突破则很难留住粉丝。近年来，移动端发展的成熟、人们生活方式的改变也对秀场直播造成了巨大冲击，使得秀场直播的发展遭遇瓶颈。行业内并购现象频发，资源整合现象开始出现。由此可见，以后的秀场直播之间的竞争将更多集中于头部[1]之间的竞争。

2.直播带货2.0：游戏竞技

游戏竞技一直以来都是很多年轻人关注的热点领域，尤其是在年轻的男性群体中有着广泛的市场。游戏解说、游戏演示等与游戏相关的服务逐渐增多，并受到越来越多人的关注。随着魔兽世界、LOL、DOTA等游戏的风靡，掀起了新一轮游戏产业的热潮，大量游戏玩家进入游戏平台，游戏的需求在短时间内得到迅速增加。此外，随国内外大型电竞赛事的举办，电竞在受到更多关注的同时打破了人们对电竞的传统的刻板印象，电子竞技赢得了更多人的理解与支持。电竞用户数量的大量增长催生了虎牙直播、斗鱼直播这类以游戏直播为主要内容的平台，并推动这些游戏直播平台逐渐发展并日趋成熟。可以说，游戏直播平台的迅速发展标志着直播带货2.0时代的到来。

直播带货专栏1：
....

虎牙直播：致力于技术驱动娱乐的弹幕式直播互动平台

一、公司简介

虎牙直播的前身是"YY"语音的一个游戏板块，2016年8月，广州虎牙信息科技有限公司（以下简称虎牙）正式成立，虎牙开始其独立发展的进程。2018

---

[1] 头部，即靠前的部分。头部主播指直播收益高、粉丝多的主播。

年5月11日晚，虎牙在美国纽交所挂牌上市，股票代码为"HUYA"，成为中国第一只游戏直播股，仅上市当天，虎牙的市值就达到35亿美元。公司以游戏直播为主营业务，旗下包括虎牙直播、Nimo TV等。作为公司旗下的旗舰产品，虎牙直播的发展更是十分迅速。截至2020年3月31日，虎牙直播的月活跃用户已经超过1.51亿人。目前，虎牙直播覆盖超过3800款游戏，并已经发展成为集娱乐、二次元、体育、户外、教育于一体的直播平台。

二、直播模式分析

第一，精品内容形成独特优势。众所周知，虎牙是一个专业化的游戏直播平台，游戏直播构成了虎牙的主要内容。但说到游戏，虎牙与游戏之间可是有一段历史渊源的。虎牙的前身是"YY"语音的一个游戏板块，当时，得益于《魔兽世界》《穿越火线》这类游戏的大火，帮助游戏玩家实时交流的语音平台成为用户新的需求，"YY"语音由此诞生。由此可见，虎牙在最初就保留了"YY"平台的游戏特色，游戏内容的打造本身就是其熟稔的领域，这为虎牙积累了一部分玩家，也为游戏直播业务的开展奠定了一个坚实的基础。虎牙直播自成立以来也一直注重精品内容的打造。由于游戏直播存在着严重的同质化现象，大多数游戏平台的模式都是"主播个人秀"。在这样的背景下，只有真正优质、创新的内容才能够脱颖而出。为此，虎牙直播积极创新直播模式，制订了"打造精品内容"的战略，将传统的游戏直播与一些新的娱乐玩法（如竞猜等）相结合，致力于打造游戏综艺这一特色IP。此外，虎牙直播还在自制内容方面精心打磨，其自制的《天命杯》《God Lie》等节目得到大众的广泛认可。

第二，明星主播积攒大量流量。在现有的游戏直播市场上，规模比较大的游戏直播平台还是以虎牙、斗鱼为主。为什么虎牙能够拥有那么多的流量呢？这与其"明星主播化、主播明星化"的运营原则是分不开的。首先，虎牙直播一直以来都与"YY"语音、"多玩网""多玩盒子"有着密切的关系，这些平台本身作为专门提供游戏服务的平台就聚集了大量游戏玩家，这也在无形中为虎牙提供了大量的垂直流量。其次，虎牙在成立后就一直注重对游戏类头部主播的挖掘，甚至不惜重金从对手平台签约多名人气主播。例如，2016年虎牙从龙珠挖来LOL顶级大主播Miss，并承诺支付每年4000万元的高薪；2017年虎牙还挖来了韦神、4am战队等大主播。除大主播外，虎牙还积极与明星合作，邀请陈赫、唐嫣等明星参与平台的直播。此外，虎牙对游戏市场新出的游戏也格外关注。

第三，升级新版本迎战用户痛点。移动互联网使人们将观看直播的战场更多地转移到了APP端，然而，很多游戏直播平台的APP端发展还不是很成熟，虎牙一直力求给用户提供更加优质的游戏体验，在游戏画质、弹幕、互动等方面不断改进，解决客户痛点。2020年9月17日，虎牙直播正式更新为8.0版本，虎牙的这次更新一共有三个亮点。极速回看、即刻分享的功能成功解决了用户因为时间冲突或特殊情况而错过直播的现象，为用户提供了极大的便利；实时数据、实时分析的功能使得用户可以实时监控游戏情况，提供更好的观赛体验；智能助手、在线陪伴的功能使用户感受到更多的陪伴，增加了平台的人情味。虎牙直播对于软件版本改进的背后无不彰显着其对用户的密切关注。对用户需求的满足及对用户痛点的突破将带给平台更强大的生命力。

三、总结

第一，直播的内容是其是否具有竞争力的关键因素，没有好的内容，即使主播颜值再高、才艺再好也很难吸引用户的关注。因此，平台在运营过程中应该以内容为突破点，将内容做好做精，努力凭借优质的内容留住老客户，吸引新客户，在用户之间形成良好的口碑，这样即使在再激烈的市场竞争下也能在用户心中保留一席之地。

第二，对平台来说，对流量的争夺也是平台竞争的一个组成部分。流量可以在一定程度上反映平台的受欢迎程度和被关注的程度。除了优质的内容外，平台也应该借助互联网发展的多方优势，充分利用粉丝经济的效应，以与明星、大主播、大品牌等合作的方式吸引粉丝，增加平台流量。

虎牙直播的发展向我们生动展示了互联网时代直播平台所面临的机遇与挑战。在这样的背景下，只有抓住用户、稳打内容、不断突破才能推动平台更好的发展。

（资料来源：作者根据多方资料整理而成）

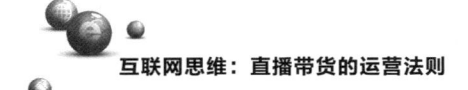

3.直播带货3.0：快餐娱乐

顾名思义，泛娱乐直播是指与娱乐相关的一系列直播，具体包括体育、综艺、美食、旅游等诸多方面。泛娱乐直播的发展有以下两个原因。

第一个原因就是信息技术迅速发展的助推作用。移动互联网的发展使得手机成为人们日常生活中必不可少的生活必需品。直播平台不断的发展与优化也使得移动端的直播平台体验越来越好，功能越来越完善。人们的直播不再依赖于传统的PC端，通过手机端的直播平台进行直播成为更多普通人的直播选择。这就为泛娱乐直播的发展提供了肥沃的成长土壤。人们可以随时随地通过直播分享自己的吃饭、购物、交友等娱乐活动，方便快捷，有趣高效。

第二个原因是其可以很好地缓解人们的压力，带给用户新奇愉悦的体验。经济社会的迅速发展也为年轻一代带来了巨大的生活压力，年轻人没有时间去交际，从而发展出所谓"宅文化"。而在泛娱乐直播下，主播以视频加语音的形式将生活状态分享给用户，一方面享受着用户的关注，另一方面也为用户提供着情绪价值。它如同一场线上的网络狂欢，为人们提供了一种享受生活、开展社交的途径。目前，泛娱乐直播平台凭借其良好的发展态势和比较成熟的商业模式吸引了很大一批用户。主播在直播中分享自己生活的同时借机推荐一些与直播主题相关的产品或店铺，由此增加了主播的收入，使得这类泛娱乐直播成为直播带货的另一种模式。

直播带货专栏2：

三只松鼠：零食行业领先者的成功并非偶然

由于零食具有需求量大、目标用户群体规模大、产品销售周期短等优势，往往受到带货主播的欢迎。受新冠肺炎疫情影响及"宅经济"的出现，零食的需求量更是迅速增长，零食成为新冠肺炎疫情期间人们宅在家的多数选择，这也导致众多零食品牌受到更广泛的关注。三只松鼠作为休闲零食行业的领先者在众多零食品牌中脱颖而出，成为许多主播寻求合作的品牌。三只松鼠的风靡顺应了人们需求的变化，也是直播带货产业发展的必然现象。

一、公司简介

三只松鼠股份有限公司（股票代码：300783，以下简称三只松鼠）成立于2012年，公司主营业务主要是干果、坚果、果干等零食的研发、检测和销售。自成立以来，三只松鼠秉持着"让天下主人爽起来"的使命，一直着力于产品创新，不断研发以满足消费者日益多样化的需求，力求将"风味""鲜味""趣味"传递给每一位消费者。目前，三只松鼠已经拥有正式员工4000多名，年销售额已经超过百亿元。三只松鼠正迅速占领着国内零食市场，成为越来越多人的选择。

二、直播模式分析

第一，"明星+影视IP+主播"助推企业直播带货。直播的迅速发展催生了"明星+主播"的带货模式，这可以充分利用明星和主播的人气与热度带来大量流量，增加产品的销量。这一模式一经推出就大获成功，各直播平台、企业、主播纷纷利用这一模式为带货助力。在这样的背景下，三只松鼠自然也不例外。三只松鼠积极与人气主播李佳琦、薇娅等进行合作——直播带货，获得了良好的销量。此外，随着这一模式的普遍应用，其竞争优势也逐渐缩小，三只松鼠寻求创新，推出了"明星+影视IP+主播"的模式，利用明星、影视及主播的热度"狠狠"地红了一把。例如，在春节期间，三只松鼠抓住影视剧《庆余年》大火的余热，趁热打铁邀请《庆余年》中王启年的扮演者田雨与主播薇娅联合带货。"明星+主播"共同带货，再加热门影视IP加持，自然为三只松鼠的直播带货带来了更多流量。在直播中，更是将王启年在剧中吝啬、爱妻女的形象应用到带货过程中，大大增强了带货的趣味性和有效性，引得许多观众纷纷驻足直播间。

第二，多领域创新增强营销有效性。除直播模式的创新外，三只松鼠还着力于人设IP的打造，品牌Logo中的三只松鼠分别代表不同性格的人设，并编制与社会热点、日常生活息息相关的短视频，在抖音平台取得了良好的效果。三只松鼠还将企业的人设应用到经营的各个方面，如三只松鼠内部员工包括品牌创始人都有自己相对应的鼠名，在面对客户提问时，三只松鼠的客服会称呼消费者为主人，在线上聊天沟通时也打破了僵硬死板的聊天风格，以平视的态度与消费者沟通交流。这些方式为三只松鼠塑造了亲民、友好、贴心的松鼠形象，将品牌IP嵌入生活的各个方面，也成功拉近了企业与消费者之间的距离。此外，零食行业的一个显著特征就是客单价比较低，三只松鼠也不例外。为提高客单价，三只松鼠不断创新，开展新玩法，通过零食大礼包、凑单满减、任选专区、拼团等方式增加产品销量，提高客单价。三只松鼠一直以来还与几大电商巨头如天猫、京东等建立了良好的合作关系，各个渠道创新合作布局电商市场，打造品牌竞争力。在产品创新方面，三只松鼠也毫不懈怠，白桃味脆冬枣、益生菌每日坚果等产品的推出受到了许多消费者的追捧与肯定，成功成为企业的爆款商品。

第三，场景+物流提升用户体验。一直以来，三只松鼠的用户以年轻人或者中年人为主，是人们休闲娱乐时的零食选择。为拓宽用户范围，提高产品覆盖面，满足不同层次用户的需求，三只松鼠于2020年4月创立了"小鹿蓝蓝""铁功基""养了个毛孩""喜小雀"四个新品牌，产品范围覆盖婴童食品、速食用品、宠物食品、喜礼等，拓展了企业的业务范围和用户群体，给予用户更加丰富的场景体验。三只松鼠清楚地知道产品推广、销售、配送及售后各个环节对于消费者都同等重要。因此，除产品创新外，三只松鼠还从物流方面着手，在同行业竞争对手都选择自建食品仓储和物流配送的情况下，没有选择跟风，而是与京东物流开展供应链领域的合作。三只松鼠通过对仓储分布、库存管理、路线制订等方面的改进，力求使产品能够更快更好地送达消费者的手中，进而提升消费者的用户体验。

三、总结

三只松鼠的发展充分体现了"热度""创新"和"体验"的重要作用。在热度方面，三只松鼠充分利用影视IP的热度，推出了"明星+影视IP+主播"的模式，借助影视剧的粉丝效应赢得了一波关注。在创新方面，三只松鼠从品牌IP着手，创新品牌Logo与人设，并积极将人设应用到与客户的交流之中，通过各个渠道在用户心中嵌入了松鼠的可爱形象，并且不断通过产品创新、营销创新给予用户更多的惊喜感，让人眼前一亮。在体验方面，三只松鼠为实现用户群体的广泛覆盖，创立多个品牌实现各个营销场景范围的扩张，并与京东达成战略合作给予用户最高的物流体验，以最快的速度实现产品到家。而这些正是三只松鼠成功营销的秘诀，值得许多企业借鉴。

（资料来源：作者根据多方资料整理而成）

4.直播带货4.0：互动触达

VR（Virtual Reality），即虚拟现实。VR技术的出现使得人们对用户体验有了更新的认识，而VR技术在直播上的应用也使得互动触达成为人们更高的追求，直播带货由此进入4.0时代。在VR直播中，用户只需佩戴相应的设备就能够实现全景观看直播。VR直播具备以下几个基本特征。

第一，VR直播可以实现全景观感，让用户拥有沉浸式的体验。VR直播最大的特点就是它能够打破时间和空间的限制给予用户身临其境的体验。VR技术实际上就是通过技术手段，构建一个与现实世界相似的场景并呈现在用户的面前。它可以将2D的图像转化为3D的立体形式，并且实现360度全景观感。在VR直播中，专业的拍摄设备会360度全覆盖，使观看直播的观众真正融入、参与到直播的场景之中，并能够更好地观察、体验产品，这种沉浸式的体验无疑是消费者做出购买决策的重要依据。

第二，VR直播具有很强的交互性。用户在VR直播中不仅可以根据自身需求进行视角的切换，手势识别、语音识别功能的开发也增加了交互体验。此外，用户还可以通过弹幕进行实时互动，增强了直播的趣味性。

第三，VR直播可以给人们提供很大的便利。现有的直播形式虽然可以使用户更深入地了解产品，但也忽略了人们个性化的特征。例如，当消费者决定购买一件衣服时，她们只能够通过主播的展示及衣服详细的尺码数据了解产品。但是，每个人的身材、肤色、身高等存在很大的差异，虽然消费者可以通过与自己身材特征相似的模特的试穿尽可能地模拟自己的上身效果，但也存在不够准确的问题。VR换装、VR美妆形式的应用使得用户可以在网上更真实地模拟试穿效果、妆容效果，为用户提供了很大的便利。

然而，现在的VR直播发展还不成熟。VR直播的高投入及其对网速、连接的高要求无疑成为制约VR直播发展的因素。此外，VR目前也只是在视觉和听觉领域有着比较亮眼的表现，对触觉、嗅觉、味觉的模拟还有进步的空间。这些都使得VR直播尚未被广泛应用。5G技术具有超高网速、超低延迟、超广连接的特点，将5G技术应用到VR直播中必将为直播带货带去新的突破。

5.直播带货5.0：可见所得

直播带货5.0时代的具体内容包括真实互动、味觉、感官、触觉等。用户可以直接全方位地感受到最真实的商品。用户凭借自己的体验感受，完成整个购物流程。但由于受到技术发展的限制，这一阶段目前还处于概念阶段，尚未形成具体的模式。

直播带货从1.0到5.0的变迁彰显了互联网时代直播带货的强大生命力。但究其原因，这种生命力正是直播带货的独特优势所赋予的。具体而言，直播带货的优势可以分为以下五点。

第一，直播带货可以实现即时互动的功能。在直播时，粉丝可以与主播即时互动，就关心的问题向主播提问，加深了他们对产品的了解，帮助企业或主播更加了解消费者的需求。此外，消费者与主播之间的互动交流也会使消费者产生情感共鸣，感觉到自己被重视，提高了他们对主播的信任度，从而增加客户黏性，提高复购率。

第二，直播带货可以帮助普通人实现他们的梦想。许许多多生活在小镇、乡村的普通人心怀梦想，渴望被关注，渴望被更多人看见。无论他们来自哪行哪业，门槛并不高的直播带货都会给他们同样的与更多人交流的机会，他们通过网络迅速获得曝光，成为大家关注的焦点，从而实现他们的梦想。

第三，直播带货的获客成本比较低。获客成本即获得潜在客户的成本。很多用户在观看主播直播的过程中会形成对主播的信赖，因此他们更乐于接受主播推荐的产品。此外，直播吸引的一般是与主播品位相似的客户群体，相似的眼光、相似的需求使得流量更加精准，增加了产品和流量的匹配度，减少了获客成本。

第四，直播带货可以帮助企业清理库存。例如，新冠肺炎疫情期间，湖北的茶叶滞销严重，央视主持人朱广权和李佳琦组成"小朱配琦"组合，通过直播带货帮助武汉企业解决因新冠肺炎疫情滞压的库存。在直播带货中，商家给主播以较低的价格，主播凭借自身的流量及带货能力帮助商家消化库存，形成主播与厂家之间的互利共赢。

第五，直播带货可以帮助企业推广新产品。对企业的产品进行推广也是企业增强品牌影响力的重要部分。直播带货可以很好地利用主播的影响力，通过主播的流量吸引更多不同地方的用户观看，增加了潜在受众的范围，使更多用户成为产品的潜在客户甚至在直播中立刻购买商品，最终实现新产品的推广。

（二）直播带货的内容

直播产业的发展也丰富了直播带货的内容。直播领域不断扩展，直播内容涉及游戏、美妆、旅游、教育、才艺、美食、娱乐等许多方面。不同的直播内容也决定了不同的直播形式。例如，美妆类直播的内容一般应以产品的试用、同类产品的测评与比较、妆容的推荐等为主，在这个过程中主播根据自己的实际使用感向用户推荐产品；旅游类直播的内容大多以风景的拍摄、人文的介绍、旅游行程的规划等用户感兴趣的内容为主；才艺类直播，顾名思义，其直播内容大多为主播的个人才艺的展示，如唱歌、跳舞、配音等。仅仅通过对美妆、旅游、才艺这三种完全不同的直播的介绍，我们就能发现不同类型直播在内容上的巨大差异。随着越来越多的人加入直播带货的浪潮，直播带货由蓝海转化为红海。这也使行业竞争日益激烈，直播同质化严重，创新优质的内容成为争夺用户的关键。

根据直播方式的不同，直播带货可以分为在线直播带货和短视频直播带货两种。这两种带货方式存在着显著的区别，具体可以从以下三个方面来分析。

第一，特点的不同。短视频的主要特征是时间短、内容丰富。虽然一个短视频仅仅几十秒，但往往承载着不小的信息量，以其丰富的视觉体验、内容的精心编排吸引用户。其特征带来了两种不同的效果：一方面，短小的篇幅看似占用的仅仅是人们碎片化的时间，实际上，却更容易让用户沉溺其中；另一方面，原创一个热门的短视频或许需要耗费大量的人力物力，但抄袭一个几十秒的短视频十分容易，热门的内容被不断模仿，辅之以大数据时代的推荐算法，使得用户很容易不断更新到内容极其相似的视频，从而产生审美疲劳。在这些方面，直播似乎并不能取胜。直播的优势并不在于时间的长短多少，而在于直播过程中的互动性，互动极大地增强了用户的体验感。同时，直播的实时性使一场直播含有太多不确定因素，主播用词的细微差异、直播场景、主题的不同或许都会引起观众观感的相差甚远，而观众并非总是同一群体，种种细节差异使得每场直播的反响都不尽相同。

第二，操作特征的不同。短视频是集合连续图片，辅之以音频或文字的一种互联网信息载体，负荷信息量远超一般的文字型信息载体，如博客；在内容丰富程度方面，图片、表情包等也相差甚远。短视频简明扼要、短小精悍的特点吸引着大众的目光。一方面，大数据时代智能的推荐算法也极具诱惑力，快速识别出用户感兴趣的内容并且不断推荐同类或具有相同特点的短视频，让信息接收者陷入"信息茧蛹"；另一方面，短视频不受时间场景限制的特点，也使得每一个信息接收者可以快速成为信息传播者。"抖音，记录美好生活""快手，记录美好、记录世界、记录你"如此标语均体现了短视频信息双向分享的特点。直播对比短视频的显著优势在于其现场性，倾向于日常朋友间的对话，直播使主播显得更加真实可靠。

第三，盈利模式的不同。短视频类软件目前依旧保持着极大的热度，APP市场研究机构Sensor Tower的一份研究报告显示，抖音在2018年的第一季度登上IOS下载排行榜的首位。抖音是一款短视频音乐APP，主要是用来生产和浏览短视频的一款软件。抖音的优势在于它的视频编辑功能，它通过添加大量的附加组件、音乐主题及动画等成功地满足了年轻用户的偏好。而直播却并非如此，直播与短视频有着非常显著的区别。一场直播一般拥有某种特定的主题，主播根据主题进行创作，吸引观众积攒人气。目前该行业的主要盈利是通过流量、观众的打赏、广告的投放实现的。直播非常考验主播的应变能力，因为镜头前有着无数双眼睛，稍有闪失，在网络世界都有可能被无限放大，一言一行均有可能被批判抑或褒奖。因此某一直播领域的榜首主播，可能呈现固化状态，基本是大众耳熟能详的几位。一旦直播稳定后，收入也会趋向稳定。在营利模式方面，短视频则并非如此。往往一个十几秒的视频，背后是一个团队的付出。一个精心剪辑的短视频，其构思、摄影、出场无一不耗费人力物力。屏幕前1分钟，屏幕后却非一日之功。虽然某些看似随手拍的短视频在短时间内红遍网络，但更为常见的是精心打磨的作品鲜有人问津，毕竟屏幕背后是难以捉摸的大众偏好。短视频的视频质量要做到一直稳定优质的输出也非易事。一旦出现爆款短视频，就会引起大众的争相模仿，使其发展陷入桎梏。而直播的过程虽然同样需要一整个团队的精心编排，但更多的是考验主播与观众的互动能力、临时应变能力。主播的个人特征显著影响着观众的感受及当场直播的收益。最终网红纷纷选择向电商靠拢，直播带货、直播间的"打赏"等形式实现了最为直接简单的流量变现。

（三）直播带货的特征

直播带货的特征如图1-3所示。

图1-3 直播带货的特征

1.移动化

在移动互联网时代,"移动"成为互联网的一个关键点。现代社会,每个人手机不离手,手机因为其便捷的特征已经成为人们日常生活中必不可少的工具。而直播带货的一个基本特征就在于移动化。主播们的直播场所不用局限于一个固定的直播间,只要有手机在手,任何地点都可以成为主播直播的舞台。例如,快手主播闫博在夜市摆摊,并在快手上直播自己摆摊的整个过程,吸引了大批观众,仅仅1个月,闫博就实现了卖出35万件羊毛衫的销售纪录。许多吃播博主探店,在其他店铺直播自己吃饭的全过程,不仅为自己积累了流量,也为商家起到了良好的宣传作用,实现了美食的带货。可见,现有的直播已经打破了空间的限制,许多主播纷纷解锁新场景,实现了直播的移动化。

2.平台化

不论是在街头、家中、店铺,还是在直播间直播,主播都需要在直播平台上进行,平台成为主播直播必不可少的媒介,这也就决定了直播带货的平台化特征。与此同时,这也导致各个平台之间生态化系统的竞争。各平台制订不同的战略,定位不同的目标群体,如抖音定位一、二线城市年轻群体,快手定位三、四线城市下沉市场,企业通过策略上的差异不断积累流量、改进模式、提高平台直播流畅度,这都直接促进了直播平台自身生态系统的完善,给予不同类型、层次的主播新的发展机会,也间接推动直播带货模式的成熟,使得直播带货成为一种新的潮流。

3.社区化

一个平台会接触到海量的用户,不同的用户由于年龄、性别、职业、兴趣的不同会产生不同的购买行为,若是将平台内容随机推送无异于大海捞针,效率太低。因此,平台会根据用户的兴趣、群体等特征对用户进行划分,形成了如娱乐、运动、美食、服饰等一个个专业化社区。比如你对美食感兴趣,点击美食类标签,就可以进入专为"吃货"打造的美食社区。所有的吃播、美食推荐等都被划分到这个标签内,方便用户有针对性地搜索与观看。这种社区化便于平台将有相同爱好、相同价值观、相同特征的用户聚集在一起,通过互动、交流的方式增

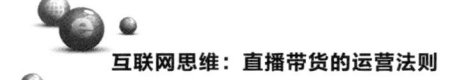

加用户之间、用户与主播之间的联系，形成相对固定的社区，从而提高直播带货的转化率。

直播带货专栏3：

贝因美：立志成为母婴行业领军企业

一、公司简介

贝因美股份有限公司（股票代码：002570）始建于1992年，公司成立以来一直致力于婴幼儿食品的研发、制造与销售。2001年，贝因美正式推出奶粉产品，定位于婴幼儿高端奶粉市场。2011年4月12日，贝因美正式在深圳证券交易所挂牌上市。贝因美一直以来秉持着"让亿万家庭生活更美好"的使命，不断发展、不断创新，成为国产奶粉的龙头企业。截至2020年6月，贝因美的品牌价值已经超过145亿元人民币。

2020年，受新冠肺炎疫情影响，许多企业经营遭受重大打击，在这样的情况下，贝因美却实现了净利润的逆势增长，2020年第一季度和第二季度分别实现净利润1295.37万元和4289.62万元，成功使企业扭亏为盈。在盈利的背后，直播带货可以说是功不可没。

二、直播模式分析

第一，频频出圈，贝因美拥抱直播带货。在疫情的影响下，众多企业难以支撑，而对贝因美来说，这却是其凤凰涅槃的一年。2020年年初，贝因美就开始试水网络直播，与网红的合作初次试水便有明显收益的甜头让贝因美看到了未来市场的发展方向，新鲜活力的注入使得这家传统企业富有朝气。贝因美不仅没有被2020年的特殊状况打倒，反而借此机会打下了年轻人的市场。贝因美的主要消费群体是育儿家庭，作为一个家庭未来希望的新生儿，不可避免地承载着更多期盼。年轻的家长们同时进行"抗疫"和带娃两项活动时，有更多的困惑。贝因美借助家长们的这种心态，联合育儿媒体及专业的医生群体在线直播，解答家长们在新冠肺炎疫情期间出现的各种育儿问题，从家庭的各个方面给出专业建议。这场直播的专业性抓住了不少消费者的心，直播过程的专业回答使得消费者对贝因美这个品牌更加信任，对10天后贝因美的直播带货起到了非常好的预热效果。

第二，进行社群营销，打造母婴IP。不仅限于直播平台，贝因美认为，要想发展就必须拥抱年轻消费者，在年轻消费者心中占据一席之地。妈妈们作为品牌产品最大的消费群体自然成为贝因美发力的对象。因此，洞察市场的贝因美成立了专业的母婴购物网站——妈妈购，该网站收录了关于母婴的各类用品信息。从专业的商业平台，到淘宝网的各类优质店铺，甚至连母婴用品的折扣信息也做到实时更新。专业母婴网站的建立使得贝因美可以拥有更多的流量，消费者在搜寻母婴用品相关信息时不可避免地会对"妈妈购"进行了解，进而对贝因美这一母婴IP产生信任。除了创建自有母婴购物网站外，贝因美还与易恒健康展开合作。该企业作为一个非医疗大健康综合服务商，将助力贝因美的产品新零售和社群营销两个方面。通过新零售和社群营销，贝因美更便于与消费者沟通交流，推动营销活动进一步开展，成功实现了用户的开拓和产品的销售。2020年7月，贝因美在其发布会上确定要布局一个超级母婴品牌IP。贝因美将品牌IP定位为国潮大牌，并推出爱加品牌套装将IP落到实处。

三、发展总结

第一，顺应市场发展趋势是互联网时代企业发展的新路径。贝因美的直播带货历程只有一年不到的时间。新冠肺炎疫情之下，贝因美才开始试水直播带货，并且及时发现家长们在育儿问题上的困惑，并通过专业化的直播帮助家长解决困难。因此，企业在面临危机时，应该勇于尝试，积极探索，化逆境为转机。

第二，社群和IP的打造可以增加品牌的话语权。社群的打造可以实现流量的精准获取，社群成员之间的共同需求也可以帮助企业以最小的成本获取最大的利益，社群营销已经成为一种重要的营销工具。IP的打造可以提升品牌的专业度，在消费者心中塑造一个专业化的形象，增强品牌话语权和影响力。

（资料来源：作者根据多方资料整理而成）

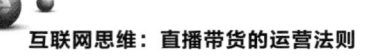

二、直播带货的互联网思维

互联网思维的本质是一种工具思维,通过大数据、云计算等信息技术实现对传统商业模式的重塑。互联网思维的背后包含着移动思维、用户思维、流量思维、粉丝思维、场景思维、平台思维、大数据思维等诸多思考方式。而直播带货这种新型商业模式兴起的背后体现的正是这一连串互联网思维的交互与碰撞。具体而言,直播带货这一现象体现了移动思维、交互思维、粉丝思维、场景思维及体验思维的思维方式,如图1-4所示。

图1-4 直播带货中的互联网思维

(一)移动思维

在智能手机普及前,用户接收信息的方式主要是电视,电视导购、电视广告等是以往商家传播产品信息、消费者接收产品信息的主要渠道。经过这些年的发展,手机日益智能化并得到广泛普及,互联网已经逐渐向移动端转移,互联网不再依赖于PC端,基于智能手机的移动互联网成为不可逆转的趋势。移动互联网的优势在于其随时随地、方便快捷,并且可以抓住消费者的碎片化时间。在移动互联网下,人们接收信息的渠道从电视转移到手机,通过APP,消费者打破了时间、空间的限制,可以在上下班途中、等车间隙、闲暇时间随时随地获取信息。毫无疑问,移动互联网使得消费者的注意力成功地从PC端向移动端转移,PC端成为消费者获取信息的补充渠道。移动互联网的发展也催生了移动办公、移动支付、O2O等新模式。仅仅凭借一部手机,消费者就可以在线上完成了解商品信息、支付商品费用、寻求售后服务等整个过程。这无疑成为直播带货的滋生土壤。例如，人们在上班的途中往往会有很多时间，因此，很多人会通过看抖音、逛淘宝、看直播等方式打发时间，在这个过程中，就可能接触到直播带货，并被产品的优惠力度吸引，迅速完成产品的购买。

（二）交互思维

传统媒体（如电视、收音机等）存在着信息单向传播的问题，受众处于被动接收信息的地位，无法与信息的传播者进行沟通。然而互联网的普及改善了传统媒体信息单向传递这一弊端，线上沟通、双向互动的方式更是解决了传统线下交易信息不对称、时间成本高的问题。消费者拥有主动参与权，可以参与到产品的反馈、讨论之中。在直播带货中，交互思维不仅体现在主播和消费者之间的互动上，还体现在消费者与消费者之间的互动上。一方面，主播可以在直播中对产品的功能、外观等进行详细的介绍、推广，使消费者足不出户地了解产品的详情；消费者通过与主播互动等方式就自己关心的问题对主播进行提问，更好地了解产品。另一方面，消费者可以对自己购买过的产品或者感兴趣的产品进行关注、点赞、评论，分享自己对产品的使用体验及想法，使其他消费者更了解产品的使用情况与体验感。总之，这种交互的方式不仅可以大大地减少消费者搜集信息的成本，使消费者选择更符合自己需求的产品，维护自身的合法权益，而且有利于企业根据消费者的反馈及消费者之间对产品的交流情况进一步完善产品，拉近企业与用户的距离，提高消费者的满意程度。

（三）粉丝思维

粉丝思维就是领头羊思维，指的是网红、明星或名人等由于自身的流量吸引了一批狂热、忠诚的粉丝，他们会对偶像的价值观、品牌等高度认可，并成为其忠实的消费者。粉丝经济刚开始产生在音乐领域，粉丝们购买偶像的专辑、演唱会门票，为偶像充值打榜等为自己的偶像应援。随后，粉丝经济范围日益扩展，甚至呈现出疯狂的趋势。很多粉丝具有很强的从众心理，偶像的一举一动都能引发他们的争相模仿。粉丝经济下的粉丝群体具有很强的黏性和忠诚度，他们致力于通过自己的消费行为表达对偶像的强烈支持。因此，很多直播平台看到粉丝的狂热心态，紧抓这一机遇，纷纷推出"明星+主播"的带货模式。"明星+直播"

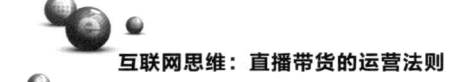

的带货模式具体可以分为三种，第一种是明星进入主播的直播间，凭借自身的流量吸引大量粉丝，收获大批关注度，介绍产品、提供优惠以实现产品销量的新一轮飞跃。例如，2020年4月28日，杨幂进入李佳琦的直播间，直播观看人数达到1244.62万人，仅15分钟就实现了成交额1000万元的成绩。第二种就是明星直接转型为主播，这其中的典型代表就是李湘。2019年9月，李湘正式在淘宝直播间进行直播带货。她随后还将微博名改为"主播李湘"。2019年"双11"期间，李湘实现产品成交量96万单，直播观看人数达3000万人，销售额达到1.3亿元，成为娱乐圈第一带货明星，展现出强大的带货实力，实现了从主持人李湘到主播李湘的转型。第三种模式是明星作为品牌的代言人，进行直播间助力品牌直播。2019年12月5日，ISDG品牌代言人关晓彤做客薇娅直播间，进行ISDG新品推荐，展现产品优势，直播5分钟实现产品销售额破千万元，很好地传播了品牌价值，增加了品牌影响力。这些都是粉丝经济发展的产物，也是粉丝思维与直播的有效结合与实际应用。

（四）场景思维

随着各个平台功能的日益完善、价格的透明化，各个平台间的价格差距逐渐消失，以价格优势吸引消费者的营销理念逐渐丧失市场。在此背景下，基于用户体验的场景思维便开始展现出其独特的优势。场景思维即通过不同主题、不同风格的场景构建更好地将产品嵌入日常使用场景中，打造一种即时、沉浸式的消费体验，从而使不同的受众群体获得更好的购物体验，满足他们多样化、个性化的需求。场景思维的目的就是通过场景的塑造使消费者有身临其境的感觉，加强消费者的场景记忆，激发消费者的情感共鸣。此外，同一类产品在不同的场景中也有不同的意义，从而吸引不同的受众群体，引发他们对这种生活场景的向往，实现产品销售的目的。在场景思维下，直播博主通过互联网搭建一个直播场景，带领消费者回到某个时间、地点，想象某个人产生某种行为，由此消费者可以进行场景模拟，将自己代入某个角色，并进而心甘情愿地产生某种消费行为。例如，很多美妆博主进行美妆产品推荐时，并不是直接介绍某个产品的功能、特点，而是直播自己化妆的整个流程，将产品的推荐融入自己化妆的行为中，这样既能让消费者有化妆全程的代入感，还能在化妆的过程中以实际效果使消费者更了解产品，增加说服力。

直播带货专栏4：

海尔智家：场景直播带货的先行者

一、公司简介

海尔智家股份有限公司（以下简称海尔）的前身是成立于1984年的青岛电冰箱总厂，成立之初业务主要是电冰箱的生产与销售。后来，海尔秉持着"质量高于利润"的理念不断发展，业务逐渐拓展，走出了属于自己的一条道路。1994年3月31日，海尔智家股份有限公司（股票代码：600690）正式成立。主营业务包括电冰箱、空调器、洗衣机、热水器、洗碗机等家电的研发与销售。在后来的发展过程中，海尔看准了互联网发展的巨大前景，逐渐从传统家电企业转型为互联网企业。在转型过程中，海尔致力于为用户提供最佳的体验，实现了组织结构的变革并创建了物联网生态。如今，海尔的品牌影响力不断扩大，海尔已经成为全球生态品牌的引领者。

二、直播模式分析

第一，海尔智家场景直播，带给客户更优质的场景体验。为更好地宣传企业的智慧家居，海尔将场景体验引入到直播之中，进行了多场健康家电场景直播，希望通过直播带给用户更好的场景体验。例如，2019年11月30日，海尔在直播间打造了一个智能卧室场景，通过床品、灯光、家用电器的布置还原最真实的卧室。值得注意的是，相比于以往网红直播的方式，海尔的这次直播的主播为企业的员工，他们更了解企业的家电产品，可以凭借其专业性为观看者带来更细致的讲解。在直播中，海尔提供了语音控温、智慧阅读、香薰助眠、起夜无忧和健康睡眠5种场景，帮助用户获得最真实的场景体验。海尔的智慧卧室成为场景直播的先行者。在此之后，海尔认识到场景思维对提升用户体验及直播效果的重要影响，于2019年12月26日正式上线"智家APP"，并在当日进行了12小时的沉浸式场景直播，展示5大智慧空间场景和7大全屋解决方案，在客厅、浴室、厨房等不同的直播场景全方位地带领用户体验海尔家电的智能，形成了"5+7+N"的成套方案，为品牌产品的销售成功赋能。

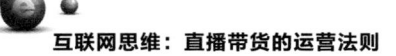

第二，体验云众播，联合打造生态圈，实现资源整合。2020年3月31日，海尔首创的"体验云众播"平台正式上线，众播的模式与以往的网红直播存在一定的区别。"人人皆可直播"是"体验云众播"平台最显著的特征。众播并不是典型的"网红+明星""主播+产品"等形式，在众播平台上，直播的群体不受限制，海尔的用户、客户、生态方等都可以进入直播间进行直播。物联网时代，消费者的需求也呈现出多样化、个性化的趋势，单单依靠一家企业难以满足消费者的全部需求。因此，为给予消费者一站式的购物体验，在一个平台就能够实现多样化需求的满足，海尔还与其他品牌方合作，力求打造更全面、更真实化的场景，并实现用户需求的一站式满足。

三、发展启示

第一，场景思维增加消费者的体验感。通过海尔智家的营销，我们发现在互联网时代，消费者是企业应该关注的重心，满足消费者需求、带给消费者优质的体验是企业赢得消费者信赖、实现竞争优势的关键。场景思维在直播中的应用及取得的良好效果更是证明了这一点。因此，企业在进行品牌直播的过程中，尤其是强调体验感的家居行业、汽车行业等，可以将体验融入观众熟悉的场景中，促使消费者在观看直播时就能够感同身受，从而进行消费。

第二，多方合作打造完整的生态系统。海尔智家营销的成功也与其重视不同行业的合作密不可分。这可以帮助海尔在场景营销时给予客户完整的购物体验，保障客户在整个流程中的体验感，增加消费者购买商品的可能性。若是仅仅依靠企业自身的产品构建场景，不仅可能无法实现场景的顺利构建，而且可能因为某些细节的不完善带给用户不好的体验。故而，企业在打造场景时也可以根据需求多与其他企业合作，以实现多方的互利共赢。

（资料来源：作者根据多方资料整理而成）

（五）体验思维

体验思维以人的体验为核心，它更重视的是消费者在消费过程中的体验价值及品牌的服务。手机体验店的设立就是很明显的体验思维的应用。在手机体验店中，消费者可以直接接触到产品，更好地了解每个产品的外观、性能及使用感受。除此之外，体验店还会通过店内环境的塑造，如环境、布局、音乐等方式提供给消费者更好的感官体验及情感体验，从而激发消费者的购买欲望。许多学者的研究也表明，体验式营销可以很好地增强消费者的购物体验，对促进产品销售有着重要的影响。因此，很多企业、网红在直播时，将体验思维融入带货的过程中，力求让直播观看者不仅对直播的产品有更详细、直观的了解，还要让他们有更好的视听体验。此外，进行专业直播的平台为提升用户的体验，也在不断更新完善，使其能够在消费者观看直播、购买产品的整个过程中都有优质的体验。例如，平台自身升级完善保证用户使用的流畅，减少服务器卡顿，在用户购买时实现直接在直播间点击产品就可以跳转至该产品的官方链接等。无论从产品的销售方层面还是从平台层面，体验思维的应用都可以增强消费者的体验感，促使直播带货这一营销模式更加成熟。

第二节　引爆用户体验新逻辑

直播带货的关键要素是人、货、场。其中，用户作为产品的消费者对直播带货的实现起着举足轻重的作用。而用户体验很大程度上反映着用户对直播带货整个行为的感受。优质的用户体验可以帮助主播、平台乃至企业打造良好的口碑，增强客户忠诚度。现在许多平台都在力图通过平台自身功能的完善、数字经济时代互联网的优势等对用户需求进行分析，倾听用户意见，不断改进以提升用户体验，用户体验已经成为一个重要的商机，是未来潜在竞争力的一个组成部分。

一、链接、流量、关注与粉丝

链接的概念类似于一个产品、一场秀的地址，它是指引你找到目标的关键。通过链接可以建立一个网址与一个目标之间的关系。消费者想要购买一个产品，需要点击这个产品的链接，观看一场直播也需要点击这场直播的链接，用户的关键词搜索、加购物车这类行为都是刷链接的方式。观众点击链接的行为则会带来流量。链接也分为新链接和老链接两种。一般来说，新的链接可以看作一片刚被

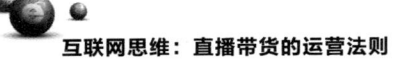

开发的土地，鲜有人问津，同时土地上也仅仅只有新的产品，并没有人涉足的痕迹，对一个链接而言，这并非完全是一件好事，因为社交的本质是内容、关系和互动，观众或者说消费者在接触从未接触的事物之前，往往喜欢参考更多同类型的产品。例如一件淘宝商品，如果评论区空空如也，甚至浏览量、收藏量、购买量等几乎都为零，相对于有许多评论、购买量的同类型商品，作为消费者在购买时一定会更加犹豫、具有更多的思量。因此，为保证店铺拥有比较好的数据以吸引更多的消费者，许多店铺会选择使用旧链接，如对老产品进行补单。一方面，使用旧链接可以帮助店铺利用原来的数据、原来的流量增加消费者点击到同类商品链接的概率，增强消费者对产品的信赖从而增加他们购买商品的概率。另一方面，老链接的基础销量、相关数据在商家与其他企业的竞争中能够带来比较强的竞争优势，这更有利于商家的爆款产品的形成，利用旧链接的流量累加新链接增加的流量，推动商品成为大流量，继而成为爆款。

流量，原本为物理学概念，指液体通过某空间时的流体数量。在网络时代，流量的概念逐渐拓展，并开始被人们用来指代网页的访问量。具体而言，本书中的流量一般代指某时段的网页访问者数量、每个访问者的停留时间等概念。流量是人们用来比较同一类型网站热度的重要指标，甚至可以说互联网时代的到来使得流量成为决定某一网络产品生死的最重要的指标之一。一个优秀的、得到更多人认可的互联网产品必然附带着大量流量，如某一优秀主播在直播期间通过输出优质的直播内容必然可以吸引一部分群体的关注，从而积累大量自己的粉丝。粉丝一般会比普通用户更加关注这些主播，即该主播拥有了一批属于自己的忠实流量。与此同时，随着主播影响力的逐渐增加，他们所拥有的流量会产生裂变，带来更多的流量。

二、网红、达人与用户体验

网红主要指因为某些事件或者长期持续的输出某类型内容而被许多网友关注的群体。提到网红，或许大家第一印象就是"帅哥美女"，这种想法虽然并非无稽之谈，但是实际情况也并非完全如此，诚然，从普遍的角度来说，网红群体确实大多以"颜值"为主题吸引网友对其进行关注，但是也有相当一部分网红是凭借其在某一领域具有特殊影响力而持续走红，最终成为网红的。这类网红的影响力来源一般有两种情况。第一种就是该网红确实在某方面有过人之处，拥有某项优秀的能力，这类群体大多是凭借他们在其所在领域长期的专业知识的输出而获得大量关注，最终成为网红的；还有一种网红就是因为某些特殊事件引发大众关注而突然走红的。例如，"网红小吴"的走红就是一场互联网的小型狂欢，小吴对理发店天价收费的维权经历吸引了来自天南海北网友的大范围关注，而后大家又莫名地开始讨论起小吴的长相，普通人小吴就被这场小小的互联网浪潮推向流量的高台，成为一名网红。

而达人这一概念更倾向于描述在网络上长期从事某一领域的研究，或长期活跃于某一领域从而被大量该领域用户所知的人。这类群体一般由于其对该领域专业知识的擅长，而获得较高关注度。常见的有旅游达人、游戏达人、美食达人等。由于达人所具备的专业性特征，与网红相比，他们对专业知识掌握的要求更高，因此成为达人的门槛也比较高，但这种高门槛及专业性也使得达人具备与众不同的核心竞争力与不可替代性。这就意味着达人一般比网红更具有号召力，他们的粉丝群体的黏性一般也高于网红。在网络世界这就意味着达人的流量变现能力更强。因此，达人直播带货的转化率一般来说也会比较高。

网红经济与达人经济的用户体验具有显著区别。网红经济更注重的是为用户提供情绪价值，如在自己的博客发送具有吸引力的照片或语录，抑或是在评论区或直播间与用户进行互动，让用户在冰冷的屏幕前感受到屏幕另一方的温暖，这些行为是网红增加自己粉丝黏性的有力手段。而达人更侧重的是内容营销，专业知识的输出有力地增加了粉丝对自己的信任程度，达人成为其所在领域的意见领袖，具有更强的推广能力。在达人推销商品、粉丝购买的过程中，鉴于粉丝对达人的信任，若是商品使用感尚佳，自然皆大欢喜；但若是商品不够好，达人在推销商品过程中描述不够真实，就有可能使达人的公信力骤减。

直播带货专栏5：

李子柒："古风美食第一人"的变现之路

说到"古风美食博主"，第一时间进入你脑海里的是谁？相信很多人的答案都会是李子柒。毕竟，作为一个专注于美食领域的博主，李子柒凭借其独特的视频风格收获了大批粉丝，"人间伊甸园""娶妻当娶李子柒"类似这样的话语层数不穷，李子柒已经凭借其个人特色成为一个品牌并收获了来自海内外许多人的喜爱。

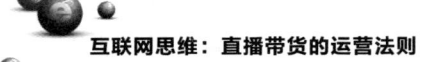

一、李子柒个人简介

李子柒，四川绵阳人。2015年，李子柒开始了自己的美食短视频创作之旅。2016年3月，李子柒开始在美拍平台上传自己拍摄剪辑的美食视频，视频定位"古风美食"这一领域。视频一经发布后，李子柒的粉丝持续增加，一度暴涨，并签约MCN公司微念科技。2017年年底，粉丝已突破1000万人大关，发布的视频都能获得超高的点赞量和转发率。2017年7月20日，李子柒与杭州微念科技有限公司联合成立四川子柒文化传播有限公司。2018年8月17日，李子柒天猫旗舰店正式上线，在上线不到一周的时间，店铺销售额就已经突破千万元。截至2020年4月29日，李子柒在YouTube上的粉丝突破1000万人。在海内外，李子柒都表现出其强大的影响力。

二、直播模式分析

李子柒的变现之路如图1-5所示。

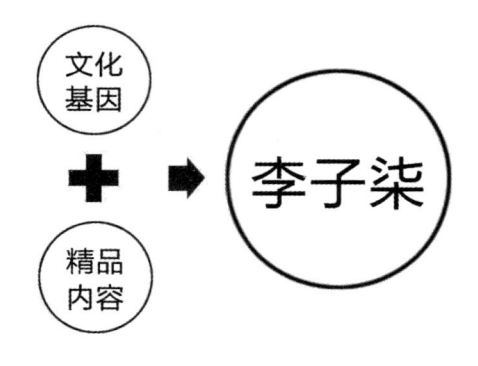

图1-5 李子柒的变现之路

第一，打造文化基因，传播文化自信。看到李子柒的食品，我们就会发现她拍摄的视频与其他主播存在显著的不同，而这不同之处正在于李子柒的视频中蕴含着深厚的文化基因，并形成了自己独特的视频创作风格。在学习美食制作的同时，我们还有机会了解到文房四宝、养蚕缫丝、种菜制衣等，对在都市成长的人群来说，这些是新奇的、有趣的，对从小生长在农村的人群来说，这些是熟悉的、怀念的。她通过视频的展现使人们关注美食的同时了解到那些被人们日渐忽视的传统文化。此外，李子柒会将美食与传统时节相融合，如端午节发布做粽子的视频、中秋节发布做月饼的视频……激活人们对中国传统节日的味蕾记忆。李子柒还与故宫美食达成商业合作，联手打造"苏造酱""宫廷参蜜"等食品，使中国传统文化展现出强大的生命力，极大地增强了人们的文化自信。除了在国内引发很大的关注外，李子柒的短视频在国外也引发了相当大的关注。视频中的美食、传播的文化引起了许多外国友人对中国传统文化的关注，使中国文化走出国门，走向世界。

第二，深耕精品内容，实现流量变现。一直以来，李子柒致力于食品内容的打磨，可以说，她拍的每一个视频都是精品。李子柒的视频不仅仅是拍摄食物的制作过程，更是记录了食材从播种到成熟再到成为美食的整个过程。此外，从各个方面来说，李子柒的视频都渗透着浓浓的古风。穿着上，李子柒喜欢着汉服、穿自己制作的带有古风感的衣裳，红衣飘飘，白衣胜雪；在食物选择上，李子柒制作的桃花酿、枣泥糕、琵琶酥……都透露着古风的味道；在食品制作上，几乎也看不见现代家电的痕迹，灶台、厨具、餐具，李子柒还原了一个最真实的农村厨房的模样，并且使整个视频的各个环节实现了调性的统一，给人们带来了极佳的视觉享受。凭借着精品化的内容，李子柒收获了一众粉丝。

所有博主在积累一定数量粉丝后都面临着流量变现的问题，只有将流量转化为实际的购买力才能够使这些"网红""主播"获得盈利点。大多数网红都会选择直播带货的方式销售产品以增加收入。李子柒则不同，李子柒作为美食类博主，其产品的制作完全依赖于她自身。因此，她无须与其他企业寻求合作为其他产品带货。她自己本身已经成了一个IP，成为美食的代言。所以与其他网红不同的是，李子柒靠着自己品牌的天猫旗舰店实现了流量的变现。2018年8月17日，李子柒天猫旗舰店的正式开业使李子柒实现了自己商业化的转型。当天，旗舰店共上线了五款商品，仅仅上线三天后，产品销量就突破15万件。无疑，李子柒走出了一条与其他网红不同的道路，而这正是李子柒长期高质量的精品内容所给予她的回馈。

三、发展总结

第一，文化的生命力是永恒的，主播打造直播内容时可以增加一些文化元素，在商业的同时兼顾情怀，这样才能做出特色。就如同李子柒的视频能够勾起了人们对乡土生活的眷念，触碰着人们心底最柔软的那根神经，也引发了人们对

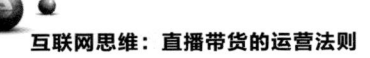

田园牧歌式生活的美好向往。这之中包含的文化情感和文化基因将成为一种永恒的生命力。这就是李子柒的视频拥有无限魅力的原因。

第二，精品内容的打造会成为决定主播影响力长久的因素之一。李子柒从直播以来就获得许多用户的广泛关注，并且这种关注并没有随着时间的推移而减少，相反，李子柒的热度持高不下。这就是因为她的视频一直都以做精品为目标。一周、半月甚至更久，她不会为了博关注就发布大量的视频。视频的优质精良才是她长期追求的目标，这种一丝不苟的认真态度决定了她的视频的质量与用户的黏度。

"采菊东篱下，悠然见南山"，李子柒激活了我们血液里的文化基因，实现了自身的商业化也打造了一个无人能替代的李子柒。李子柒的成功为网红达人们的成长提供了一个借鉴，只有做出独特性，做出深刻性，做出意义，做出情怀，才能真正实现自己的核心竞争力。

（资料来源：作者根据多方资料整理而成）

三、数据、数据链与数据网络

数据是未经处理过的原始数据，是我们通过观察、实验、计算得出来的原始结果。一般来说，我们不能仅仅通过数字的大小来赋予数字含义，根据背景的不同，同样的一组数字可能拥有完全不同的含义。与数据相对应的一个概念是信息。信息是将数据进行加工处理之后所得到的一种数据。数据本身并不会产生价值，但是一旦将数据进行处理，并应用到实践之中，数据的价值就得到了发挥。因此，数据的背后蕴藏着巨大的价值潜力。例如，主播的粉丝数、直播时的观看量、直播商品的成交额，它们在本质上都是数据，虽然它们本身并不具备价值，但是却能够间接地反映主播的人气、带货能力、带货的转化率等。因此，这些数据也会成为用户选择在哪个直播间购买商品、商家选择与哪个主播合作的重要参考指标。与此同时，正是因为大众、企业对直播数据的重视，许多主播努力提高自身的数据，以证明自身的能力。在这样的对数据追逐的过程中，部分主播迎难而上，着力通过打造核心内容、个人IP等方式提高自己的数据。但也有一部分主播为了数据的好看产生数据造假行为。例如，在2020年的"6·18购物节"里，部分主播狂刷销售量、粉丝观看人数，严重欺骗了消费者的感情。据央视有关直播带货数据造假的调查显示，在主播疯狂追求数据的形势下，许多专门进行数据造假的机构也应运而生。他们专门为主播提供刷数据服务，刷观看人数、刷销量、刷粉丝人数，应有尽有。据爆料，主播仅仅花费53元就可以增加2万观看量及15个真人互动。这不禁引起我们的反思，直播带货一个个具有冲击力的数据的背后是什么。直播带货数据造假表面上为我们营造了直播带货迅速发展、得到许多人追捧、推动许多行业转型的假象，实际上却使消费者、商家、其他遵守市场秩序的主播等不知情群体纷纷成为受害者，并在很大程度上阻碍了直播生态的健康平衡，严重阻碍了市场的公平竞争。

数据链是实现数据互通的链路，通过数据链可以构建一张数据网。数据链一般依托于通信网络进行数据的处理。在互联网时代，将数据链、数据网应用于产品的营销中具有极大的优势。数据网可以帮助企业寻找目标客户。客户是企业进行营销的主要对象，然而，由于不同客户的年龄、性别、职业、所在城市等许多因素都不尽相同，客户的需求也呈现出很大的不同。若企业在销售产品时广泛撒网无疑是十分低效的行为，不仅耗时而且耗力。数据网络的搭建可以帮助企业更好地搜集客户的信息，通过客户的点击、浏览、购买行为总结客户的特征，最终抓准不同产品的目标群体，在直播带货时根据这些群体，指定选择合适的营销战略，以实现对客户的精准抓取，增强直播带货的效率。因此，每场直播获得多少流量、销售多少产品，企业都可以通过数据得到。这为企业进行产品需求的预测提供了很大的便利。企业还可以通过建立与别的平台、别的商家之间的数据联系及时了解竞争对手相关产品的价格，两者结合制订合适的定价策略。这也是数据网络所带来的独特优势。

对数据包括直播成交量、粉丝数、平台数据等进行分析，构建数据网络的目的就是通过数据反映直播的效果，进而有针对性地改进，最终提高用户的个人体验。

第三节　直播带货的法则

所有的商业行为、营销现象的背后必然有其专属的商业逻辑，直播带货也不例外。它是在互联网时代下催生的一种特色现象，也是顺应时代发展的必然产

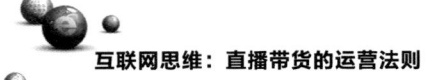

物。其背后是无数经济现象的交织，熟悉直播带货的法则从微观上讲可以帮助主播更好地了解直播的行业动态和发展方向，抓住直播的红利分一杯羹，从宏观上更是可以引导直播市场走向规范化，有利于构建一个健康、和谐的直播生态。因此，对直播带货法则的解读有着重要意义。下面将从平台运营、直播分享、私域生态、直播变现四个维度分别解读直播带货的法则。

一、平台运营

随着直播带货趋势的不断增强，直播平台间的竞争也日益激烈。目前，常见的直播带货的平台可以大致被分为电商直播平台、社交直播平台、短视频直播平台等。电商直播平台主要以淘宝、京东、拼多多为主。这类直播平台的特点是典型的以货养人，作为专业的销售商品的电商平台，一直以来都是凭借好的产品、优惠的价格吸引广大用户，平台基数大。而且作为一个专门的购物网站，一般使用电商平台的用户本身就有着购物需求，因此这类平台直播带货的针对性更强，实现了精准流量，且具有较高的转化率。其直播与营销的方式具有很明显的商业化特征，主播与用户之间一般并没有太多的联系，直播只是为商家提供了一个销售产品的渠道而已。社交直播平台则以微信直播为代表。微信作为一个社交平台已经是人们日常生活中必不可少的社交工具，月活数更是达到了11.12亿人。可见，微信积累了大量的流量。微信还有一个特征是生态圈比较稳固，微信上好友之间具有较强的联系，是很明显的熟人社交的模式。所以微信上的带货行为更多的是凭借熟人之间的信任及推荐。由于微信直播目前仍在内测中，故现在微信主要以小程序直播为主。商家可以在自己的小程序上进行直播，具有更强的灵活性。还有一类直播平台是短视频直播平台，博主通过在平台上发布5分钟以内的视频以达到营销的目的。典型的短视频直播平台有抖音、快手等。这类直播平台往往具有很大的流量，因此能够吸引大量用户的关注，这类平台往往并不是专门的直播带货的平台，平台具有比较强的社交属性，以此增加用户之间的联系，寻求情感上的共鸣。

由此可见，直播平台纷杂繁多，不同的平台具有不同的特征。而直播平台又是直播带货的载体，可以说没有直播平台，直播带货的行为就无法发生。因此，选择合适的平台进行直播带货对企业或主播来说十分重要。在进行直播平台的选择时，主播应该考虑以下几个因素。首先，直播平台的门槛。有的直播平台的门槛相对来说可能比较高，只有符合一定条件的用户才能申请成为主播，如淘宝直播。在淘宝上，一般店铺达到一钻或一钻以上才能开设直播间，淘宝达人账号等级达到L2才有直播权限。因此，淘宝直播平台适用于发展比较成熟或具有一定粉丝群体的店铺或主播进行直播。其次，主播应该根据平台的用户群体特征选择直播带货的平台。例如，抖音与快手都属于短视频直播平台，但两者的用户类别却存在很大的区别。抖音平台上的用户以一、二线城市的年轻人为主，他们更追求精致的生活，对产品的品牌、细节有着更高的要求。而快手平台的用户集中在三、四线城市，他们注重的是更高的性价比。因此，这两类不同的短视频平台适合不同的直播带货行为，如农产品类的直播更接地气，接近于人们的真实生活，所以选择在快手带货会比在抖音带货更加合适。

选择合适的平台后，就涉及平台运营的问题。直播平台在运营时要注意以下几个问题。第一，平台的市场定位。定位于不同的市场可以帮助平台圈定目标用户的范围，再根据用户特征制订有针对性的发展战略，不仅可以增加平台宣传推广的效率，还使得平台更加垂直化，专业性更强。第二，平台的盈利模式。平台建立是为了吸引流量，实现盈利。因此，平台在运营过程中应该找准盈利点，根据平台自身的特征设计出一套合理有效的盈利模式。第三，主播、产品、场景的选择。直播带货三要素人、货、场在直播中缺一不可。这三个要素共同构成了直播带货的完整流程。平台在运营过程中既要选择合适的主播，包括培养新主播、挖掘大主播等，也要加强对主播的培训，帮助他们形成一套完整的直播体系，如何选品、如何营销、如何搭景、如何进行团队分工等。通过这些可以帮助平台科学高效的运营，增强平台的影响力和内容质量，进而塑造更好的平台口碑。

二、直播分享

互联网所带来的便利也使得人们更乐于分享自己的生活，分享经济这一经济模式的产生就带有互联网的基因。尼尔森曾在全球范围内开展了一项调查，调查结果显示，有94%的中国受访者都愿意与他人分享。直播之所以能吸引大量的人观看，其分享本质是最重要的原因之一。主播在直播过程中分享自己的日常生活，如共享游戏过程，或在屏幕前分享自己的才艺，抑或是仅仅是在直播间聊天，这些都能够吸引一部分用户。这种分享日常生活，不断与观众互动的行为使观众更容易产生共情，感觉到自己被关注被重视，这种认同与被认同的互动使观众在直播过程中找到自己与主播的共鸣并进而对主播产生信任感。同时，在直播过程中，主播不断说出观众的ID名字会使观众有被重视的感觉，产生满足感。此外，分享经济的核心在于信任，这与直播带货的逻辑不谋而合。主播在直播上向粉丝推荐商品，其本质上就相当于主播以自己的信誉为产品背书，而粉丝愿意接受主播的推荐，购买商品实质上也正是因为粉丝对主播的信赖。这种相互间的信任也为用户间或用户与主播间的分享行为提供了一个变现的途径。总之，基于分享的直播带货行为正表现出强大的生命力。

三、私域生态

私域流量是指品牌、商家或者个人经营者所直接连接、直接拥有的用户。私域流量的本质是将自己的流量开放给企业以实现流量利用率的提高。现有的大多数平台仍处于流量的增长期，通过不断开拓新用户实现平台流量的进一步增加，然而当平台的大众市场的流量被大量挖掘，新的市场开发进入瓶颈期时，平台市场开发的难度越来越大。私域流量的获取与搭建成为企业维护客户、打造私域生态的重要方式。当我们观看一场直播时，我们可以发现一个主播直播间的观看者和消费者还是以粉丝为主，新顾客往往占据较少的一部分，直播大部分依赖的还是回头客。很多主播和企业就发现了消费者的这一特征，为提高产品转化率，纷纷试图将公域流量转化为私域流量，形成了专属于自己的私域生态，保证直播受众的稳定性。目前，私域流量已经成为各个平台、商家普遍应用的一种运营方式。

私域生态之所以受到如此追捧正在于其独特的优势，如图1-6所示。第一，私域生态可以直接触达。微信就成了很好的打造私域生态的场所，商家可以通过朋友圈、小程序直接触达用户。第二，私域生态可以重复利用。对于那些复购性比较强的商品，私域流量作用的发挥就显得更大。随着用户数量达到一定的平台期，维护老用户成为比吸引新用户更有效的营销方式。用一种形象的表述来说明私域生态的重复利用，那就是"把韭菜圈起来反复割"。第三，私域生态可以双向交流。用户与品牌之间可以通过建立的私域生态相互沟通交流，不仅有利于用户增加对产品的了解，而且有利于企业根据用户需求改进产品，为以后的研发做准备。第四，私域生态可以挖掘用户的长期价值。私域生态的影响是长期的，其作用的发挥也是持续的。第五，私域生态是一个低成本的获客渠道。企业直接依靠私域生态里的流量不仅能够更准确地寻找到目标客户，而且降低了搜寻成本，提高转化率。

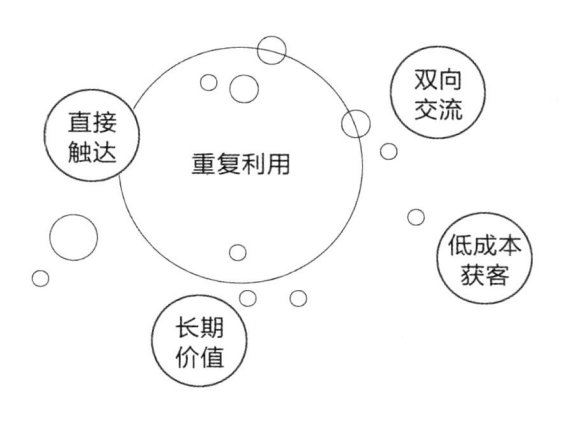

图1-6 私域生态的优势

直播带货专栏6：

梦洁家纺：入局直播市场，打造立体营销网络

2020年，新冠肺炎疫情席卷全球，各大企业都难以在这场灾难中保全自身，然而梦洁家纺却实现了逆势增长。在3月14日梦洁家纺举办的"万人拼团抢工厂"主题的直播中，梦洁更是吸引了60多万名粉丝观看，仅仅4小时梦洁家纺的销售额就已高达2500万元。如此大的销售额背后是梦洁家纺的直播的常态化、精准流量及私域生态发挥的巨大作用。

一、公司简介

湖南梦洁家纺股份有限公司（股票代码：002397，以下简称梦洁）成立于1956年，并于2010年正式上市。一直以来，梦洁致力于为更多人提供高品质的家居生活，不断进行产品研发和资源拓展。梦洁的主营业务包括床上用品系列产品的研发、设计、生产和销售，具体有被芯、枕芯、毛毯等。在互联网发展的大潮下，梦洁也紧跟潮流，不断整合线上线下的营销渠道，致力于立体化营销网络的打造。目前，梦洁旗下已经拥有11家全资子公司和1家控股子公司。

二、直播模式分析

第一，布局直播市场，推动直播常态化。随着直播带货市场的逐渐扩大，直播带货得到越来越多企业的重视。新冠肺炎疫情的冲击更是使得直播带货又红了一把，直播的营销模式逐渐成为更多企业的营销选择。在这一点上，梦洁家纺正是一个典型的例子。2020年，梦洁家纺成立了"梦洁（杭州）直播研究院"，研究院致力于探索更科学的家纺直播行业标准，构建更高效的家纺直播人才培养体系，研究最新的家纺直播产业形式，以实现家纺直播的转型与升级。自2020年以来，梦洁加快了直播市场的布局，探索更高效的直播模式，不断推动直播常态化、碎片化。直播带货已然成为梦洁销售的主要途径。例如，2020年年中，梦洁家纺举办了一场大型的千店直播，此次直播采取了总部与线下门店联动的模式，在直播中，梦洁与各大平台的头部流量开展合作，直播中更是与李晨、脱口秀演员连麦，开启花式带货，直播取得了良好的效果。在活动期间，梦洁销售额成功突破865万元。梦洁家纺于2020年9月1日举办的"一床被子·人民的发布会"更是实现了线上的全渠道直播，此次发布会同步直播的平台达到10余家，观看人数更是达到10万人次。这些都能说明梦洁对直播的重视，直播已经成为梦洁营销的常态化模式。

第二，获取精准流量，打造私域生态。在开启直播布局后，梦洁意识到流量在直播带货中起的重要作用，开始从多个来源精准获得流量，并推动社群运营模式的构建。梦洁获取流量的渠道主要有三个（见图1-7）。一是线下门店转化。梦洁在大力进军直播领域的同时，也一直在深耕线下实体店。为培养重要客户，提高客户的黏性，梦洁在线下实行一对一的方式，着力为客户提供专业化、个性化的服务，增强客户的满意度，最终将其培养为企业的忠实客户，将他们成功引流到线上。二是朋友圈引流。一般而言，门店的导购在营销时往往会接触到大量的目标客户，并且多数导购会通过加微信好友的方式与目标群体建立联系以便日后的营销、推广、售后等环节的沟通等。这一部分流量是企业的最精准流量。因此，梦洁高度重视这一部分客户流量的获取，通过导购的朋友圈实现目标客户的精准引流，提高了直播带货的转化率。三是发挥小程序+社群的联合作用。小程序的一大显著优势在于其拥有广大的用户，并且具有便捷的分享功能。这有利于社交关系链的打造，通过裂变增加用户数量。此外，梦洁还积极与外部社群合作，与其他企业建立合作伙伴关系，实现资源的整合，提高利用效率。以"梦洁6·16

直播"为例，当天梦洁在小程序上进行直播并在直播当天与3000个社群同步，借助门店导购将用户的购买力与线上直播融合，共享直播内容，社群分级管理，掀起一波用户互动热潮。

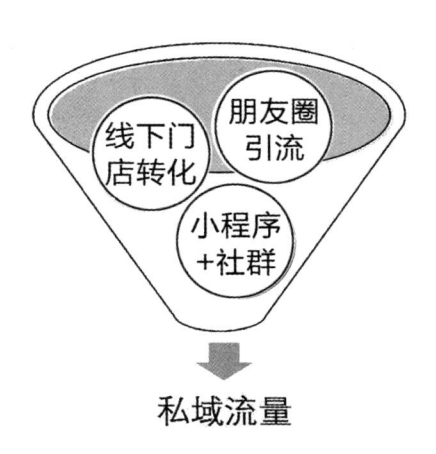

图1-7　梦洁私域流量的获取途径

三、总结

在梦洁的发展过程中，我们发现梦洁一直以来不断寻求创新，打破了家居传统模式的束缚。梦洁不仅顺应了直播带货的新潮流，而且逆流而上，使直播成为企业的核心竞争力。O2O+直播新零售商业模式的建立更是为梦洁的发展提供了良好的助力。梦洁成功的背后是其高瞻远瞩的规划能力和不畏挑战的坚定决心。企业在发展过程中不能拘泥于固有的模式，应该持续关注市场形势的变化，寻求新的经济增长点，合作创新、不断突破，这样才能不被激烈的市场竞争所淘汰。

（资料来源：作者根据多方资料整理而成）

四、直播变现

大多数主播在初期都通过分享短视频、抽奖福利等活动积累粉丝和流量。在这期间，主播一般不产生收入，或收入较少。随着主播知名度的提升和粉丝数量

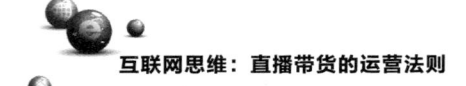

的增加，直播变现成为了可能。主播在平台积累的流量就代表着价值，如何将这些流量转化为实际的购买力，实现直播的变现则是主播需要重点考虑的问题。常见的直播变现的方式大致可以分为广告、打赏、带货、付费、增值几种。

主播在积累一定的流量与粉丝后，就会有商家主动联系主播进行产品的宣传，主播向商家收取广告费，这形成了直播变现的第一种方式。此外，打赏模式也可以实现直播变现。观众为主播刷礼物表达对主播的喜爱，这部分虚拟礼物可以按照相应的金额转化为货币再进行提现。这种变现方式在秀场直播中表现得尤为明显。带货是现在最流行的变现方式，尤其是新冠肺炎疫情的突发将直播带货推向了新的高潮。主播在直播间介绍商品，并给予观众一定的优惠以实现将产品卖出去的目的。直播后，主播与平台、商家之间按比例进行利润的分配，成功地将流量变现。付费的变现模式主要针对一些优质的内容，如名师一对一授课等，用户只有在进行付费后才能进入直播间。因此，保证直播内容的质量是这类直播得以顺利变现的重要保障。增值指的是粉丝在购买增值服务后可以在直播间享受个性化的服务，如个性化点赞、提速等，这也是直播变现的一种手段。

章末案例

薇娅：直播带货背后蕴藏的重大机遇

说到薇娅，你会想到什么？网红？直播带货女王？还是电商传奇？薇娅这个名字好像在2018年就突然火了，然后以势不可当的速度持续发力，迅速登上淘宝第一主播的宝座。薇娅不仅仅是互联网时代所诞生的网红的一个缩影，其直播带货的背后所反映的商业模式更是值得我们深思。

一、薇娅个人简介

2005年，薇娅20岁，拥有一个明星梦的薇娅凭借一档名为"超级偶像"的综艺选秀节目成功签约了唱片公司。跑通告、出单曲、拍杂志，似乎这就是她的日常。后来，由于与公司理念不合，薇娅离开唱片公司做回了自己的老本行——在西安经营一家线下服装店。2012年年底，察觉到互联网发展背后蕴藏的巨大红利，薇娅决定将线下的服装店开到线上，于是，薇娅在淘宝开起了自己的女装店。在这期间，薇娅并非一帆风顺，货物的积压、错误的预估、工厂生产能力的受限使淘宝店亏损严重。为此，薇娅还卖掉了广州的房产以弥补淘宝开店的亏空。好在，薇娅没有放弃。2016年，淘宝准备转战直播行业，于是决定在"淘女郎"中选择一部分有潜力的进行直播培训，这也成为薇娅直播带货之旅的开始。2016年5月21日，薇娅正式入驻淘宝直播，开启了她事业的转型。入驻淘宝直播的她不断摸索、不断学习，探索出一条专属于薇娅的直播带货理念。凭借着这套理念，薇娅在直播带货领域乘风破浪，飞速成长。2017年10月10日，薇娅给一家海宁皮草新店直播带货，在短短5个小时内就创造了7000万元的销售纪录，远远超过张大奕2000万元的纪录，自此，薇娅一战成名。2018年"双11"期间，薇娅全天销售额超过3亿元，成为名副其实的带货女王。2019年"双11"，薇娅更是凭借四场直播实现了销售额27亿元的好成绩。这无不展现了薇娅强大的带货能力。

二、直播模式分析

要分析薇娅带货成功的秘诀，我们还得从直播带货的三要素说起，如图1-8所示。直播带货由人、货、场三个要素构成。人主要包括带货主播和商家。带货主播是直播的主持人，是整个直播的核心角色。而商家则是产品的提供方，没有商家，直播带货就没有产品，无法进行。货主要就是指带货的商品。它们是消费者的直接消费对象。因此，带货商品的选择也是直播的关键一步。场则分为直播平台和直播间两个方面。直播平台为主播进行直播提供了一个媒介，选择符合主播定位的直播平台影响着直播的效果及销量。而直播间则是主播直播的场所，是观众看到的场景，对观众的感官体验有着很大的影响。下面将从这三个角度带你走进薇娅的直播带货世界。

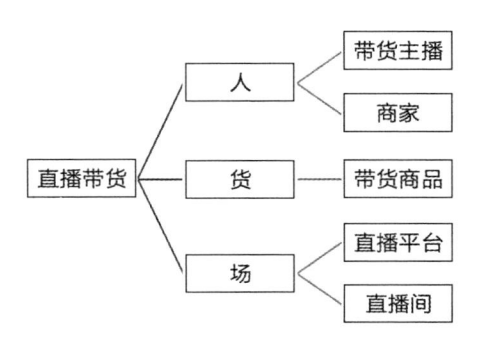

图1-8 直播带货的构成要素

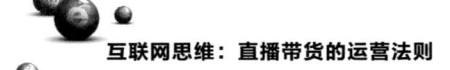

1. 个人+团队，齐心协力助推产品销售

第一，超强业务能力实现销售神话。凭借着早期在线下开服装店的经历，薇娅在选择合适的产品、与客户有效沟通交流、向客户介绍产品的优势和不足、处理销售时的突发状况等方面都积累了大量的经验。因此，在直播中，她完全是一个优秀的销售人员，对销售流程的熟悉保证了直播环节的流畅，与用户交流的能力提高了消费者的好感度。除了超强的销售能力，她还掌握营销的各种知识，如利用限时、限量、限价的营销方式激发了消费者的购买欲望，取得了良好的效果。

第二，宠粉人设吸引大量粉丝。在人设的塑造方面，薇娅可以说是做得相当好了。姣好的面容本来就能够让她获得更多的关注。但颜值之外，薇娅一直给粉丝留下的就是有正义感、宠粉、有担当的形象，因此粉丝们都自称自己为"薇娅的女人们"。一直以来，薇娅直播带货的一个原则就是帮助粉丝省钱，她会亲自挑选超高性价比的产品，在直播间发放大量的优惠券、福利保证粉丝能够真正以最低的价格买到最优质的商品。此外，薇娅规定与她合作的商家都必须无条件退货，这极大地保障了粉丝的权益。薇娅对粉丝的"宠"还表现在面对粉丝提出的各种合理要求，她也都尽可能地满足。例如，有粉丝在薇娅直播间看到背景里的一个产品，点名想要，薇娅就到处搜罗，满足粉丝的需求。正是这种对粉丝的宠爱，使得她收获了一大批粉丝的信任，培养了属于自己的私域流量，她们成为薇娅直播坚实的后盾。

第三，靠谱团队成为薇娅坚实的支撑。薇娅的直播团队举办的每一次直播活动都严格地遵守直播的9个步骤，即目标、主播、模式、寄样、脚本、核对、准备、直播和复盘。这9个步骤能够充分保证每次的直播活动有组织、有计划地进行下去，保证直播的顺利进行。此外，薇娅的直播团队核心成员的个人能力也十分突出，几乎会避免链接上错、价格报错、优惠讲错等问题的发生。

第四，致力公益，提高个人影响力。在宠粉丝之外，薇娅还一直致力于公益事业，帮助贫困地区销售农产品、鼓励支持女性创业、捐赠抗洪救灾物资等。薇娅通过"薇娅魅力中国行"公益行动，帮助贫困地区带货，助力乡村振兴；通过"为鄂下单"公益直播帮助武汉企业复工复产。薇娅的这一系列公益行为不仅使她获得了"2018脱贫攻坚公益明星""助农公益大使"等称号，荣登"中国慈善榜"，而且使她在粉丝心中塑造了一个很有社会责任感的主播形象，使得影响力进一步提高。

2. 性价比+需求，构成产品核心竞争力

产品是直播带货的对象，离开了产品，所有的直播带货都无法顺利进行下去。在某种程度上可以说，产品成为直播带货的核心。因此，选择合适的产品就是每个主播需要考虑的问题了。在选品方面，薇娅一直秉持着对观众负责的态度，构建了一套严谨、科学的选品流程。流程共分为四个步骤：招商团队初步筛选、产品体验团队试用样品、谈妥专属优惠价格、薇娅试用并做出决策，这四个步骤缺一不可。除了严谨的选品流程外，在选品时，薇娅还会充分考虑所售商品的受众，以客观公正的角度站在消费者的立场选择他们可能会喜欢的商品，并不会只凭借自己的喜爱就做出是否销售某个产品的决定。在薇娅看来，直播所推荐的产品必须要满足性价比和有需求的原则。首先，产品一定要具有超高的性价比。消费者在直播间购买商品一部分原因自然是想要通过主播的介绍更加了解商品，但也有很大一部分原因是在直播间购买可以让他们享受到更大的优惠。基于消费者这样的心理，让消费者以最低的价格买到最好的商品成为薇娅直播带货的一个原则。薇娅每次确定带货产品后都会对接商家，与商家进行价格的谈判，确保自己的商品是全网最低价，若是不能实现全网价格的最低，薇娅甚至会放弃带这件商品。这样的最低价保障使得粉丝积累了对薇娅的信任，尤其是那些喜欢在各个平台比价的消费者更是可以更加放心地在直播间购买她推荐的商品。性价比也成为薇娅的独特竞争力，使她在一众主播中脱颖而出。其次，产品要满足客户的需求。客户的需求决定了他们是否会有购买商品的可能性。一件商品即使性价比再高、质量再好，若是客户没有对这件产品的需求，他们也不会购买。因此，薇娅在选品时并不会将产品局限在某个领域，她追求的是产品的横向发展，销售的产品覆盖全品类，只要粉丝需求，她就会上架。在薇娅的直播间，你会看到化妆品、零食、日用品、电器、大米各种种类的产品琳琅满目，应有尽有，如何准确地抓住粉丝的需求就显得尤为重要。为此，薇娅的团队有专门人员负责从各个渠道搜集客户需求，最终筛选卖货商品。正是这样的选品原则与流程使得薇娅销售的产品一经上架就受到哄抢。

3.高清直播间，带给用户更好的观感

走进薇娅的直播间，我们能明显感受到的就是相比其他普通主播的直播间，薇娅的直播间有着更好的视觉体验。这就是薇娅的高清直播间所发挥的重大作用。在很早以前，薇娅就意识到了观看直播的每一个人都有可能成为最终的消费

者，为产品埋单。因此，抓住这一部分人的心意显得十分重要。直播间作为主播直播带货的场所，所有的带货行为都发生在这个空间里。而一个高清的直播间不仅可以增加消费者的视觉观感，而且可以更清晰、更真实地展示产品，避免因为颜色误差、直播设备像素等原因造成消费者的内心理想与实际现实间的差距。为此，薇娅不惜花重金打造了一个超高清的直播间。高清的拍摄设备、专业的音响设施、恰到好处的灯光布置帮助薇娅还原了产品最真实的状态，再加上薇娅本人对产品真实、客观、详尽的介绍，这个直播间可以说能够使消费者在最大程度上了解产品的实际情况，减少因为设备问题导致的退货现象。

三、启示

薇娅曾说过"了解自己、了解粉丝、了解产品，这是一个主播的基本素养"。直播带货绝不是一个个人化的行为，其与粉丝、与商家、与产品紧紧地绑在一起。直播带货是互联网时代下催生的一个新的商业现象。许多人都看准直播带货的巨大红利想要打一场漂亮的仗。然而，在越来越多人进军直播行业，开始直播带货后，直播行业的马太效应也逐渐显现，直播的红利逐渐削减，头部主播、腰部主播及尾部直播之间的差距越来越大。在这样的情况下，只有深谙直播带货这一现象的本质，探索各大知名主播直播带货成功的秘诀，不断探索创新，才能走出属于自己的一条直播带货的道路。淘宝直播带货一姐薇娅的成功似乎也能给我们带来一些启示。

第一，打造符合自己的人设，增强粉丝黏性。正如薇娅的人设是有正义感的宠粉姐姐、李佳琦的人设是女孩们的蓝颜知己，人设的打造会对主播产生潜移默化的影响。一方面，这种人设可以帮助他们更好地塑造自己的行为特征，更快地寻找到自己人设所对应的目标群体。另一方面，他们凭借人设所赋予的人格魅力收获更多的粉丝，在这个过程中不断收获粉丝的喜爱与支持，最终增加粉丝黏性，提高直播带货的转化率。

第二，产品为王，要学会挖掘产品的核心优势，形成专属于自己的产品带货特征。主播既可以在产品选择上参考薇娅的模式以性价比和需求为核心，横向发展，覆盖全种类；也可以深耕垂直领域，专注于某一类产品的选择与推荐，如美妆主播只推荐美妆类产品，吃播博主只推荐美食。在产品推荐策略上既可以走品牌路线，推荐大牌的产品；也可以走亲民路线，以价格低，性价比高取胜。但无论是哪种模式，主播必须把选品当成直播非常重要的一个环节，秉持着对消费者负责的原则选择、推荐产品。只有这种主播才可以吸引到适合自己直播群体的消费者，并赢得他们的信赖。

第三，注重直播场景的打造，给予消费者优质体验。薇娅所打造的高清直播间，其目的就是尽可能地为消费者还原最真实、最清晰的场景，增强消费者的视觉体验。基于这一点，主播在打造直播间时也可以将思路适当拓宽。除了在设备上改进，增加视觉、听觉上的体验外，若是垂直类主播，可以根据自己带货的产品特征或是每期直播的主题，调整直播间的背景、陈设，让消费者进入主播构建出的产品消费或使用的场景中，通过沉浸式的体验激发消费者的购买欲望。

（资料来源：作者根据多方资料整理而成）

本章小结

近年来，直播带货这一现象得到越来越多人的关注，从直播带货1.0到直播带货5.0，直播带货一直顺应时代发展的趋势和消费者需求的改变不断突破，实现了体量的剧增和模式的裂变。直播带货这一现象的产生、发展与变迁不仅是信息技术发展的必然趋势，也是在互联网环境下成长起来的"宅经济"的助推。作为诞生在互联网浪潮下的新的营销模式，其背后更是移动思维、交互思维、粉丝思维、场景思维、体验思维等诸多互联网思维的交织。要想真正做好直播带货，必须深挖直播带货背后体现的底层逻辑，熟稔直播带货的原则，这也是我们将要学习的重点所在。

第二章

平台运营

直播有趣，更有意义，对于直播这件事，我是从尝试到喜欢。

——携程联合创始人 梁建章

开章案例

抖音：看短视频如何在直播中杀出重围

一、公司简介

抖音软件于2016年9月20日上线，上线之初的名字为"A.me"，同年12月22日正式更名为抖音。它是今日头条旗下的一款音乐短视频社交软件，用户可以选择歌曲并拍摄音乐短视频发布在平台上。除拍摄发布视频外，用户还可以自主选择自己感兴趣的短视频观看，平台会捕捉用户的喜爱特征并进行相关推荐。抖音为人们提供了一种休闲娱乐的方式，在四年的发展时间里，抖音不断发展，一步步完善，优化用户体验，开拓新功能，提升软件使用流畅度，凭借着优质的内容、独特的算法进入人们的生活，不仅成为人们社交休闲的途径，也使自己成为短视频领域的"独角兽"，与其竞争对手快手一起瓜分了短视频领域的大部分市场。2020年6月30日，抖音还成功进入"2020年BrandZ最具价值全球品牌100强"排行榜。

二、商业模式分析

第一，凭借明星和综艺热度积累大量用户。在发展的过程中，抖音充分发挥了明星及综艺节目等IP的热度实现了平台的推广与用户的积累。例如，2017年6月23日，由抖音与《中国有嘻哈》合作，明星吴亦凡拍摄的短视频正式在抖音发布；2017年7月20日，人气艺人鹿晗的新歌《零界点》的MV在抖音上线；2017年8月19日和9月15日，抖音分别登录湖南卫视王牌综艺节目《快乐大本营》和《天天向上》；除此之外，抖音还赞助了江苏卫视、湖南卫视、浙江卫视等电视台的跨年演唱会。这一系列操作使抖音依赖于粉丝经济带来的巨大红利及明星、综艺节目的流量积累了大量的用户，在极短的时间内实现了用户数量的激增。

第二，用户定位聚焦一、二线城市。在抖音决定进军短视频领域的同时，同类型短视频APP——快手已经凭借三年的积累在平台上积累了许多用户。据统计，截至2016年2月，快手的用户数量已经突破3亿人，这无疑成为抖音发展的巨大对手。为此，抖音团队也做了一系列攻略。他们发现，快手的用户群体定位于三、四线城市的下沉市场，快手的去中心化的策略使得各式各样的群体都集中在这一平台上，尤其是三、四线城市的农村人因为快手的发展原则而有了更大的发展空间。于是，抖音发现了突破点。他们发现那些对视频质量要求高、原创性强、喜欢新鲜事物的人群在快手的去中心化原则下丧失了自己的发展空间。这一部分群体也就成为抖音抢占的目标客户，他们多集中于一、二线城市，技术能力强，有想法、更年轻，于是抖音所提供的短视频与音乐结合的平台给了他们发挥自己才能的空间。正是这样的战略定位使得抖音在当时已经被快手积累许多用户的短视频市场中异军突起，成为许多喜爱尝试的年轻人的新选择。

第三，凭借内容质量与原创吸引粉丝留下。尤其是在用户数量大量增加之后，平台上的视频发布的数量越来越多，审核也因此越来越松，这就在很大程度上导致抖音平台视频质量的下降，各种各样的视频良莠不齐。这也逐渐与抖音做原创、做精品的目标相违背。在这样的情况下，提高视频的质量，做好视频的内容才是抖音吸引用户留下的关键。为此，抖音逐步完善其内部审核、内部监管、平台举报等机制，着力提升短视频的质量。此外，短视频与直播的一个明显特征就是直播是即时性的，更注重与观众之间的互动及实时的沟通，直播呈现出的是产品的真实模样，因此设计感可能会相对少一点。而短视频的发布拥有一定的创作时间，发布者有充分的时间对视频内容进行设计，后期进行优化，以保证短视频的质量和内容上的精美与创意。抖音上的博主王生鲜正是因为其富有创意的视频内容、高超的拍摄手法、优美的文案在抖音众多博主中脱颖而出，获得了大量的关注与点赞。

抖音商业模式要点如图2-1所示。

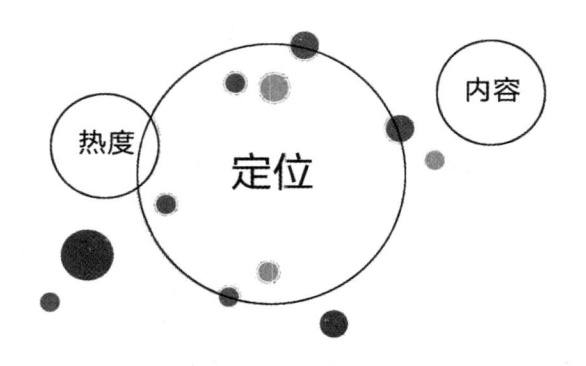

图2-1 抖音商业模式要点

三、总结

第一，注重用户数量的积累，这决定了平台发展的规模。用户数量无疑是判断平台影响力、在同业间地位的一个标准。对用户数量的争夺成为许多平台竞争的一个关键部分。在粉丝经济迅速发展的背景下，平台可以充分利用明星效应、综艺IP、影视IP等的热度，积极寻求多方合作，吸引粉丝成为平台的用户，扩大平台的粉丝基数。

第二，短视频平台根据自身的平台定位聚焦不同的核心用户。中国拥有14亿人口，这些人口又可以被划分为各种各样的市场，以男性用户为主的市场、以女性用户为主的市场、年轻人的市场、中年人的市场、老年人的市场，如此种种。因此，平台在战略定位上必须要明确自己的目标市场，根据市场特征制订不同的战略以抓住用户。例如，抖音定位一、二线城市，快手定位三、四线城市，这就是用户市场定位的不同，也就决定了这两个平台算法的不同，只有专注于自己的市场才能减少竞争，最大化地发挥自身的优势。

第三，短视频的内容好坏是其最终能否留住用户的关键所在。在不同的发展阶段，平台都要重视内容的质量，鼓励用户多多拍摄原创性强、技术能力高、更加新颖的视频。此外，视频内容上可以多增加一些公益性、科普性的内容与元素，弘扬社会正能量，增加短视频的内在生命力。

（资料来源：作者根据多方资料整理而成）

平台是直播带货进行的场所，直播市场发展之下，众多的直播带货平台如游戏直播平台、泛娱乐直播、短视频直播平台等五花八门的平台为用户提供了许多选择。这些平台基于自己的定位、特色、功能塑造了一个多元、生动的直播带货市场，构成了直播带货的大千世界。

第一节　直播带货平台的万千世界

从报纸、电视机、笨重的台式计算机、轻薄的笔记本计算机到手机，人们接收信息的途径发生了日新月异的变化，这意味着时代的发展、技术的变更。从文字、图片到视频，每一种更新迭代都冲击着人们的日常生活方式，而普通的民众也逐渐从台下的观众走上舞台中央，每个人都可能成为信息的中心，拥有自己的话语权，吸引与被吸引同时进行，巨量信息在爆炸般的信息量中不断传播。这种更新也催生了具有时代特色的现象，如直播带货。

要了解直播带货，先要了解直播带货平台，它为直播带货的进行提供了场所。从某种程度上说，直播平台增加了流量变现的新渠道，即直播带货。直播带货即主播与商家合作，利用直播的形式向观众介绍产品，推销产品。一方面，商家利用主播本身的人气流量为其商品增加具有购买意向的潜在客户；另一方面，直播中动态的真人解说使该营销更加具有真实性，对比传统的电视广告与普通人的地推模式，主播与观众的互动过程无异于主播用自身的信誉向观众进行了二次担保，从而更加容易获得观众的信任。从消费者的角度来说，在直播过程中，可以实现足不出户就能观看产品的实时测评，同时可以与屏幕前众多观众一起评论，写出自己的感受或者疑问，并得到主播的清晰回复。直播带货没有传统产品销售的烦琐流程，省去了经销商等中间环节，使消费者可以以更低廉的价格购买商品。随着越来越多的人、企业加入直播带货的潮流之中，直播带货在互联网时代展现出其强大的生命力。

根据平台直播内容的不同，直播带货平台被大致分为秀场直播平台、游戏直播平台、泛娱乐直播平台、短视频直播平台、垂直直播平台、小程序直播平台六种。

一、秀场直播平台

秀场直播平台可以说是直播行业发展最早的模式，主播在直播间表演才艺吸引粉丝关注，粉丝打赏表达对直播的支持。YY、9158、六间房是秀场直播平台的最典型的代表，几乎占据了整个秀场直播的大部分份额。网红经济的兴起也为秀场直播的发展提供了一个良好的契机。

一般而言，秀场直播具备以下几个基本特征。第一，秀场直播的主播以美女为主，她们大都比较年轻且具有较高的颜值及比较强的社交能力，这往往能够帮助她们获得更多的关注度。第二，秀场直播的内容大多为唱歌、跳舞、表演才艺等，依靠这些吸引用户观看直播，这为主播提供了一个自我表达的平台。第三，秀场直播的观看者以男性群体为主。男性群体大多很愿意为他们支持的主播打赏，这也构成了秀场直播盈利的主要来源。正是由于秀场直播的这些特征，使其在发展初期规模迅速扩张，用户大量增加。据相关机构统计，2017年我国秀场直播平台的用户数量已经达到2.2亿人次，与上年相比同比增加51.9%，秀场直播正飞速成长着。

随着秀场直播的发展进入成熟阶段，平台之间及主播之间的竞争越来越激烈。在平台方面，在秀场直播发展进入新阶段后，平台之间的竞争开始以头部平台为主，一些尾部平台由于规模小、流量低逐渐被整合、淘汰。此外，为实现更多盈利，一些主播会用低俗、出格的方式吸引关注，获得流量，这种行为严重阻碍了直播平台的市场秩序，而且对整个社会尤其是未成年人产生不利影响，会严重扭曲他们的价值观，污染互联网环境。为此，有关部门也对秀场直播平台进行监管，力图还原一个健康的秀场直播市场。

平台运营专栏1：
....

六间房：秀场直播何去何从

一、公司简介

北京六间房科技有限公司（以下简称六间房）成立于2006年3月，是一个为广大网民提供在线演艺的一个平台。用户以PC端的六间房秀场和移动端的石榴直播发布视频或观看直播，直播内容以唱歌、跳舞等才艺表演为主，是典型的秀场直播的模式。自公司成立以来，六间房一直秉持着"直播精彩人生！平凡人的舞台只为不甘平凡的你！"的企业愿景帮助许许多多的平凡人实现他们的演艺梦想。2015年3月1日，六间房以26亿元被国内旅游演艺第一股宋城演艺收购，又于2018年6月28日与花椒视频达成战略合并，2019年4月29日，六间房获得来自皓玥资本、奇虎360、三千资本、北京文投集团等多家企业的战略投资。截至目前，六间房总注册用户已经达到6000万人，并且成功跻身全球互联网500强，展现了六间房强大的实力。

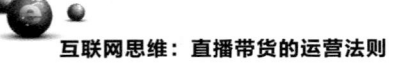

二、六间房商业模式分析

第一，关系付费，多阶层社区打造关系体系。2009年10月，六间房正式决定尝试演艺直播，秀场直播的雏形由此形成。初期的六间房面临着巨大的资金问题，融资困难、没有盈利途径又面临着带宽、服务器等多方面的成本，后来，六间房不断探索，凭借演艺秀场探索出自己的一套盈利模式。这其中最有特点的无疑是六间房的关系付费模式及其社区的打造。在秀场直播上线之初，六间房就设置了虚拟礼物。用户自己付钱在平台上购买虚拟礼物赠送给主播以表达对主播的喜爱。虚拟礼物的设定得到了用户的支持，在秀场模式推出两个月后，六间房举办了歌唱大赛，大赛期间共卖出了价值七万元的虚拟礼物。这也被许多直播平台纷纷效仿，构成了许多直播平台盈利的一个重要组成部分。这实质上就是关系套现的一种方式，人与人之间的关系与情感在平台上借助礼物的方式得到表达并实现关系的套现。

除了所谓的关系付费外，六间房还在直播的基础上构造了社区，不同的人在社区就自己感兴趣的话题与内容进行互动交流。六间房的社区还有一个特别的地方，那就是它建立了一个自己的等级体系。不同等级的用户在平台上享有不同的权限，享受不同的服务。这就导致用户之间的竞争，并通过等级实现了用户之间的管理。那些等级低的用户为获得更多的权限就会努力向上爬，参与社区的活动、更多的互动交流以增加自己的存在感。在六间房上，用户实现了第二身份的社交。而这种社交使用户自己生长，自己适应，也使平台充满活力。

第二，直播+公益，秀场直播如何实现转型升级。在直播开始盛行的年代，直播的红利逐渐衰减，秀场直播在各种新型直播模式纷繁出现的背景下更是受到了巨大的冲击，寻求秀场模式的转型才是秀场直播未来发展的出路。为此，六间房凭借多年来在平台积累的流量，致力于公益事业，推出"直播+公益"的直播模式并取得了良好的效果。

2016年，六间房在其直播平台上发起了一场名为"拯救罕见病宝宝——小添翼"的公益直播。在平台上成立"爱心公社"，为扩大直播的影响力，让更多人了解小添翼的故事，了解小添翼所患的Denys-Drash综合征罕见病，六间房还联合了数十位主播，通过直播的方式向大家详细、直观地讲解了发生在小添翼身上的故事。这场公益直播最终取得了良好的效果，不仅帮助这个家庭筹集了很大一笔善款，帮助小添翼稳定病情，还让全社会更加了解Denys-Drash综合征，在社会具有广泛的影响力。除此之外，六间房平台上"海天家族"用家族晚会的方式为贫困家庭募捐;"户外直播第一人"为白血病小朋友募捐。类似这样的公益直播数不胜数，公益已经成为六间房的一部分。六间房的"直播+公益"模式的推出改变了人们对传统的秀场直播唱歌、跳舞这类喧嚣场景的刻板印象，从另一个角度为主播们提供了直播的一种可能，也展现了平台的温度，使平台收获了一大波关注。秀场直播新模式如图2-2所示。

图2-2 秀场直播新模式

三、发展总结

第一，直播平台要充分利用平台的流量探索出自己的一套盈利模式。所有的直播平台归根到底还是要盈利的。因此，直播平台应该分析自己平台的盈利模式，找到根本的盈利点，将平台做得更好。而平台作为一个媒介，必然会接触到很多用户，这些用户之间关系的构建是增强平台吸引力、留住用户的一个重要方式。平台要探索各种新的玩法，增加用户之间的联系，打造主播用户的关系网络，形成更好的直播生态。

第二，除盈利之外，直播平台要承担更多的社会责任。在互联网时代，各个媒体、平台之间的竞争日益激烈，而最终在激烈的市场竞争中能够占据一席之地的不仅是有创新、有实力的企业，企业的社会责任感也是决定其能否获得用户认可的重要组成部分。平台作为一个能够接触到更多的流量的中间机构，对它们来说，社会责任的承担显得尤为重要。直播平台应该充分发挥自身的优势，在盈利之余，努力承担自己的社会责任，利用平台的流量与关注度多做公益，帮助更多需要帮助的人，这样也在一定程度上使平台得到更多人的认可。

（资料来源：作者根据多方资料整理而成）

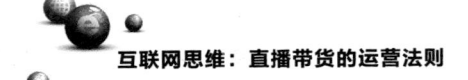

二、游戏直播平台

游戏直播平台顾名思义即以游戏直播或游戏直播的衍生如游戏解说、演示、赛事资源等为主要内容的平台。游戏直播的发展可以分为4个阶段。2013年以前为第一阶段，那时正式的游戏直播平台还没有出现，人们交流的工具以语音交流平台YY及视频网站AcFun为主。第二阶段是2013—2014年，这一阶段虎牙、斗鱼等知名直播平台开始出现，游戏直播市场迅速发展。游戏直播市场的发展催生了第三阶段（2015—2017年），各类游戏直播平台陆续出现，直播平台数量的增加使得市场竞争日益激烈。2018年以后，游戏直播进入第四阶段，平台间的竞争以头部游戏直播平台为主，中小平台陆续退出市场，游戏直播平台的发展经营模式已经比较成熟。

游戏电竞类直播一般有以下几个特点。第一，游戏电竞直播一般具有较强的趣味性。第二，游戏电竞直播的专业性比较强。玩游戏的用户千千万，在诸多用户中最终能够受到用户广泛关注、脱颖而出的必然是那些操作流畅、战绩亮眼的玩家，这就使游戏电竞直播具有一定的门槛。第三，游戏电竞直播的内容比较多元化。第四，游戏直播的用户一般以男性群体为主，他们作为游戏的忠实爱好者，在游戏直播平台的用户中占据大部分的份额。

三、泛娱乐直播平台

泛娱乐直播兴起于2015年，一般是指所有与娱乐产业相关的直播。泛娱乐直播起源于秀场直播，移动互联网的兴起使得人们观看直播的阵地逐渐从PC端转移到移动端。泛娱乐直播的特征主要有以下几个方面。第一，泛娱乐直播不仅仅以唱歌、跳舞等才艺表演作为直播的主要内容，泛娱乐生态下用户的内容偏好变多，其范围包括美食、健身、音乐、户外、明星等许多方面。这也是泛娱乐直播与秀场直播的最大区别。第二，泛娱乐直播平台的互动性更强，直播平台在提供直播功能的同时，也会添加一些互动类的小游戏或是唱歌等娱乐玩法，实现了产品创新，增强了平台的趣味性，有利于用户之间通过互动增强彼此间的联系，形成一个社交圈。第三，泛娱乐直播平台的用户更加年轻化，男女比例比较均衡。

尽管泛娱乐存在着内容多元、互动性强等特征，但是无论在什么类型的直播平台上，内容的竞争还是直播竞争的关键所在。因此，打造优质的内容仍然是直播平台永恒的话题和需要探索的方向。

平台运营专栏2：

欢聚集团：研发和人才，我们是认真的

一、公司简介

欢聚集团成立于2005年4月，是一家互联网语音平台的提供商，是全球化的互联网社交媒体平台。2012年11月21日，欢聚集团在美国纳斯达克正式上市（NASDAQ：YY）。欢聚集团的主营业务包括直播、短视频、社交、电商、教育、金融等，旗下平台有100教育、YY语音、知牛财经等。欢聚集团成立以来一直致力于改变人们的沟通方式，不断开发新产品、革新相关技术。目前，其旗下员工已经超过7000人，2018年欢聚集团的移动月活跃用户就已经超过9000万人，付费用户更是高达890万人。不得不说欢聚集团在互联网市场实力强劲，表现突出。

说到欢聚集团旗下的直播业务，那不得不提及YY直播。YY直播是欢聚集团YY娱乐事业部下的一个直播平台，为广大用户提供视频观看及分享服务。据今日网红、短视频工场和深圳互联网文化市场协会联合发布的《中国直播行业年度研究报告》显示，YY直播在月均活跃数据、主播总收入等各方面实力都遥遥领先，不仅在2018年YY直播总收入达到行业主播总收入的42%，更是培养出了一批杰出主播。YY直播毫无疑问地成为泛娱乐市场的引领者。

二、欢聚集团成长分析

第一，综合化平台满足用户多样化需求。在发展之初，欢聚集团的用户完全建立在多玩游戏网的用户基础上。当时，网游《魔兽世界》十分风靡，在这波浪潮中，多玩游戏网看准时机开设了《魔兽世界》的网游专区，借此吸引了大量痴迷于《魔兽世界》的游戏玩家，成功打开了游戏市场，积累了一批游戏玩家，据统计，在网游专区推出三个月后，多玩的流量就已经突破百万人。随着游戏玩家数量的增加，他们对高质量、多功能的语音软件的需求不断扩大，于是顺应用户的心意，欢聚集团推出了YY语音，凭借着YY语音免费、清晰、功能强大的特征，YY语音一经推出就得到了广大游戏玩家的追捧，欢聚集团借此又积聚了一波粉丝。然而，与战旗这类垂直领域的游戏平台不同的是，欢聚集团并不满足于仅仅在游戏领域获得的成功，平台为吸引更多的用户，满足他们多样化的需求，进行了功能的扩展，YY音乐、YY教育等其他功能不断推出，平台内容日益多样化和丰富化。由此，欢聚集团形成了以网络直播为主，但业务涉及游戏、教育、音乐等多个领域的模式。这些业务满足了用户多样化的需求，减少了用户在不同平台间切换的时间成本，也因此可以以更加多元化的内容吸引新用户进入，促使老用户留下。

第二，重视通过研发能力培育企业核心竞争力。在市场竞争日益扩大的情况下，欢聚集团深刻知悉技术研发水平和研发能力对于企业未来长远发展的重要意义，因此，在发展过程中，欢聚集团格外重视企业在研发方面的投入和对高技术研发人才的培养。据统计欢聚集团公司65%以上的员工都是研发人员，可以说研发占据了他们工作的绝大部分内容。他们专注研发，力图使平台成为一个集媒体语音技术、多终端在线视频交互技术、群体通信全球服务技术等技术于一体的高质量平台。2018年3月，欢聚集团更是提出要将人工智能技术运用到短视频领域，通过人工智能来了解用户的需求，根据用户喜好建立标签，最终实现内容的精准匹配，实现内容的千人千面。AI技术的应用也取得了良好的效果，据统计截至2018年年底，欢聚集团用户平均在线时长环比增加了7%。此外，欢聚集团还积极推进将人脸识别、AR、空间定位、3D模型等技术应用于YY直播中，使得直播内容的展示形式更多样化，增强直播的真实感与趣味性。这种技术的应用更有利于直播内容生态的建设，成功为平台发展助力。

第三，高素质人才成功为企业未来发展赋能。欢聚集团对人才的选择与培养也是其成功的一个重要原因。在人才聘用方面，与多数企业直接根据应聘人的学历背景、专业特长等进行筛选不同的是，欢聚集团会稍微宽松一点儿，他会通过面试判断应聘人是否有实际的工作经验与创新能力。这种对创新型思维的要求为企业内部营造了一种活跃的创新氛围，各种有趣的想法、有意思的创意都可以在欢聚找到发挥的舞台，这也成了欢聚集团自身创新的土壤。而在高技术人才的选拔上，欢聚集团会深入源头，将产业进行细分，从这些细分的领域搜寻专业化人才，提高每一环节人才的质量。在人才激励方面，欢聚集团给了所有员工一个共同成长的平台，无论是刚入职的年轻人，还是入职很久、拥有一定资历的前辈，他们在职场上都是公平竞争、共同成长的，谁有实力谁就能获得升职的机会。这种升职模式可以对员工起到很大的激励作用，也因此使得欢聚集团能够孵化出更多的人才。

欢聚集团成长分析如图2-3所示。

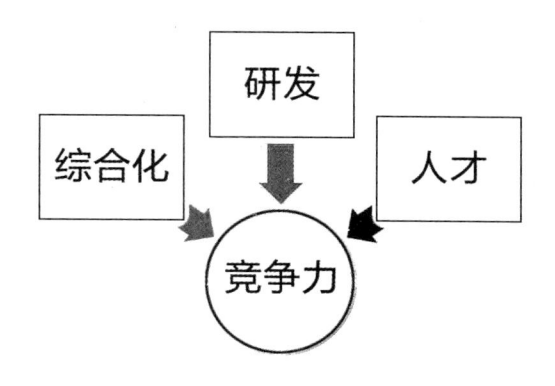

图2-3　欢聚集团成长分析

三、总结

第一，重视企业的研发能力，利用研发驱动企业核心竞争力的形成。从欢聚集团的例子中我们可以看出，欢聚集团一直都致力于核心技术的开发，努力提高自身的技术优势。企业应该根据时代、技术的发展现状，不仅要将最先进的技术如大数据、VR、人工智能等融入平台的建设与开发之中，更要努力在技术层面不断突破、不断创新，形成自己的核心竞争力。

第二，重视人才的选拔与培养，在企业内部应该积极地创新氛围。人才是一个企业发展的重要组成部分。尤其是互联网企业具有高技术的特征，短视频的发布又对内容的质量、创意有着很高的要求，因此人才的作用不可忽视。企业在发展中应该将人才的培养作为企业战略的重要部分，完善人才管理机制，选拔出一批高素质人才，为企业的发展赋能。

（资料来源：作者根据多方资料整理而成）

四、短视频直播平台

在直播进入爆发期后，其发展也带来了许多问题。直播内容的同质化导致观众不可避免的审美疲劳，大量竞争使得直播内容越来越突破社会道德下线，为了挽留住粉丝及流量，"直播+"的方式发展成为直播行业发展新的潮流。2020年，已经有越来越多的直播平台为了寻求自身突破推出了短视频功能，许多短视频平台也推出了直播功能。"短视频+直播"已经成为行业的一种普遍现象。

这种将短视频和直播结合起来的方式可以充分发挥两者的优势，弥补两者各自的的不足。例如，短视频具有门槛低、传播率高、制作简单、随时随地等特征，各行各业的人都可以通过拍摄短视频分享他们的生活，表达他们的想法，拥有着丰富的内容。在直播中融入短视频可以增加用户对直播的兴趣，为直播的内容注入新的活力，从而留住观众。相比短视频而言，直播的互动性更强，人们可以在直播间畅所欲言，实时的特征增强了用户交流的效率，有利于信息更有效的传达。在短视频中加入直播可以通过互动更好地实现流量的变现，为主播增加收益。抖音平台中直播模块的开设就是典型的"短视频+直播"的模式，用户通过拍摄抖音短视频吸引粉丝关注，再通过平台的直播功能实现与粉丝的互动，实现流量的变现。总之，这种短视频与直播相结合的模式可以有效地取长补短，实现流量的积攒和转化，是顺应时代发展的一种新型直播模式。

五、垂直直播平台

随着直播平台不断更新、成熟，用户红利慢慢减退，直播多元化的趋势日渐加强，许多直播平台开始不断拓展直播内容，丰富直播领域。在满足人们多样化直播的同时也造成直播的专业性降低，对优质内容的打造成为各直播平台竞争的关键。

"垂直直播"即有确定的主题目标，专注于某个领域或主题的网络直播方式。如李佳琦初期直播内容专注于对与口红相关的美妆产品的推广销售，这就是典型的垂直直播。垂直直播与其他直播的区别在于，它一般会专注某个领域。这也决定了其提供的直播内容更有专业度和深度。有了明确的主题就会为主播或者平台打上标签，从而在某一领域拥有长久的发展计划，不断深入，有所建树。而非在各个领域均有染指却不深入，这样做难以让消费者有深刻印象。垂直直播的这种方式一方面有利于主播提升其自身的价值挖掘能力及自己专业领域知识的掌握能力，不断学习进步输出更加优质的内容，凭借专业能力吸引对某一领域有较高要求的粉丝，提高自己的"固粉"能力，拥有自己的忠实粉丝。另一方面，借助这部分专业的直播，平台增加了自身内容的优质程度，提高了平台整体的定位，有利于吸引更加优质的商家，打造精品。而精品化的内容必将是以后直播发展的一大趋势。此外，由于垂直直播的专业化，这也决定了其用户群体具有很强的针对性。直播的观看者一般是与专业领域相关或对这一领域有很浓烈兴趣的用户。相比泛娱乐直播等覆盖范围比较广的直播方式，垂直直播用户数量相对较少。但也正因为这一特征，垂直直播能够形成自身的生态，对某一专题领域及此专题下所有相关主题进行深入研究，为大众提供咨询服务，建立更加专业的消费者购买渠道，提供更加全面完善的服务，具有较强的用户黏性和平台转化率。

总而言之，在直播红利削减，直播竞争激烈的背景下，基于内容，深耕某个专业领域的垂直直播的重要性开始凸显，垂直直播正在成为直播行业的新趋势。

六、小程序直播平台

小程序直播平台目前可以算是所有直播平台中最新的一种，它是诞生于2020年的"新生物"。2020年2月28日，微信小程序直播正式宣布开始公测，一经公测就取得了良好的直播效果。本质上讲，小程序直播是一种"私域流量"，可以做到"你的地盘你做主"。小程序直播的优势主要体现在以下几个方面。

首先，与一般直播平台相比，小程序借助微信平台的背景在流量上具有先天的优势。微信早已成为人们手机里必不可少的社交软件，因此，微信平台本身有着庞大的客户群，通过微信将小程序直播直接分享到朋友圈，可以直接为小程序直播起到有效的引流作用。小程序的日活跃用户在2019年就已经超过4亿人，小程序也已经拥有了广大的用户群体，是一个巨大的市场。企业依托微信，可以有效地将公众号、朋友圈积累的流量转化到企业的自有小程序上，并且这部分流量具有很强的针对性，转化率相对较高，可以形成企业的私域生态，有着重要意义。

其次，小程序直播的使用更加方便快捷。对用户来说，小程序是微信内部的一个插件，这代表着用户无须下载更多的软件即可使用，并且有多个直播入口，增加了用户观看直播的可能性。小程序直播还可以做到随时随地开播，用户随时随地观看，减少了时间、地点的限制。在界面上，小程序直播采用了竖屏的显示方式，界面清晰简洁，消费者在一个界面上就可以看到产品详情、点赞、评论等。购买商品、订阅直播间、关注公众号等功能的使用也十分方便顺手。小程序直播还可以与微信商城直接链接，商家下发优惠券等也十分便捷，减少了冗余复杂的

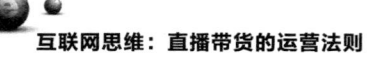

步骤，使用户真正做到边看直播边购物。最后，小程序直播的功能十分强大。小程序直播系统提供的服务包括粉丝管理、消息处理、客服处理、订单处理等，几乎涉及了推广、直播及销售的所有环节。小程序的技术支撑很完善，保证了客户群观看直播时系统的流畅与稳定，用户可以直接在直播时与商家进行互动交流，就自己关心的问题进行提问，主播或商家可以实时答复，大大增强了直播的体验感，直播间的氛围烘托加主播优惠券的发放，营销话术的使用减少了消费者的决策时间，有效提高直播的转化率，实现了商家与消费者的双重获利。同时小程序还提供了数据分析的功能，商家在直播时数据也会实时更新，方便主播及商家观测数据，了解直播效果。直播之外通过对数据情况的分析，商家也可以更了解消费者的需求，发现爆款商品，为下次直播选品提供有效的参考。

小程序直播为微信提供了一个全新的营销方式。但鉴于其未正式上线，因此小程序直播的发展在蕴藏着重大的机遇的同时，也需要平台不断完善、改进，真正推动小程序发展成熟。

第二节　新营销模式

直播带货作为一种诞生于互联网时代新的商业行为，自然也对传统的营销模式造成一定的冲击。具体而言，直播带货对传统营销模式的冲击主要表现在以下几个方面，如图2-4所示。第一，直播带货大大降低了产品营销的价格。大多数主播在进行带货时的一大卖点往往是价格优势。主播会向消费者承诺自己销售的商品全网最低价或以买一送一等营销活动保证消费者能够以最低的价格享受到最优质的产品。这种低价的策略起到了很好的吸引消费者的作用，也有利于实现薄利多销。第二，直播带货改变了由货到人的营销方式。在传统的营销方式中，消费者往往充当一个搜寻者的角色，他们根据自己的需求到市场上或电商平台上寻找自己想要购买的产品，比较、筛选最终实现对产品的消费。而在直播带货中，消费者从搜寻者转变成了信息的提供者。主播或直播团队会通过各种渠道搜集了解消费者的需求，继而根据需求选择合适的产品吸引消费者购买。这种方式增加了主播与消费者之间的联系，减少了消费者搜寻信息的成本，也使得主播销售的产品更有针对性，从而提高了产品的转化率。第三，直播带货改变了传统的供应链。产品低价的背后正是供应链所发挥的巨大作用。在直播带货中，主播直接对接厂家，与他们进行价格谈判，厂家从主播处获取订单，直接将产品配送给消费者。相比于传统的供应商将产品分销给不同城市、不同县区的经销商，经销商再零售给消费者，直播带货中平台充当了中间商的角色，缩短了产品销售的链条，减少了许多中间环节的差价，这也是直播带货价格之所以便宜的原因。

图2-4 新营销方式

一、市场定位与粉丝细分

准确的市场定位对于企业战略的制订和未来的发展起着重要作用。直播行业在经历大规模竞争后，人口红利开始削减，依靠原始的经营战略难以在激烈的市场竞争中获得竞争优势，专业化、商业化成为未来发展的必然趋势。据相关机构统计数据显示，截至2020年3月，我国网络直播用户规模已经达5.60亿人，占全体网民的62%。由此可见，直播市场已经是一个有巨大发展潜力的市场。市场定位的本质是通过不同市场间的差异建立一个独特的、有明确市场特征的市场形象。企业通过市场定位可以将整个直播市场进行细分，继而根据市场所对应的消费者群体采取合理的经营战略，着重满足这部分消费者的需求，最终获得企业的竞争优势。直播行业市场定位和粉丝细分的原则一般有以下几点，如图2-5所示。

第一，根据直播的目标市场进行定位。这种定位方式一般针对垂直直播平台。直播市场是一个很庞大的市场，初入者要想做到直播种类的全覆盖不仅存在着很大的难度而且不符合未来直播市场的发展趋势。只有将直播的市场定位到某个特定的领域，深入钻研，做出更加优质的内容，优化平台的体验才能吸引更多

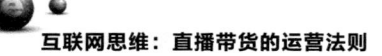

目标群体的用户，获得竞争优势。例如，可以专门定位于游戏市场，吸引游戏玩家；或定位于美妆市场，吸引年轻女性用户，如此种种。并根据不同的目标市场将粉丝群体划分为对应的游戏玩家、爱好化妆的年轻女性用户、母婴市场、旅游爱好者等。

第二，根据直播带货产品的价格定位直播市场。不同平台、不同主播带货的策略也存在一定的差异，如抖音专注于一、二线城市，直播内容以追求精致的生活为主，因此其平台上的产品大多以品牌产品为主，价格相对较高。而快手专注于三、四线城市下沉市场，平台主播推荐的产品以接地气，高性价比为主，价格相对来说会比较便宜。因此，企业在进行直播带货市场选择时可以将价格因素考虑进去，根据产品的品牌、价格定位比较合适的市场，吸引不同收入群体、不同用户特征的消费者。

第三，根据直播平台所提供的个性化服务进行市场定位。虽然大多数直播平台的本质内容还是通过网络直播的方式实现带货。但是，不同平台所提供的服务也存在一定的区别。直播平台可以分析比较与其他平台在服务提供上的差异化，找到自己独特的优势，再进行市场定位。例如，哔哩哔哩的一个显著特征就是它提供了一个二次元的弹幕直播平台，其弹幕文化造成了哔哩哔哩的一大特点，也增加了不同用户之间的互动与交流。

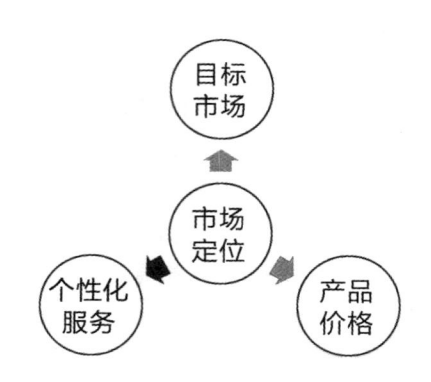

图2-5 直播市场定位

总而言之，直播市场的发展已进入大规模同质化时期，企业或平台想要分一杯羹，必须要有针对性，合理地进行市场定位和粉丝细分，这样才能在直播市场的红海中实现破局而后立。

平台运营专栏3：

快来直播：奔跑中的视商领域独角兽

一、公司简介

快来直播是邵雷与76位中国知名网络游戏研发精英共同打造的一个直播平台。创始人致力于打破传统的互联网思维，希望通过先市场后工厂的途径，进行深入的市场调研，实现从痛点到爆品，到粉丝，再到平台，最后实现上市的发展路径。目前，快来直播已经发展成为一个集娱乐直播、商务直播、教育直播于一体的直播平台，实现了三个领域资源的对接与共享，并且发展成为全球唯一一个以"朋友圈+人脉圈+创客圈+创投圈+生态圈+共赢圈"为依托的网络平台。

二、快来直播的发展模式

第一，深入市场调研，聚焦核心市场。在直播市场经历了一轮洗牌，部分直播企业退出市场，直播马太效应显现的情况下，快来直播以新来者进入市场并站稳脚跟必然存在着很大的困难。为此，快来直播进行了充分的市场调研，探索出了一条创新的道路。当时，电竞用户占据了直播市场的很大一部分，快来直播由此受到启发，可以通过细分直播市场的方式挖掘更多优质用户。这个想法出来后，快来直播没有急切地步入战场，而是在对用户需求和群体进行大量分析之后，确定了平台要以商务和教育作为核心特色内容，并兼顾娱乐内容的战略定位。他们认为，视频承载商务、视频承载教育、娱乐承载商务是未来必然的发展趋势。至此，快来直播集娱乐、商务、教育于一体的产品框架正式形成。在不同的框架下，快来直播精准布局，有针对性地采取措施助力特色内容的打造。

第二，完善平台建设，解决用户痛点。快来直播一直洞悉用户对于平台发展的重要性，着力通过更完善的平台体验、更科学的商业模式帮助用户解决痛点。例如，如今直播平台用户数量的大量增加使直播带货成为平台上的一个普遍现象，大规模带货的背后也导致直播平台上假货盛行，各种虚假宣传不断，用户无法判断信息的真实性，个人权益无法得到有效保障，严重危害了平台的健康氛围。为此，快来直播加大了对平台直播内容真实性的监管，将区块链技术运用到产品中，帮助用户追溯产品的源头，保证商品的来源正规，解决了用户对商品质量的担心。除此之外，在流量的分配上，快来直播遵循着公开公平公正的流量分发原则，去中心化的技术保证每个用户都可以公平地获得精准流量，解决了用户因为粉丝数量少、入驻时间短等获得不了流量的弊端，提高了用户拍摄视频的积极性。

三、总结

第一，市场的细分与地位对企业未来的发展起着至关重要的作用。尤其是在直播进入发展的红海中，细分市场有利于企业在激烈的市场竞争中找到突破点，发现新的机会，挖掘优质用户，最终实现新市场的开拓。另外，企业将各种优质资源集中到该市场，专注这一领域，可以真正做到将这一领域的质量提升上去，形成一个专门的用户群体。当然，这种对目标市场的细分与选择是建立在充分的市场调研的基础之上的。市场开拓是有精准的方向和目标的，而不是像无头苍蝇一样，凭空想象地认为某个市场有发展潜力就投入进去。大数据、人工智能等信息技术的应用为我们了解市场提供了一个很好的手段。企业应积极利用这些技术找准市场，才能另辟蹊径，实现突破。

第二，要抓紧用户的痛点，完善用户体验。互联网发展的本质最终都是要紧跟用户的需求，只有跟上用户的步伐，才能真正为企业创造出品牌价值，赢得更多用户的信赖。抓住用户的痛点有一个公式，那就是场景+角色+情感+产品。平台必须将自己代入用户的角色，真正经历用户在使用平台时的场景，才能更加了解用户的体验，感受用户的情感，察觉到问题所在。发现用户痛点后平台所要做的就是采取一系列措施改善平台服务或体系，用各种各样的方式帮助用户解决痛点。只有这样才能使用户感受到自己是被关注、被重视的，进而提高用户对平台的信任感和依赖感，并在此过程中积累口碑，实现用户数量的裂变。

（资料来源：作者根据多方资料整理而成）

二、盈利模式的再设计

直播平台的盈利模式有用户打赏、用户直接付费、广告收入、会员增值、内容电商、推广、导购等，如图2-6所示。

直播盈利模式

☐ 用户打赏

☐ 用户直接付费

☐ 广告收入

☐ 会员增值

☐ 内容电商

☐ ……

图2-6　主要的直播盈利模式

（一）用户打赏

用户打赏可以说是最常见的直播盈利模式了。用户通过在直播平台上为主播购买虚拟礼物，为他们消费以表达对他们的喜爱与支持。然后平台会将主播收到的虚拟礼物转化为虚拟货币，平台与主播按照一定的比例进行分成并提现。这一点在秀场直播、游戏直播等直播平台上表现得尤为突出。例如，在秀场直播中，观看者通常会为那些颜值高、才艺突出的主播买礼物；在游戏直播中，玩家通常会打赏那些技术操作流畅、厉害的游戏大神。

（二）用户直接付费

用户直接付费指的是用户必须支付一定的费用才能够进入主播的直播间，拥有观看直播的权力。这种模式对直播内容的要求非常高，只有真正优质、独特的精品内容才能够使用户心甘情愿地为直播付费。因此，直播的门槛相对来说也比

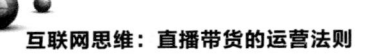

较高。这种直播模式适合有一定粉丝基础和强大能力的主播。目前，这种直播的盈利模式在在线教育、在线演唱会等直播中比较常见。

（三）广告收入

广告收入也是直播盈利的一个重要来源。厂家联系平台或主播在平台及直播间投放广告并支付一定的广告费用。在广告收入方面，那些流量比较高的平台及粉丝多的主播会占有绝对的优势。此外，直播领域越垂直的主播往往会因为其有针对性的粉丝群体和账号特征对广告商的吸引力更大，广告价格也越高。有些主播还会将广告融入内容之中，让消费者以间接的方式对产品产生兴趣，这种广告植入一般会更有创意，更有趣。

（四）会员增值

会员增值即用户通过支付一定的费用成为平台的会员，就可以享受普通用户享受不到的内容或服务的特权。例如，更高清的画质、特殊的弹幕、进场特效、隐身功能、会员标识等。这一般会吸引对直播要求比较高或者追求更好的体验的用户。例如，在虎牙直播上，用户可以通过充值的方式开通成为虎牙贵族，虎牙贵族共分为七个等级，不同等级享受不同的专属坐骑、发言气泡、直播间横幅显示、防禁言等特权。

（五）内容电商

随着直播发展模式的日益成熟，"直播+"不断兴起，直播与电商也开始不断融合，内容电商逐渐发展成为直播最重要的盈利模式。内容电商指的是那些依托内容的电商平台，将用户感兴趣的内容借助平台触达消费者，最终达到推销、销售商品的目的。小红书就是典型的内容电商的盈利模式。例如，很多博主会在小红书上发布一些"种草"类的视频或者直播推荐商品，并将商品的购买链接附在视频中，最终依据产品的销售额获得一定比例的分成，这就是内容电商的盈利模式。

三、粉丝资源整合与开发

资源整合就是将不同来源，不同层次的资源优化配置，有所选择，有所识别，最终实现整体资源的最大化利用。粉丝的资源整合显然就是将不同平台上的粉丝进行整合，有所选择地引流到某个平台上，使所有的粉丝资源发挥出最大的效用。现在互联网上的社交媒介越来越多，一个人可能同时拥有公众号、微博、哔哩哔哩、小红书、抖音等多个社交账号，并在不同的社交平台上拥有或相同或不容的粉丝群体，他们共同构成了这个人的粉丝资源。如何将各个平台上的粉丝资源进行整合与开发，实现资源利用的最大化，将粉丝吸引到直播中，是主播将要思考的问题。在这个粉丝资源整合与开发的过程中，主播必须要考虑以下两个关键点。第一，主播要考虑各个平台的属性与定位。不同的平台具有不同的属性，会吸引到不同的粉丝群体，如小红书的最大特征就是"种草"，而微博则是一个社交性和分享性很强的平台，在平台上可以分享自己的生活及所表达的想法，而微信公众号则更加私人化和专业化，一般在平台发布与账号相关的相对专业化的文章。很多人会将微博上的粉丝引流到微信公众号上，这样可以明晰微博上死忠粉的数量，并在微信公众号形成私域流量。

第二，主播要重视边缘粉丝的作用。边缘粉丝区别于资深粉丝，指的是那类默默潜水，默默关注，却不一定采取行动支持自己支持的主播的粉丝群体，他们对直播带货类的活动一般持观望态度，不会积极参与但也有所了解。这类粉丝是最有发展潜力的粉丝，在直播带货风头正盛的情况下，各种主播风起云涌，即使是资深粉丝也面临着流失的风险，由此，边缘粉丝就成了强大的后备军。主播应该多多关注这类粉丝，鼓励他们积极地参与到互动之中，引导他们与其他粉丝多多交流，让他们更加了解直播，参与到直播中去，最后努力将他们转化为真正具有购买力的粉丝。

四、KOL/KOC互动营销

KOL（Key Opinion Leader）指的是关键意见领袖，即在某一行业有话语权，对该行业群体的购买行为有较大影响力的人。而KOC（Key Opinion Consumer）指的是关键意见消费者，即能影响自己的朋友、粉丝，产生消费行为的消费者。直播带货的本质是一种销售行为，其最终目的是将产品销售出去。KOL和KOC作为对消费者购买行为有影响的人，他们的互动营销行为会在很大程度上影响营销的效果。根据不同平台的特征，KOL和KOC在进行营销时可以采取不同的互动营销行为。例如，人们在小红书平台上分享测评美妆产品，分享服装搭配、生活好物等。因此，KOL和KOC在进行营销时应该着重于对产品的深度"种草"并且可以利用主播本身或明星的口碑进行产品的宣传，提升营销的效果。

除根据平台特征选择合适的营销行为外，直播时适时的互动也可以营造一种轻松活跃的氛围，拉近主播与用户之间的距离。所以，直播带货时需要一些互动技巧使直播更加生动。

第三节　平台运营

一个平台想要运营得好、收获满满，除了选对跑道之外，对整个运营团队的明确分工、能力打造、产品选择、主播的培养等都需要有一定的技巧，最后通过多层次的技巧提升快速吸粉，进阶下一个层级。

一、主播的选择与培养

主播作为直播的主导者，对直播的效果起着关键性的作用。不同类型的主播对能力的需求也是不同的。例如，游戏主播看中的是操作技术的超神，美妆主播看中的是化妆能力及高颜值，而带货主播则看重的是其带货能力的好坏。因此，一个优秀的带货主播的选择需要满足以下几个特征。

首先，主播需要塑造一个符合自身特质的人设，高冷、幽默、接地气、霸气等。这些特质都可以帮助主播塑造自身人设，打造自己的风格，吸引到欣赏这些特质、符合主播产品定位的相关目标群体并培养用户黏性，使一部分观看者因为喜欢主播而成为其粉丝。例如，李佳琦作为一名美妆达人，其目标群体以年轻女性为主。因此，他蓝颜知己的人设可以迅速拉近与目标客户之间的距离，吸引目标群体的关注，也收获了大批粉丝。许多粉丝的出发点可能并不是购买产品，而是因欣赏主播才进入了直播间，在此过程中增加了他们购买商品的可能性。可见，人设可以为带货主播的直播积攒一部分流量。

其次，主播应该具备比较好的销售能力。带货主播的本质是线上的销售员，他们最终的目标是能够成功地将产品销售出去。销售成绩的好坏才是最终评价一个主播带货能力的根本。因此，主播需要充分了解相关产品及自己擅长领域的专业知识，能够专业、详细地向客户讲解产品的特征与优势，凭借专业的知识及介绍赢得客户的认可。平台在进行主播选择时及企业在选择进行合作的主播时都会将销售能力作为很重要的一个考量标准。

最后，主播还应该有较强的内容输出的能力。内容输出作为直播传递信息的根本方式，可以让消费者最直观地了解产品的特征与优劣，持续内容输出的能力是主播必须具备的素质。与文字、图片版的静态描述方式不同，一场直播一般需要进行几个小时，若是重复那几句对产品的介绍很容易让观看者感觉疲乏。要想保证观看直播的用户能够一直被吸引，待在直播间中并积极参与互动、进行购买就需要主播能够持续输出高质量的内容，带动粉丝活跃度，以高质量的内容、优惠等方式吸引消费者购买。这对直播效果的好坏起着至关重要的作用。

这中间，主播的销售能力、语言表达能力、产品知识、互动技巧等都可以通过后期的培训达成。一个企业或店铺在培养自己的带货主播时要加强对主播这些能力的培训，及时与主播沟通，分析总结存在的问题及改进的措施，使主播在一次次的直播中积累经验、提升能力。

二、产品的选择

由于直播带货大多依赖的是网红、明星带来的流量及长时间积累形成的口碑效应，因此主播所挑选的产品不仅会影响直播产品的销量，而且对主播或明星的口碑、粉丝黏性有着一定程度的影响。一般而言，主播在挑选直播产品时一般会考虑以下几个方面，如图2-7所示。

第一，匹配度。这里的匹配度既包括主播所挑选产品与其账号定位的匹配程度，也包括产品与主播粉丝群体属性的匹配度。首先，从产品与账号定位的匹配度来看，众所周知，平台在进行内容推荐时一般并不是随机的，平台会根据用户的基本信息、浏览记录等形成专属于用户个人的个性标签，将用户的标签与不同主播的标签相匹配，从而向用户推荐他们更感兴趣的内容。因此，主播应该根据自己账号的定位，选择与自己定位关联度更高的产品，这样才能在平台进行标签匹配时吸引到目标消费者。其次，主播选择的产品要与粉丝群体的特征相匹配。虽然主播在直播的过程中会有新粉丝进入直播间购买商品，但主要的消费者还是主播自己的粉丝。因此主播在选品时应该考虑到这一部分粉丝群体的定位。例如，如果粉丝以宝妈为主，选品自然要以母婴用品为主；如果粉丝群体为年轻女生，则选品的范围可以适当扩大，美妆用品、零食、服饰都可以纳入考量范围。

第二，供应链。直播带货并不是在直播中将产品卖出去就完事了的。之后还涉及产品的发货、售后等环节。只有将这些环节都顺利完成才能真正赢得消费者的信赖。若是消费者在下单之前的环节体验都非常好，最后因为发货不满意，很可能使直播团队之前的努力功亏一篑。因此，为保证所有环节的连贯高效，主播选品时还要确保产品有一个完整、强大的供应链。这主要针对头部主播而言，他们往往具有较多的粉丝基数，流量大，关注度高，他们的一次直播往往能够销售很多件商品，因此，在直播前，他们应该与厂家沟通确认商品数量的供应及物流的配送是否到位，避免因为缺货导致商品无法及时发货现象的发生。

第三，性价比。消费者购买产品时必然会考虑产品的性价比，高性价比往往能够成为主播带货的竞争优势。产品的性价比包括产品的质量与价格。产品的质量对主播的信誉及口碑有很大的影响。李佳琦在选品时就十分重视产品的质量。他的选品一般包括三个步骤，首先由专业招商团队和QC质检团队选择，其次团队体验与试用，最后李佳琦本人和小助理亲自试用。这三个步骤下来就能够很好地保证带货商品的质量。这也是李佳琦在粉丝中具有良好口碑并顺利成为"带货一哥"的重要原因。价格也是性价比的关键组成部分。一个产品的品质很好，但价格比其他平台高也会造成用户流失。这也是许多主播在直播时强调保证自己所销售的产品是全网最低价的原因。总之，主播选择性价比高的产品能够吸引更多用户，促使他们消费行为的发生。

第四，需求。消费者的需求是决定消费者是否会购买商品的关键因素。若是某种商品的质量很好，价格很优惠，但是消费者对其没有需求，那么他们也不会购买。选择能够满足大部分消费者需求的产品才能够增加他们购买的可能性。例如，纸巾、洗护等对大多数消费者来说是生活必需品，选择这些商品往往就很好销售，凭借性价比就能够吸引大多数观看者购买，即使当时并不需要，消费者也会因为需求量大而选择囤货。此外，主播可根据不同的时节选择适合的商品。以服饰类主播为例，他们应该根据季节挑选适合的衣物进行带货。尽管部分消费者会被类似于换季清仓这类的活动吸引，但这仅仅占小部分。多数人还是不会选择在夏季购买羽绒服。所以，根据季节特征选择服饰更能满足大部分人的需求。

第五，热度。文化的影响已经渗入人们生活的方方面面，也间接影响着人们的消费方式。人们除了会进行日常消费之外，也会受文化的影响进行有针对性的消费。这一点在一些传统节日上表现得尤为明显。例如，中秋节吃月饼、端午节吃粽子、过年购买坚果零食等。这就在市场上形成了热度，主播可以抓住这些节日的契机，销售有热度的产品。此外，一些西方的节日如圣诞节也早就有很大的热度，很多商铺、家庭会购买圣诞装束营造节日氛围，这也成为直播带货产品的选择。

图2-7 直播产品选择

三、直播团队的打造与分工

一个完整的直播流程是复杂的，这中间涉及多个不同岗位的配合。不同环节需要不同人去执行才能保证直播的顺利进行，因此，分工显得尤为重要。根据职能的不同，直播大致可以分为运营、策划、主播、场控四个部分，如图2-8所示。

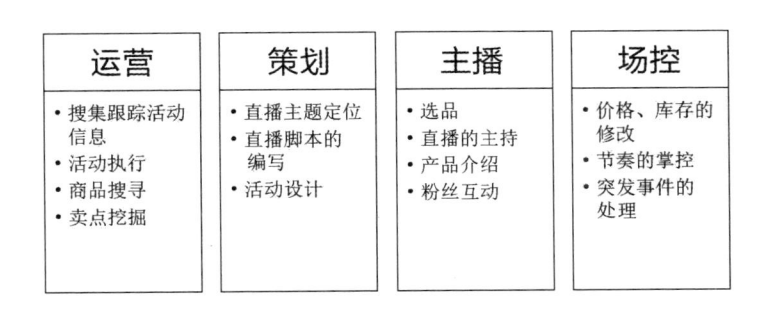

运营	策划	主播	场控
·搜集跟踪活动信息 ·活动执行 ·商品搜寻 ·卖点挖掘	·直播主题定位 ·直播脚本的编写 ·活动设计	·选品 ·直播的主持 ·产品介绍 ·粉丝互动	·价格、库存的修改 ·节奏的掌控 ·突发事件的处理

图2-8 直播团队的分工

运营分为活动运营和商品运营两个部分。在活动运营方面，运营人员主要负责搜集各平台举行的活动，如"年货节""6·18购物狂欢""3·8女王节"等，

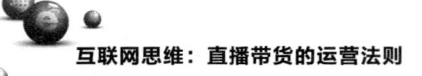

并承担这些活动的执行。在商品运营方面，运营人员要根据活动、直播主题、粉丝群体等初步筛选出符合主播人设、满足粉丝需求的商品，联系商家，再由主播进行选品。在选择产品时，运营还要能够充分挖掘所选择产品的卖点，以保证产品能够有较好的销量。

策划的一般职责是根据直播的内容、风格等因素确定当场直播的主题，一个新颖、有趣的主题能够吸引更多人观看直播，为直播的成功奠定了一个良好的基调。然后根据直播主题，策划要撰写直播的脚本，即根据主播的人设、产品的卖点、用户群体的特征撰写文稿，为主播熟悉整个流程提供参考。最后，策划还要负责直播中一些活动环节的设计，如抽奖、惊喜、连麦等，保证直播的氛围和效果。

主播是整个直播团队的核心，他们主要完成整个直播环节的主持，其中涉及产品的介绍推广、与粉丝的互动交流等。有些主播由于承担的任务量太大，还需要配备副播。副播起着辅助主播的作用，主要是在直播前确认产品样本、道具是否准备充分，并在直播过程中协助主播保证整个直播活动主持的顺利进行。例如，李佳琦的小助理就扮演着副播的角色。另外，由于很多主播销售产品是依靠自己的口碑来吸引粉丝关注的，对他们来说，自身的信誉起着十分重要的作用。因此，很多主播还会承担选品的职能，这样不仅可以帮助他们更好地了解产品，选择性价比更高、质量更好的产品，也有利于主播信誉的维持。

场控也是直播中必不可少的一部分。场控需要承担商品价格修改、库存调整、上架下架的职能。除此之外，场控还要掌控整场直播的节奏。因为一场直播的时间一般都是固定的，主播在直播的过程中可能没有控制好时间，在某个环节耗时过多或者过少，这就需要场控及时提醒主播把握好时间。一个优秀的场控还需要具备突发事件处理的能力。直播具有即时性的特征，在直播过程中会出现什么突发状况没有人能够预测到，所以场控要具备随机应变的能力，帮助主播处理好突发事件从而保证整场直播的效果。

四、直播前的准备与直播间搭建

要实现一场成功的直播，在直播前，直播团队一定要做好充足的准备。首先，运营人员和主播要进行直播产品的选择，选择性价比高、与主播人设相符的产品。其次，主播要对产品进行熟悉甚至试用，这样才能够保证客观真实地向消费者介绍产品的功能、优缺点，增加直播的说服力与可信度。直播团队还要做好直播的预热宣传工作，尤其是比较大型、重要的直播，保证更多的用户知道直播的时间、主题、优惠等，从而吸引更多的人观看直播。这里直播团队可以充分利用社交平台，如微博、微信等进行宣传推广。直播前还要对当场直播的内容有一个充分的规划，策划撰写好直播的脚本，保证内容的丰富。从硬件设施上讲，直播前必须准备好直播需要的设备，保证网络的流畅度，搭建好符合直播主题的场景，准备好直播中销售的产品，若直播中涉及一些游戏、环节，也要提前准备好需要的道具。总之，充足的准备为直播的成功提供了一个良好的保障。

显而易见，直播间是主播进行带货的场所，一个优质的直播间可以给消费者更好的场景体验，对直播的效果起着锦上添花的作用。随着直播发展的不断成熟及直播群体的迅速扩大，现有的直播场景不再局限于传统的直播间的模式，产地、工厂、基地等消费场景也逐渐入驻，成为新型直播场景，这使得直播场景日益丰富，场景体验更加真实。因此，为带给用户更好的场景体验，直播间的搭建可以从基础设施和场景搭建两个方面来考量。首先，直播涉及的基础设施包括手机、麦克风、灯光、支架、耳机、网络等，要保证基础设施的完备，为直播提供一个较好的硬件条件。在场景的搭建上，一个安静、舒适、独立、安全的空间是基础。在此基础上，可以根据当场直播的风格、销售的产品、目标群体等进行直播间的布置。背景及灯光的选择可根据销售产品的特征选择更真实、更好体现产品特征的为主。例如，若是销售家居类产品，直播间的背景就可以选择简洁大方的风格，配备相对柔和的灯光，营造出家庭的温馨氛围；若是销售零食甜点等，可以将直播间打造成一个适合吃下午茶的场所，配备小桌子、咖啡、鲜花等，增加观看者的体验感。直播间的灯光不宜太亮或太暗，应尽量使人感到舒适，避开阴暗面，保证产品可以清晰地展示。此外，即使是店铺专营一类产品，风格比较鲜明，其直播间的布置也不应该一成不变。每隔一段时间可以更新一下直播间的布置，进行一些调整，在一些氛围感比较浓厚的节日时，可以根据节日特点，将直播间布置得更有节日的感觉。这样可以增加消费者的新鲜感，吸引消费者注意力，避免单调乏味。

五、直播平台吸粉方法

采用合理的方法吸引更多的粉丝进入平台，积累流量对直播平台的发展十分重要。这就涉及直播平台吸粉、引流的策略了。直播平台常见的吸粉方法一般有以下几种，如图2-9所示。

第一，通过广告、赞助等的宣传作用吸引粉丝。虽然互联网时代产生了许多新型的营销方式，但传统广告的宣传推广功能仍然不能被忽视。为此，许多直播平台为了增加平台的知名度，吸引更多人成为平台的用户，往往愿意花大价钱打广告，竞争赞助商，努力使平台获得更多的曝光度。例如，抖音短视频冠名2019湖南卫视春晚，火山小视频赞助《极限挑战》，无疑都是想利用卫视收视率、综艺节目关注度进行推广，吸引更多粉丝。

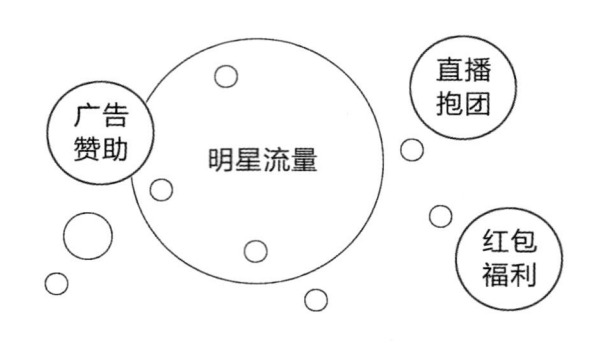

图2-9 直播平台吸粉方法

第二，利用明星的流量吸引粉丝的关注。粉丝经济在几年的发展中如今仍展现出其强大的能力，成为带动经济增长的一个重要组成部分。许多直播平台也想要借明星之力，享受粉丝经济带来的巨大红利，为直播平台吸引更多的流量。为此，许多直播平台吸引明星入驻，邀请明星在直播平台上开设直播间或者采取"主播+明星"的直播模式，邀请明星进入主播直播间，与主播一起直播带货。无论哪种方式，无疑都是利用粉丝的流量吸引一批忠实的粉丝观看直播，为直播平台带来了流量，直播平台也借此吸了一波粉。例如，TFBOYS在美拍的系列直播，仅四场直播就实现了2860.5万人围观、26.23亿次点赞的成绩。这无疑使美拍平台本身也借机增加了许多粉丝。

第三，主播间相互抱团，形成良好的推广合作关系。直播平台尤其是垂直直播平台往往都是同类型的主播。例如，虎牙是一个专业的游戏直播平台，平台上的主播也大都专注于游戏内容的打造。其中不乏大主播，也有一些中小主播。这些同类型主播彼此之间可以加强交流与联系，成为朋友，形成一个固定的游戏社交圈子。这样不仅可以利用大主播的影响力带动小主播，各个主播之间相互宣传、介绍，将部分对方的粉丝转化为自己的，而且凭借多个主播构建的圈子可以增强这个圈子整体的说服力和影响力，进而在无形中增加所有主播的竞争力。直播平台可以凭借圈子扩大的影响力收获更多的关注，吸引更多的新粉丝，更好地推动营销。

第四，利用红包等福利实现吸引用户。我们可以发现，很多直播平台在推广中都有一个被广泛使用的营销策略，即"刷视频领红包"。用户只有在平台上观看视频达到一定数量和市场就可以获得红包，红包积累到一定金额就可以直接提现。这是许多视频直播平台获取用户的一种手段，凭借着红包的吸引力开拓了一部分新用户，也通过他们刷视频的行为增加了平台的热度，于平台而言实现了用户的积累及平台的推广。

平台运营专栏4：

斗鱼：吸引流量势在必得

一、平台简介

斗鱼TV是武汉斗鱼网络科技有限公司旗下的一个弹幕式直播分享网站。网站致力于为用户提供视频直播和赛事直播服务，网站直播内容以游戏直播为主，目前涵盖了娱乐、综艺、体育等多个领域。斗鱼TV的前身是弹幕视频网站AcFun的生放送直播，2014年1月1日正式更名为斗鱼TV。在几年的发展过程中，斗鱼不仅花巨额签约知名主播、职业玩家，更是赞助多个战队积累大量资源。这些使斗鱼一跃发展成为国内直播的主要平台之一。2019年7月17日，斗鱼直播正式在纳斯达克交易所上市（股票代码：DOYU）。

二、斗鱼直播策略分析

第一，线上线下相结合，嘉年华活动吸引大批粉丝。粉丝作为平台发展的基础决定了平台的流量和热度，也影响了平台的竞争能力。为此，很多平台在发展初期都着力于粉丝的开拓，采取各种策略吸引平台粉丝，斗鱼直播也不例外。斗鱼直播的吸粉策略主要是通过线下活动吸引粉丝，增加平台曝光度。例如，2018年斗鱼在汉口江滩举办的一场大型线下活动"斗鱼嘉年华"中，斗鱼通过一系列措施吸引了许多粉丝。除了传统的在活动现场，工作人员通过扫码送雪糕、送袜子这样的赠品吸引粉丝关注平台之外，斗鱼还基于自身以游戏直播为主的平台属性，在会场陈设了许多电竞相关设备及周边的展台，吸引了一批喜欢电竞、热爱游戏的年轻人。除此之外，活动还邀请了冯提莫、陈一发、周二珂等知名主播，为活动带来了大量的流量。最后，这场"斗鱼嘉年华"仅花了3天的时间就成功吸粉52.18万人。2019年的"斗鱼嘉年华"更是邀请了1500名主播来到现场，入驻商家更是达到两百多家，最终这场活动线下参与者达到41万人次，线上观众更是超过3.1亿人，充分展现了线下活动的巨大影响力。

　　第二，多种渠道齐上阵，助力斗鱼寻求直播突破。在直播面临着洗牌的今天，实现发展模式的创新，深度打造优质内容是直播行业实现未来发展的必然之路。斗鱼为了在激烈的市场竞争中占据竞争优势，也采取了一系列营销手段增强竞争力。一是增加直播内容的丰富性与多样性。由于各个直播平台之间的内容已经出现严重的同质化现象，对个性化、创意性的内容的制作必将成为平台的亮点。为此，斗鱼通过组织综艺节目、互动节目、举办发布会等方式增加平台的个性化内容，吸引用户目光，增加与其他平台间的差异度。二是完善等级体系，留住更多粉丝。斗鱼在平台内部划分了许多等级，在不同的等级下用户拥有不同的特权，斗鱼还开发了粉丝卡和贵族体系，以增加老用户对平台的黏性。三是任务机制增强用户活跃度。真正的活跃度决定了一个平台现实的发展状况与竞争力水平。为提升平台的活跃度，斗鱼开发了任务体系。用户可以通过做任务的方式获取虚拟道具"鱼丸"，而获得的这些"鱼丸"又可以被当作虚拟礼物赠送出去。这种做任务送道具的方式一方面有利于帮助用户更加了解平台体系和功能，另一方面也大大增加了平台的活跃度，可以留住更多的粉丝。

（资料来源：作者根据多方资料整理而成）

第四节　流量管理

　　当平台运营成熟、团队运作上一个台阶之后，粉丝/流量的管理就会变得非常重要，特别是现在竞争激烈的直播时代，抢占用户的时间就是抢占用户的流量，基于平台规则和数据分析，最大限度地管理好粉丝活跃度和黏度，成为直播带货的又一关键节点。

一、粉丝基数、纯度与黏度管理

粉丝基数指的是某个主播现有的粉丝数量。它可以在一定程度上代表这个主播的人气及影响力，从而反映出他的带货能力。粉丝基数的大小可能会影响信息的传播能力，进而影响直播的效果。例如，一个拥有100万粉丝的主播和一个拥有1000粉丝的主播在同一个社交平台上发布一条直播预告，效果一定也是截然不同的。此外，粉丝基数也是商家选择主播、主播判断带货商品数量的一个重要的参考标准。商家在选择主播合作时，必然会考虑主播的带货能力，粉丝基数代表了主播所受的关注度，是企业考量的标准之一。另外，直播带货的主播的最终目的必然是盈利，通过粉丝基数判断粉丝转化率，进行预判，也是主播在事前判断自己能否盈利的标准。一般粉丝基数大的主播，其粉丝的转化率相对较高，消费的可能性也会比较大。

当粉丝基数达到一定程度时，就会面临着粉丝流失的问题。很多粉丝会因为各种各样的因素沦为路人粉，更有甚者会出现脱粉现象。在这么多粉丝中，哪些是忠实粉丝、哪些是路人、哪些是竞争对手的粉丝，这都需要主播进行严格的区分。这就涉及粉丝纯度和粉丝黏度的问题。相比粉丝基数，粉丝纯度和黏度更能反映粉丝的质量及转化率。粉丝纯度高的主播他们基于粉丝基数做出的营销决策与判断的准确性会更高，若是"僵尸粉""路人粉"居多很可能会使主播依据粉丝基数做出错误的判断，降低直播效率，这也是主播每隔一段时间要进行粉丝修正的原因。而粉丝黏度越高的主播直播时的转化率也会越高，在这部分粉丝群体中，他们有着更强的号召力。因此，提高粉丝的纯度和黏度对主播来说具有重要的意义。

二、用户、网红与平台大数据管理

互联网的发展使大数据成为人们关注的焦点之一，它凭着体量大、处理速度快、类型多样、价值高等特点成为很多企业想要攻克的方向。借助大数据管理分析用户、网红及平台的直播效果成为行业争相应用的一大方式。

根据AARRR用户增长研究模型，用户的生命周期可以被划分为用户获取

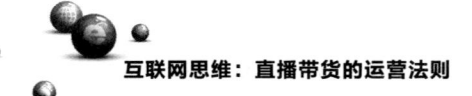

（Acquisition）、用户激活（Activation）、用户留存（Retention）、获得收益（Revenue）和推荐传播（Refer）五个阶段，如图2-10所示，即所谓的AARRR。

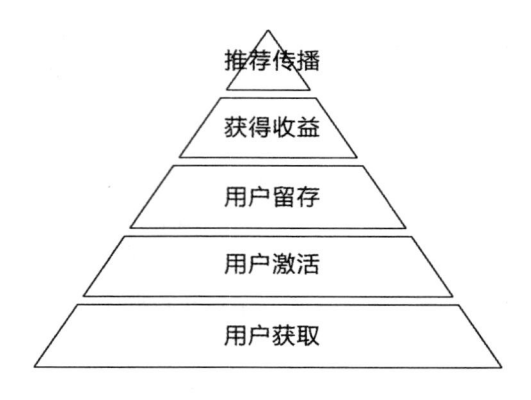

图2-10 AARRR模型

在用户增长的不同阶段，用户数据也存在不同的特征。通过对AARRR模型所涉及的五个阶段进行分析，网红和平台可以更加了解用户的行为特征，发现问题的症结，并做出及时的判断与调整。例如，用户获取阶段的数据分析可以帮助我们了解用户发现平台、发现主播的可能性，它反映的是信息获取渠道的大小。用户激活阶段的数据可以反映用户对产品的初步印象，以及产品对用户的吸引力是否达到促使用户注册激活的地步。而在用户留存阶段，这阶段的数据可以判断用户在真正接触使用平台、了解主播后是否愿意留下来继续使用，还是一走了之，导致客户流失。这一阶段是最能够反映平台症结的部分，用户是产品或服务的真正使用者，通过他们企业可以更好地发现问题。获取收益阶段的数据体现了用户的实际购买力和转化率。如果一个用户愿意为产品或服务付费也证明了产品或服务的价值和市场潜力。最后一个阶段是推荐传播阶段，即用户不仅自己使用产品还主动地将产品推荐给身边人，帮助企业进行信息传播的过程。这种行为的出现表明用户对产品或服务的满意程度达到一定地步，网红和平台达到了真正意义上的成功。

三、引流效应评价与数据分析

新媒体时代，获取信息的方式日益多样化，微信、微博、抖音……人们可以从不同的途径获取信息，这一方面增加了信息获取的途径，减少信息获取的成本，另一方面却也增加了从各种信息中辨别有效信息的难度。因此，很多主播会根据不同平台的功能发布不同的内容，将用户引流到直播间。例如，在微博上发布直播信息，在微信公众号上发布直播商品信息的预告等，实现微博和公众号上粉丝的引流。通过引流可以将不同平台之间的流量进行转化，增强直播的热度，最终实现流量的变现。对引流效应进行评价及对直播相关数据进行分析可以帮助主播评估引流的效果，判别更有效的引流方式。

一般而言，主播可以通过直播的累计观看人数、人均观看时长、弹幕数量、微博数据及微信公众号热度等数据进行直播效果的分析与判断。首先，直播累计观看人数可以反映一场直播被关注的程度及直播的点击率。无论用户进入直播间停留时长多少，它都可以通过直播累计观看人数反映出来，有一定的参考意义。而直播人均观看时长是进入直播间的用户人均观看的时长，它等于直播时长（秒）除以观看人数，通过人均观看时长可以判断粉丝待在直播间的平均时间，再将人均观看时长与直播销售额相结合可以得出直播的转化率，进而判断粉丝对直播内容的接受程度，以便根据观众喜好对直播内容进行调整。弹幕数量可以反映一场直播粉丝参与的互动程度，反映直播的活跃度。一般而言，流量比较大的主播直播时的弹幕数量也会相对较高，粉丝会更愿意参与直播内容的讨论。微博数据和微信公众号的热度都可以在一定程度上反映直播的宣传与传播效果，反映了直播的潜力。总而言之，对直播数据进行分析可以反映直播的效果并据此做出调整，采取措施提高直播的转化率。

平台运营专栏5：

网易云课堂：新冠肺炎疫情下的机遇

一、平台简介

网易云课堂隶属于网易公司旗下，是一个专注于为学习者提供各类优质课程的平台，该平台于2012年12月底正式上线。在平台上，用户可以自主选择观看各类课程，还可以根据自身的学习情况安排学习进度，是一个一站式的学习平台。

目前，平台上的课程数量已经多达10000+，并覆盖软件、互联网、外语金融等十余个门类，课程丰富多样，内容制作精良。除课程数量丰富外，平台还开辟了微专业、系列课程、题库等多个特色板块，增设笔记、进度管理与学习监督、问答等多个特色功能，满足用户多样化的需求，给予用户丰富的体验。2020年年初，在线教育又火了一把，在居家隔离的情况下，在线教育进入人们的视野，直播的教育方式在新冠肺炎疫情下更好地满足了人们学习的需求。

二、商业模式分析

第一，内容整合提高教育效果。网易云课堂的用户定位主要是已经步入职场的用户或是准备求职的用户，它为他们提供了一个在线职业技能教育培训的平台。作为一个教育培训平台，教学的最终效果必然是决定平台口碑及用户去留的关键评判标准。为此，网易云课堂进行了一系列研究，以优质的、体系化的内容和科学的学习方法努力实现最好的教学效果。一方面，网易云课堂十分重视学习的体系化和关联性，这能够帮助人们更好地理解并记忆知识点。因此，它们格外注重内容的体系化，通过与国内知名高校合作的方式，网易云课堂开设了系列课程，实现翻转课堂教学，更好地保障了教学的质量。另一方面，网易云课堂还推出了笔记、学习计划、题库等一系列功能和板块，从工具的角度帮助学生提高学习效率，提升教学效果。

第二，疫情之下，直播+教育优势尽显。疫情使得人们宅在家里，出现了一波"宅经济"的浪潮，在宅经济之下，人们待在家中无处可去，多了许多闲暇时间，于是很多人希望能够充分利用这段时间提升自己，直播+教育就成了很多人的选择。也正因这个契机，这一模式的优势也被许多人发现。首先，很多人对直播授课的一大担忧就是觉得少了与老师面对面的交流，学习效果会大打折扣。其实不然，现在的直播增添了许多互动功能，用户在听课过程中可以随时通过评论留言，发表自己的想法，老师看到评论也会及时回复，与学生进行交流。在课程结束后，老师和同学也可以在讨论区进行讨论，具有很强的互动性。其次，对上班族来说，很多人都想在下班间隙学习一些新知识、新技能，线下的方式则要耗费大量的时间成本，通过线上直播的方式，足不出户就可以通过视频学习知识，减少在路上浪费的时间。而且学员如果在课上有什么意见，或者时间上有什么变动，都可以向老师反馈，老师根据实际情况进行调整，所以，直播+教育的模式具有较强的灵活性。

第三，兄弟产品实现流量转化。对教育类平台来说，其用户的范围相对比较小，一般以20~30岁的年轻人为主，用户以学生或白领阶层为主，因此流量的争夺、用户的抢占对这类平台来说尤为重要。为增加平台的流量，各个平台都使出许多绝招。网易云课堂主要就是通过兄弟产品转化的方式实现流量的增加。众所周知，网易旗下除网易云课堂外，还有多款产品，如网易新闻客户端、网易有道词典、网易云音乐等，它们大多比网易云课程有着更久的发展历史，拥有更多的用户，且用户覆盖的范围也更广。因此，网易会充分利用这些平台积累的流量来为网易云课堂导流。例如，网易会在这些平台的首页增加网易云课堂的入口或发布相关广告，增加平台的曝光度，从而实现流量的转化。

三、总结

教育类直播平台与游戏直播平台、泛娱乐直播平台等存在显著的区别，它难以通过场景构建或营销噱头吸引流量，它更依赖的是用户对知识的渴求与学习的习惯，这是从小习惯培养的一个过程，难以在短时间内形成。因此，教育直播平台应该更注重于学习理念的传播，努力激发人们内心对终身学习的重视程度，营造出一种全民学习的良好氛围。除此之外，从网易云课堂的发展中教育直播平台也可以得到一些借鉴。

第一，抓住学习内容的打造。教育类平台关键还是要做好内容，平台可以搜罗多种学习方法，积极寻求与相关教育机构、高校、科研院所等的合作，提高教学的质量。除课程内容之外，还可以通过试听课程等途径开设一些学习方法类的课程，帮助学员构建一个科学的知识体系，形成科学的学习方法，从而提高学习效果。

第二，通过多种途径吸引流量。教育类平台的流量获取本身就较为困难，用户群体范围相对较小，因此对流量的获取更加重要。平台可以充分发挥旗下其他产品的转化功能，尤其是旗下若有相关学习类工具软件的，要充分发挥它们的引流功能，实现流量的转化。

（资料来源：作者根据多方资料整理而成）

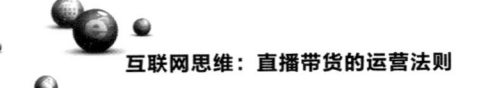

四、短视频等内容营销的流量管理

在直播进入内容为王的竞争阶段之后,直播逐渐呈现出内容化的趋势,关于内容的打造与争夺成为主播营销的主要方向。内容营销可以帮助主播吸引更多路人粉或者边缘粉,凭借优质内容赢得用户关注,积累更多流量。为提高直播带货的转换率,主播在短视频等平台构建流量池时应该尽可能地将公域流量转化为私域流量,打造一个专属于自己的私域流量池。私域流量可以减少主播开拓用户的成本,主播通过加强与私域流量的接触,输出价值,并得到这部分用户的认可,就能够培养一个稳定的用户群体,减少获客成本,提高流量的转化率。

主播若想要通过内容营销获取更多的流量,就应该注意以下几点。第一,提高内容的价值。内容营销的本质还是通过平台或主播搭建的内容体系吸引一批对内容感兴趣的用户,进而实现流量的增加。对内容的打磨起着关键的作用。许多主播在直播中进行"种草"测评、科普知识等也是希望通过内容留住用户。提高内容的原创性、新颖性、优质性,让用户感受到可以通过内容有所收获是内容营销的重要部分。第二,在进行内容营销时,对用户及时长的调查是必要的。所谓知己知彼,百战不殆,没有调查就没有发言权。主播在做内容时必须对目标群体及市场的实际情况进行调研,了解目标用户的需求及其对产品的要求。帮助用户找到痛点,并从这点发力做出亮点。了解目标市场的开发情况,通过数据分析评估市场潜力,再决定是否要进入市场。第三,将传统的粗放式运营的方式转化为精细化运营。传统的平台营销方式一般是通过大量的广告投入增加平台知名度,借助广告的宣传作用吸引流量进入。如今,用户对内容的要求更高,粗放式运营难以起到真正吸引用户的作用,对内容的精细化运营是获得更多流量的必然要求。因此,平台和主播应该思考如何从垂直领域细分,将直播内容做得更加细致优质。

章末案例

李佳琦:为何他能成为"口红一哥"

李佳琦,这可能是2017年后最为耳熟能详的名字,凭借"Oh my god""买它买它买它"走红网络,无论是常常观看直播的观众,还是完全对直播与美妆不感兴趣的观众,没有人会对这个名字陌生。2016年以前,在各类直播排行榜中并不能找到他的名字,短短一年时间,他却凭借着非同一般的直播能力火遍全网。作为一名主播,他究竟做了什么成为美妆主播号召力排行榜前三名中唯一的男性呢?这可能就得从他的个人经历说起了。

一、个人简介

李佳琦,1992年出生于湖南岳阳。本科毕业于南昌大学舞蹈专业的李佳琦最初并不是专职从事主播这一行业,那时他刚刚大学毕业,成为欧莱雅专柜的一个小小的导购,月入3000元。每天在专柜为顾客推荐、介绍美妆产品的这段经历为李佳琦积累了大量挑选、销售美妆产品的经验,也为其日后的发展埋下来一个伏笔。后来,公司推出了一个美妆直播竞选的活动,想要选拔出一批主播。凭借着出色的销售能力和良好的口才,李佳琦脱颖而出,就这么在机缘巧合之下成了一名主播。每月直播满60小时就可以增加6000元的工资。刚开始做主播的李佳琦进展并不顺利,直播间粉丝稀少,销售战果寥寥无几,压力巨大,生病暴瘦,与其他主播差距明显,这都一度让李佳琦想要放弃。所幸的是,他坚持下来了。在他的努力下,几个月后,李佳琦在淘宝直播收获了30万粉丝。可他没有满足于此,害怕掉粉的压力使他始终如一地行走在直播的路上,即使发高烧、嘴唇撕裂,他也不曾放弃。终于,在2017年"双11",李佳琦的粉丝数量首次突破1000万人。可以说,老天没有放弃这个努力的男孩,他的坚持有了回报。在此之后,李佳琦正式入驻抖音,借助抖音活跃的用户,李佳琦于两个月的时间在抖音上积累了1300万粉丝。由于深耕口红领域,致力于各式各样口红的推荐,李佳琦"口红一哥"的名号也就此打响。2018年"双11"期间,李佳琦与马云PK卖口红,并成功打败马云。最厉害的时候,他曾在直播开始5分钟内卖完15000只口红。至此,李佳琦成功实现了从一名普通的欧莱雅柜员到享誉直播界的"口红一哥"的逆袭。

二、直播策略分析

第一,真诚+敬业,每一次成功都不是偶然。通过探究李佳琦的个人经历,我们可以发现,他的成功绝不是上天的眷顾,成功的背后与他一直以来的默默努力分不开。作为一个靠口红测评吸引大量粉丝的主播,在销售口红时,为了给直播观众们呈现出口红最真实的颜色和最好的效果,李佳琦坚持用嘴试色。有一次,李佳琦在一场直播中试色了380只口红，成为名副其实的"口红一哥"。长期的试色也使得李佳琦的嘴唇干裂，严重时甚至失去知觉。为保护嘴唇，平时只要是不吃饭的时候他都会涂上唇膏，日常生活中更是戒掉了白酒和辣椒。粉丝表达对李佳琦的心疼，让他可以用手臂试色，他却坚持嘴唇和手臂试色的效果完全不同，一定要用嘴唇试色才能达到最好的效果。这就是李佳琦的敬业。除敬业外，在直播中他也实事求是，向观众表达他使用产品的最真实的感受，不会因为想要卖出商品就欺骗粉丝。例如，尽管他是一名专业的"口红"试色主播，但他也并非所有口红产品都推荐。偶尔他也会实事求是"吐槽"某些口红的颜色，大胆地说出口红的缺点。并且他会在直播间里用各种不同的方法进行口红试色，用多样化的途径向大众展现不同口红的质感与区别。这些都让观众感受到李佳琦直播间的真实可信。正是因为他的敬业与真实，使李佳琦与其他热门主播一样，逐渐拥有一批属于自己的忠实"粉丝"。

除了给用户提供最真实直观的体验之外，为了给观看直播的用户提供更大的便利，李佳琦团队每天都会提前在微信公众号上公布今晚带货商品的信息，用户可以根据自身需求有选择地进行观看。这种人性化的措施大大节省了用户的时间，提高购买的效率，同时也使用户更加信赖李佳琦，最终提升主播口碑和用户满意度。在每次直播结束后，李佳琦团队都会对当天的工作进行复盘，总结一天中做得好与差的地方，倾听用户的反馈与意见，主动跟进、及时调整，力求下次将直播工作做得更好。真诚的工作态度、不轻言放弃的精神、诚意满满的直播过程都是让李佳琦火遍全网不可或缺的因素。

第二，个人IP+营销话术，李佳琦形成鲜明个人特色（见图2-11）。不得不说李佳琦能够在淘宝众多美妆主播中脱颖而出，成为美妆直播界有影响力的人物与他鲜明的个人IP的功劳是密不可分的。在美妆领域，受众大都以女性为主，她们构成了美妆产品消费的主要战斗力。理所当然，销售美妆类产品的主播也大多以年轻貌美的女性为主。因此，李佳琦的美妆直播带货主播的定位成为行业的一大亮点，为同质化的市场带来了一点差异。有很多人会想李佳琦作为一名男性，真的能够销售好产品吗？在看了他的直播后也许你就不会有这种担心了。凭借着早年在欧莱雅专柜积累的销售经验，李佳琦了解了大量的美妆知识，对各个产品的特征、功效了如指掌，更是能够根据顾客的个人情况挑选最适合她们的产品，李佳琦也因此被亲切地称为"最懂女人的男人"。为了更好地向人们介绍产品，李佳琦进行了大量有关美妆知识、化妆技巧的学习，连女生都直呼自己的化妆技术还没有他好。李佳琦成功地为自己塑造了一个"蓝颜知己"的形象，凭借着对女生的"懂",在用户群体中塑造了良好的口碑,也吸引了许多对化妆知识、技术不懂但想要学习的女生,完成了其用户群体的积累。

除了深入人心的IP外,谈到李佳琦你是不是会自带Bgm①,脑中时时萦绕着他的"Oh my god""买它买它买它"。没错,李佳琦独特的营销话术也使他在直播中形成了独树一帜的个人风格。众所周知,直播时的互动也是影响直播带货效果的关键一部分。在直播中,李佳琦认识到互动的重要性,在直播间与粉丝积极进行互动,解答粉丝的问题,参与他们的讨论。在聊天中,李佳琦会加入很多情感,利用感性的方式和许多的语气词表达对商品的热情推荐,例如,"我真的一定要给大家推荐"之类,激发用户对产品的兴趣,增加购买欲望。此外,他还会用到一个技巧,那就是情景代入。他在聊天中推荐产品时,会将观众代入具体场景。例如,"涂上它你就是电影里的女主角""这个颜色也太适合秋冬了吧""每个男生都想去亲一口"等语句,使用户自动代入到那个场景,增加购买商品的可能性。在这个过程中,李佳琦会不断重复自己的口头禅"Oh my god""买它买它买它",既起到了暗示的作用又让观众印象深刻。如今,李佳琦的"Oh my god""买它买它买它"不仅成为他的营销经典话术,更是申请了声音商标,成为他的专属IP。

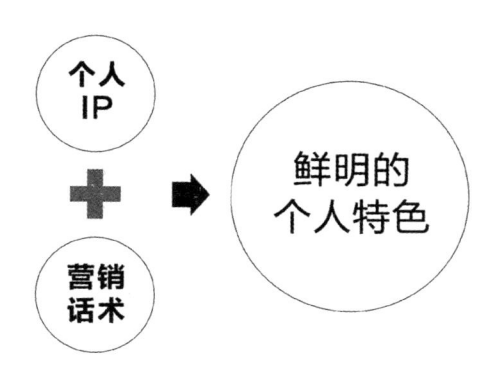

图2-11 李佳琦个人特色

第三,深耕垂直领域,李佳琦邀请明星助力产品销售。借助先前在欧莱雅专柜积攒的知识与经验,李佳琦一直专注于美妆领域。美妆领域也分很多板块,为

---

① Bgm是Background Music的缩写,即背景音乐。

了在同质化的竞争市场中做出亮点，李佳琦在美妆领域又专注于口红板块，帮助大家进行口红的推荐与试色。李佳琦的家中有整整两面口红墙，各个品牌、各个色号应有尽有，不仅恒温保存还有专人分类整理。可以说，李佳琦的家简直就是无数少女的梦了。在李佳琦发布的抖音视频中，与口红相关的视频也高达70%。正是对口红的了解让李佳琦赢得了广大消费者的信任，也使口红成为李佳琦的特色标签。这种从垂直领域细分的切入方式更容易帮助主播树立一个特色标签，实现精准定位。

此外，为扩大直播的影响力，李佳琦还邀请众多明星做客直播间帮助他一起带货。李佳琦自身的热度加持明星的流量，为直播间聚集了更多的人气，充分展现出粉丝经济的巨大潜力。直播间发生的一些事件更是变成粉丝讨论的焦点，为直播又带来一波热度，增加了直播带货的销量。

三、总结

第一，直播的背后必然要有热爱和坚持作为支撑。李佳琦的经历告诉我们没有什么人的成功是一帆风顺的，成功的背后必然有无数的坎坷和不为人知的艰辛，但是认准目标，一路坚持就有可能实现成功。目前，直播行业的竞争十分激烈，要想在众多主播中脱颖而出并非易事。因此，主播应该充分认识自己做直播带货的目的，如果是真正的热爱就一定要坚持，不怕吃苦，好好沉淀自己，增强内容输出的能力，只有这样才能有所突破。

第二，直播时的营销技巧及互动技巧作用不可忽视。主播要重视个人特色IP的打造，根据自身的性格特征，在社交平台、直播间塑造符合自身的人设，这样更有利于增强观众对主播的印象，也会因为性格特征吸引一批粉丝。在直播时要充分应用各种营销话术，积极与粉丝互动，营造出热烈、活跃的直播氛围，从而增加粉丝下单的可能性。

第三，随着直播带货进入下半场，垂直消费场景的构建才是未来直播的发展方向。专注于垂直领域的主播们更能够挖掘出这一领域的独特优势，集中精力专注于做好优质的内容，提升主播专业度，赢得更多用户信赖。因此，主播或平台应该深入某一领域，做出专业化、特色化、优势化，更好地展现出直播带货的价值。

（资料来源：作者根据多方资料整理而成）

本章小结

  互联网的发展拓展了直播平台的种类，各种各样、五花八门的直播平台开始出现，泛娱乐、短视频、小程序……各类直播平台层出不穷。在满足人们日益多样化的需求的同时，也导致直播平台之间的竞争日益激烈，这为顺应时代产生的新型带货方式带来了一种新的营销模式。传统的营销方式、营销价格、供应链都发生了变革。在这样的背景下，主播采取适当措施寻求经营模式的转型，获得更大的效益是一个重要议题。平台运营模式的构建也成为平台未来发展的要求。平台和主播应该充分利用好大数据时代赋予我们的优势，学习如何从主播、产品、团队等角度搭建一个优质、高效、有吸引力的直播平台，并利用流量管理为平台发展助力。

第三章

直播分享

直播经济真正的目的既不是为用户省钱,也不是帮助大家将手中的闲置资源变现,而是要更多地使用资源,必要的时候甚至要制造资源。

——丰元创投管理联合创始人 吴军博士

第三章　直播分享

开章案例

钟薛高——直播不是神药，治不了产品的病

网络直播起初是由于线上游戏、电商等行业的需要而发展起来的，如今，直播是集互动性和体验感为一体的"带货渠道"，在数字经济的推动下助力市场形成了新互联网零售业态。作为一个冉冉升起的新星，其已经延伸至短视频、社群粉丝、商业生态等领域。再加上新冠肺炎疫情的助推，阿里淘系、抖音、小红书等平台特色打造专属的KOL，起到了行业直播引领者的作用，随即，很多品牌和产品为了实现业绩增长纷纷涌入直播行业，但直播是否一定会给企业带来价值，不是空谈就会有结果的，还需要具体审视企业的产品与品牌在直播后的效益。

一、公司简介

钟薛高是成立于2018年3月的地道的中式雪糕品牌，由于其以全球的不同食材来制造鲜活雪糕，打造了全球独具一格的雪糕品牌。钟薛高的目标就是"好好做一片好雪糕"。公司旗下一款"厄瓜多尔粉钻"雪糕在"双11"当天就销量上万个，占据了天猫冰品类目10%的销售额；而在2019年公司还以8款产品斩获7项"舌尖上的奥斯卡"大奖。

二、从商家视角看直播：带货+品牌曝光

直播模式的兴起为经济增长增加了新动力，凭借便捷、直观、真实、互动性强等优势，直播模式在网络化和数字化下描绘出独特的直播文化图景。

第一，带货。与线下营销相同的一本书、一个产品、一段表演，在进入直播间之后就滋生出别样的效应。经历一场直播，原本滞销的农产品在直播间推广后，订单瞬间就可以达到几十万个甚至上百万个，达到瞬间清仓的效果，这为现金流小的微型企业解决了库存积压的难题。因此，直播带货从另一个层面来看，就是通过吸取更多流量助力产品大批量销售。这也被称为带货，带动货物的销售量。

第二，品牌曝光。2020年年初，直播行业呈现了爆发式发展，直播带货逐渐

93

形成常态化、全覆盖。一些企业的CEO纷纷走进直播间，做着带货的买卖。比如，背负6亿元负债的罗永浩、强悍霸气的格力电器董事长董明珠及75岁高龄的"中国饮料大王"娃哈哈掌门人也赶潮流加入直播带货的行列。那么，他们为什么这么做呢？其实，他们的目的之一就是加速提升企业的销售额，第二个目的就是通过直播平台制造社会舆论效应，加强品牌的曝光度。因此，品牌曝光起着告知作用，吸引更多的用户了解产品、品牌，甚至是企业，为企业营销圈定更多流量与粉丝。

三、直播三难：复购率低、退货率高、关注度低

虽然大部分企业、各大平台都在做直播带货，但是较多行业其实还只是处于线下到线上空间互转的第一阶段，难免遇到一些直播困境。直播遇到的困难，可以总结成三个方面，如图3-1所示。

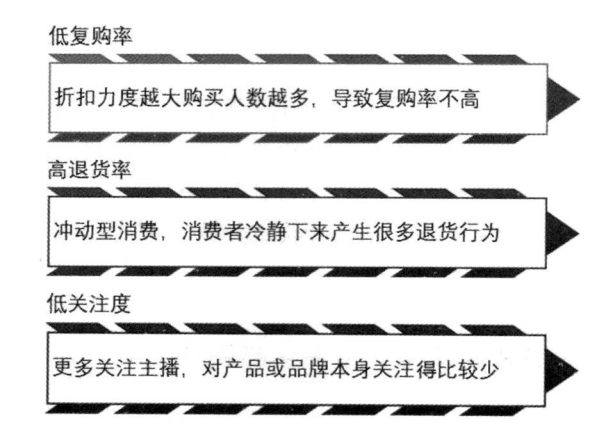

低复购率
折扣力度越大购买人数越多，导致复购率不高

高退货率
冲动型消费，消费者冷静下来产生很多退货行为

低关注度
更多关注主播，对产品或品牌本身关注得比较少

图3-1　直播三难

第一，低复购率。在家家都加入直播带货的浪潮下，用户看直播只是将其作为日常消遣的方式，看直播的大概率是为了消磨无聊时间，只有遇到性价比高的产品，他们才会怦然心动，也就是说，只有折扣力度大的产品才能引起用户的巨大回应，而当折扣取消的时候，该产品很可能又回到无人问津的状态，导致整个直播的产品和品牌的复购率都不高。

第二，高退货率。退货率高是由于冲动消费而导致的，有一些善于激发用户

购买欲望的主播会对产品进行幽默风趣的介绍，导致消费者不是因为真正需要而产生了冲动型消费。但当消费者冷静之后发现自己买了很多非必要产品，从而发生退货行为。

第三，低关注度。很多用户由于被部分主播吸引而慢慢变成了头部主播的粉丝，就如李佳琪这类的顶级流量主播，很容易让人产生盲从效应，主播卖什么粉丝就愿意买什么，但对于他们买的产品和产品背后的品牌并不是特别关注。

四、钟薛高的直播"经"

钟薛高把直播看作是人货对应的打折促销场，这个场不适合所有的品牌和产品参与。直播带货营销需要支付高额费用，一是头部主播的佣金；二是让利消费者给出全网的专属最低价；而且很有可能花钱没有提高产品的实际销量却给主播单纯涨粉。直播有时候也不是神药，救不了属于品牌、产品细微处的瑕疵，贸然做直播只会把品牌越做越变形。

第一，以品牌曝光度为主，理性挑选直播对象。钟薛高做直播的目的就是以品牌曝光度为主，品牌与规模大小、销售多少无关，因此钟薛高对销售额并不是很看重，他在选择直播对象方面就十分重视。比如，钟薛高选择的是集合抖音顶级流量的罗永浩、以品牌导向为主的吴晓波等。

第二，针对直播对象，制作定制产品系列。选定确定的直播对象之后，钟薛高会在产品端做有针对性的处理，其通常拿出和这些直播对象相适应的定制化产品系列，而不是常规品或者既有产品。同时，他们会把产品定价维持在一定的价格区间。

第三，建立直播的售后团队，维系产品、品牌和用户之间的关系。钟薛高认为售后是很重要的环节，这是消费者和产品、品牌之间很好的纽带和维系关系，因此，做好售后服务是做直播的必要准备工作。钟薛高为雪糕品牌的直播建立了专业配套的售后团队，确保售后服务的用户保障。

五、总结与启示

直播带货是一个值得大家用心思考的营销形式，直播的每一种形式其实都反映了企业的营销智慧，企业在选择直播带货之前都应该先为自己的产品和品牌作分析，选择合适的直播形式，盲目的跟风并不能精准地治好自己的"病"。

第一，树立正确的品牌观。品牌的成功需要经过漫漫长路，有时候一个品牌的消亡带给人无痛无痒的感觉，而有时候一个品牌的退出却能给消费者带来很大的震撼和惋惜，两种不同的结局就给了品牌一个判断的标准。你是要做一个悄无声息的品牌，还是来势汹涌的品牌？企业在最开始就需要树立相应的品牌观，保持品牌的常用常新。

第二，实现品牌的"从0到1"。品牌的塑造可以认为是一个打动客户的过程，整个核心可以总结为三条：一是产品突破，也就是你能不能把属于你的品牌声望打得叮当响，让用户一用你的产品就有不一样的感觉，成为市场中具有竞争力的产品；二是内容突破，即你的产品是否可以有感天动地的故事？是否能带来丰富的话题和素材，用于用户的传播和讨论？三是外围造势，即你能不能提供佣金做直播带货，能不能在直播间一炮而红？

（资料来源：作者根据多方资料整理而成）

移动互联网让人们走进"互联"与"分享"。只要有智能手机和移动互联网，只要掌握了分享和链接技术，我们就能链接全世界的资源和人。在互联网分享经济的冲击下，所有的传统产业不堪一击！传统企业需要的不仅是转型升级，而是改变自己的思维模式，一个做事的人+直播+分享经济就能改变一个行业！

第一节　直播分享与粉丝眼球

在以前的时代里，人、物几乎是相互分离的，市场是一个割裂的状态，以至于经常出现供不应求和供过于求的企业危机，但在网络化、数字化和智能化时代下，形成了以分享为商业基础的市场氛围。消费者只需要通过手机在网络下一个订单，就可以享受到货物到家的服务。在这种商业化趋势下，眼球经济有了自己的主场，谁拥有话题？谁可以创造话题？谁就会成为博取粉丝眼球的目标，他们往往为了赢得"眼球"，炫富、拼颜值，还有的拼搞笑，别看他们不起眼，一旦成为网络红人，便可以凭借粉丝经济获得巨额利润。

一、分享的关键词

分享自古以来就是我们中华民族所不断提倡的传统。马克思说："劳动创造价值。"其实分享也可以算是一种劳动，因为通过分享，个人可以实现自己的价值。我们是"社会人"，在社会的大家庭中不可能孤立存在，通过分享可以建立人与人之间的联系，并结为联盟不断进步。在互联网思维下，分享模式已经开始遍地开花。

（一）分享时代连接未来

分享其实无处不在，几乎成为互联网时代的主题。分享从大层面来说，已经可以形成一种经济效应，也就叫"分享经济"，这么一种新的"颠覆性"的经济范式，必将成为一种新兴的全球趋势。

解决需求是企业生存的关键，需求的存在是所有产品的基础。在分享的世界里，大家各司其职最终进行连接，就是需求满足的最好证明。有人口才好发表视频、有人文笔好会写文章、有人摄影技术好会拍美景，那么这些都可以在电子商务平台上与消费者分享，互联互通，让大家一览无余。在分享的时代，每个人的价值都可以得到充分体现，让整个生活充满了期待，一个分享时代就可以连接美好未来。

（二）"分享经济"成为时代趋势

每个时代有每个时代的机遇和挑战，抓住了时代趋势，那么，每个人都可以在不同的时代创造财富。那我们这个时代的趋势是什么呢？我们现在处于数字经济时代，互联网普及导致人们的生活方式发生了变化，许多商业模式都以平台化为基础，大数据、云计算等技术使得人人参与分享，这催生了"分享经济"的生长。

分享经济会成为时代前进与发展的潮流和趋势。这是因为，站在生产者的立场上看，他们烦恼盲目生产过后是否积压库存，用户是否会喜欢自己生产的产品；他们要做的就是利用大数据分析技术根据用户的需求，对症下药。站在消费者的角度来看，市面上的产品都是因为个人所需而生产的，卖的产品也都是自己想要的，因为数据的分享已经拿捏好了自己的喜好，再也没有选择困难症了。这样一来，市场交易成本大大降低，可以说，分享经济模式通过数据技术将人与物就行联合，给了供需双方更多的自由选择，也从下至上推动了商业生态变革，提高了市场经济运行的效率。

（三）直播乘上"分享经济"快车

在分享经济模式引领下，落后的商业模式在一夜间更新换代，分享经济让传统商业模式发生翻天覆地的变化，创造了一种新的现场营销模式——直播带货。直播带货实际上就是一种分享，是有影响力的主播将自己认为性价比高的产品或者品牌通过移动设备向用户展示的方式，是主播与用户之间的信息分享。

他可以"卖服务""卖会员""卖知识"，也可以包括配饰礼品、化妆品、美食等实际商品，几乎所有领域都可以通过直播来实现跨界分享。

直播带货乘上分享经济的快车来到我们眼前，直播共享在很大程度上打破了地域或行业的限制，消除了资源要素在地域和行业流动上的障碍。

二、颜值不止于表象

直播经济中，颜值是决定一个产品能不能爆红的一大因素，颜值也是一种生产力。在当今竞争激烈的市场环境中，只要颜值够高，并且有口碑力量的发酵，一个网红品牌就会冉冉升起，如喜茶、茶颜悦色、三顿半咖啡、钟薛高、汉口二厂、完美日记等。但这里的颜值不止于表面上，也可以是产品的外观，或者是深层次的优质的直播内容。

（一）颜值营销：打造"颜值经济"

在这个爱美不分年龄的时代，任何与颜值挂钩的事物都会受到追捧。一个个肤白貌美的网红美女总是比长相一般的主播能吸引更多的粉丝。就拿颜值"爆表"的鹿晗来说，其在微博上公布恋情后，短短一个小时，点赞人数近80万人，围绕颜值的一系列消费市场得以打开，"颜值经济"悄然兴起，并在多年的发展过程中，迎来大爆发。

"颜值经济"的兴起，为经济发展和转型带来了新的机遇，也为品牌营销提供了更多可能。经济学家Daniel Hamermesh和Jeff Biddle曾做过一个关于颜值的实验。结果显示：一个颜值高的人平均每小时多赚5%，而颜值低的人平均每小时少赚9%，相差14%。颜值可以直接影响一个人的收入，这种现象最明显的是体现在娱乐影视行业，就算影视作品的剧情和演技差强人意，但却可以因为具有高颜值的演员来获得良好的收益。在颜值经济中，颜值会影响收入及潜在的机会，网红经济就是颜值经济的一个重要部分，充分体现了人们对于美的事物的追求。列入头部主播行列的大多是高颜值的男女主播，可以说，在美学经济驱动下，商品颜值在消费者购买的决策过程中，正起着越来越重要的作用。

（二）长期主义：靠颜值不是长久之策

随着整容及美颜相机的盛行，出现了一大批的颜值主播，这也就意味着颜值博主的竞争越来越激烈了。即使一个人的颜值很高，但在直播的过程中内容空洞、没有趣味性和愉悦感，那还是会出现"脱粉"的状况，因此直播的内容十分重要，对主播的实力有一定的要求。实力包括主播的才艺、聊天技巧及主播的情商等方面，如图3-2所示。

图3-2　主播吸粉能力体现

第一，才艺是颜值主播吸引观众的手段之一。唱歌、跳舞都可以在直播间展示，现在还有直播间之间的互相PK，拼才艺，同时还有观众点歌的方式来获得打赏。能够拿出来展示的才艺应该具有一定的水准，没有实力就没有留住观众的吸引力。

第二，聊天技巧可以助力直播成效。因为颜值主播最常见的形式就是一对多的聊天，虽然不需要直接的语音聊天，但是一对多的聊天需要随时注意直播间的各种言论，有夸奖、有批评、有观众日常等。要求主播对待夸奖要及时回应，同时也要接受观众的批评，要及时化解尴尬。

第三，高情商可以帮助主播处理即时事件。在直播评论中不乏部分用户写出对生活、对社会的抱怨，这就要求主播具有较高的情商，运用合理的语言去开导观众，控制直播间的言论方向。并且，在主播实力比较强劲的时候，还要有价值内容的输出。

（三）颜值不止表象：内容创作也是颜值体现

所谓颜值并不仅仅是产品的外观与主播的长相，其可以深层次地深入到直播的核心部分：优质的内容创作。我们知道，对直播行业来说，拥有了粉丝就相当于拥有了市场，粉丝的数量及粉丝对主播的支持力、喜好、传播能力、创造力和购买力是各大主播关注的焦点。粉丝量也可以用流量来衡量，其是现在各大平台的核心，有了流量才能够获得更多的粉丝及关注度，不论是个人还是团队，只有不断地输出优质的内容，将自身的内容制作得独一无二，能够有很好的相关性和突出性，才能在竞争激烈的市场中立足。而制作有特色的内容需要注重以下几个方面，如图3-3所示。

图3-3 制作有特色的内容的方法

1.通过模仿来开辟道路

原创的直播内容会更加受到用户的欢迎，但是原创直播内容的成本相对较高，同时需要创意和灵感的迸发，这不是一件简单的事情。更重要的是，有时原创内容的效果并没有收获到大众的欢迎。因此，对于新人主播来说，可以选择符合自身定位、人气较高的直播内容进行模仿，这是比较稳妥的起步方式。尽管是模仿，但并不是一味的全盘照抄，这样很难给消费者留下关于自己特有的形象。同时，全盘照抄也会引起相关的版权问题。因此，在模仿的同时，应该根据自身的特点进行调整。例如，许多美妆博主都在模仿美妆博主"大佬"的招牌动作和开场白，能够给消费者留下一定的印象，同时还可以在之后的发展中创造自己独特的风格。在众多的模仿中，很容易形成热门话题及"跟风"热，直播团队可以借力使力，促进自身的营销。

第一，模仿并非简单的模仿。模仿并非简单的有样学样，而是应该融入自己的想法和理解，这样能够在众多同质化的内容中独树一帜。在模仿的过程中不断学习，突出自身的特点，剔除掉原版的鲜明特点，积累足够的经验，充分发挥自身的想象力，能够节约大量的成本，同时起点又不会太低。模仿能够促使主播在发展前期获得一定的流量和关注度，也是创作内容的简单方法。但是长期的模仿并不是长久之策，当观众的新鲜度过去之后，模仿只会带来无趣感，随之出现的就是"脱粉"的现象。

第二，找出自己的优势所在。粉丝是复杂且简单的矛盾体。复杂在于不同的人有不同的喜好和需求，一个主播难以满足所有粉丝的需求；而简单是指尽管不同的人需求不同，但却会认同某一类型的内容或者风格，成为主播的忠诚的粉丝，会接受主播的改变。因此，主播对于自身的定位应该十分重视，充分发挥自身的优势和价值，才能尽可能地吸引更多粉丝的关注。

第三，选择宽泛的目标对象。在直播领域，流量是现在各大平台的核心，有了流量才能够获得更多的粉丝及关注度。因此，主播的关注要尽可能地放宽，只有关注到大的目标群体，才不会忽略掉小的目标群体。在直播的过程中，可以不断地拓展直播的内容，将不同的直播内容输出给不同的群体，但同时又不能丧失自己的个性化内容，以免流失掉目标群体。

第四，掌握专业的知识和粉丝特性。颜值对于主播并不是必需的。如果不能做一个颜值主播或者娱乐主播，那就可以从内容的专业性出发，将自己包装成技术主播。在技能选择方面，可以在自己能力的基础上紧扣市场需求。

2.通过模式来塑造内容

在竞争激烈的直播行业里，直播平台和头部主播的格局逐渐稳定，很多新主播使尽浑身解数都没有在这个行业里出头。主播们可以从模式的角度来考虑内容的创作，从而形成清晰的创作思路。占据直播市场的主要主播类型有：游戏主播、美妆主播、娱乐主播、教育类主播。不同的主播类型有不同的营销模式，就美妆主播来说，面对强大的舆论压力，经常面对着观众的质疑。为了抵抗这种舆论的压力，许多美妆主播选择"自黑"的处世态度。用"自黑"来面对一些冷嘲热讽，放宽自己的态度，使其成为攻守兼备的武器。这既是一种灵活的回应，同时也能释放自己的压力。主播并不能够得到所有观众的喜欢，但是如果主播拥有一颗玻璃心，承受不住舆论的压力，必然会失去观众的耐心和喜爱，只有内心强大，在任何情况下放宽心态，以微笑面对质疑和嘲讽的主播才能更加长远地发展下去。

3.紧跟时代的潮流

直播的发展离不开时代的背景，主播在提高自身内容的同时应该充分考虑到直播的内容应该符合当下的时代特征。借助直播风口顺势发展、顺应主流文化，也是提升内容、增加营销力的途径之一。特别注意的是，不能挑战政策和法规的权威。在竞争激烈的直播行业，市场机会出现得快，同时消失得也快，抓住了发展的机会就掌握了成功的秘诀，因此抓住市场发展的机会和时机是非常重要的。事件营销是一种营销成本较低，容易产生较多流量的一种营销方式，同时也很容易与市场机会联系在一起，受到很多主播及企业的青睐。

在这个互联网快速发展的时代，人们对新鲜事物可以快速了解，对潮流趋势可以快速认知。消费者对于新鲜事物感兴趣的特征，是抓住市场机会进行营销的入口。抓住社会上的热门事件、热门新闻，通过大众对社会热点的关注，引导大众对营销的关注。热门事件的覆盖范围较广，大到全球性的事件，小到某个节目或者某种社会现象。想要在直播行业有立足之地，那么营销就要紧跟时代的潮流。

直播分享专栏1：

果心科技：为您的家园再添保障

当前，物联网、人工智能、云计算技术都在快速发展演变，逐渐成为构建智慧社区、园区的基石，智能科技正在使人们的生活变得更简单。在这一趋势下，通过手机开门现在听起来并不是什么太新鲜的事情，钥匙（机械钥匙、门禁卡等）也将跟钱包一样，在移动互联网、物联网、人工智能技术大范围应用的浪潮下迅速变成历史。

一、公司简介

北京果心科技是由我国科学院留学人员于2013年创办的，是国内率先进入智能家居门禁产品——智能门锁市场的企业。作为一家专注于研发电子钥匙管理平台并进行商业应用的科技企业，其坚持以"互联网+"为连接物与物、人与物的基础，为高品质软硬件产品提供综合解决方案。

公司团队成员具有世界一流学府研究工作经验，在大型软件、互联网应用设计开发、系统安全架构、电子安防产品、集成电路设计制造等领域均具有丰富的实战经验和强大的研发实力。产品业务遍布广泛，如图3-4所示。

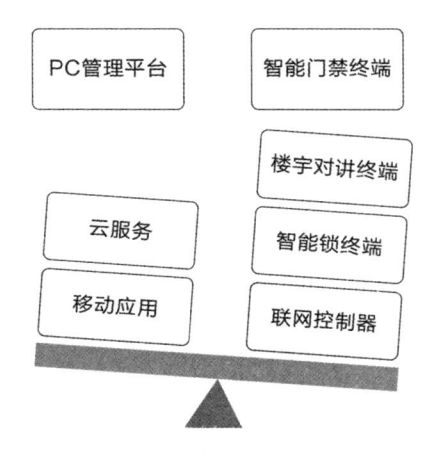

图3-4 产品业务

二、智能技术赋能，打造全新商业模式

在创办公司前，创始人霍楠就已经准确判断出手机开门会在物联网领域拥有非常大的发展空间。虽然手机开门现在听起来并不是什么太新鲜的事情，但是在

2013年果心科技创始团队决定以此为切入点进军物联网领域时，这还是一个非常超前的概念。正是因为最早深入到这个领域，果心科技积累了丰富的研发、产品及项目实施经验。

2018年，果心科技已经在全国智慧园区、社区建设中树立了榜样力量，走在了最前列。其始终以通行技术（手机、人脸识别开门等）为核心，相信技术研发和产品创新就是企业发展的核心驱动力，同时具备跨界整合能力才能在智慧社区、园区的快速发展中立足和发展。因此，随着公司业务的扩展及新需求的出现，果心科技将智能领域衍生至多个领域，实现将智能技术赋能多个模块，最终完成了技术向商业转型的目标。

三、智慧数据技术研发，形成"线上+线下"用户体验模式

果心科技致力于数据技术的研发工作，开发了物业云和智能硬件模块，并利用数字授权模块为开锁提供智能方案。用户只需一行代码便可对密钥进行动态加密，游客可用访客模式登录微信关注公众号，只需简单的二维码便可完成用户权限，从而进入园区。在研发过程中，果心的产品得到了新华社、北京电视台、网易科技等多家权威媒体的报道。果心智慧数据技术应用如图3-5所示。

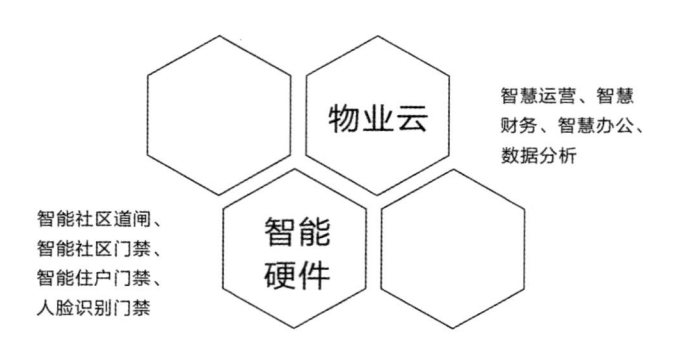

图3-5 果心智慧数据技术应用

此外，果心科技的成功还归功于其"线上+线下"的用户体验模式，其利用智能技术在线上提供数字授权模块、门禁门锁集成、智能锁及联网锁等功能，通过物联网技术实现电子设备的线下应用连接，让产品无限制地成为管理酒店、

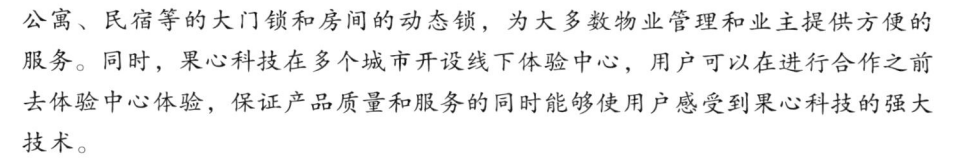

公寓、民宿等的大门锁和房间的动态锁，为大多数物业管理和业主提供方便的服务。同时，果心科技在多个城市开设线下体验中心，用户可以在进行合作之前去体验中心体验，保证产品质量和服务的同时能够使用户感受到果心科技的强大技术。

（资料来源：作者根据多方资料整理而成）

三、用户体验实际而灵活

在分享经济快车轨道中，用户体验是企业甚至是个体经营者所重视的。一个用户对产品的主观感受直接决定着他要不要为产品掏腰包，也直接决定着商家的东西能不能卖出去。所以，生产商会绞尽脑汁来思考到底需要做什么能增加用户体验。用户体验是实际而灵活的东西，用户不仅体验产品，还体验产品背后的一系列价值观及该产品给其带来的情感因素。

（一）用户体验：不只感觉更具价值

有时候，人们在消费后，会与周围的人表达感受："这个东西很好用""这个商家态度很好"等，这就是所谓的用户体验，它不仅是产品或服务带给人的感觉，更是带给用户实实在在的价值。用户体验主要得看用户，只有用户觉得有用、有好的体验，那才是真的具有价值，用户没有好的体验就证明企业所使用的营销方法或者产品的质量方面是存在问题的。

用户体验是直播带货模式的命脉，直播模式设计应"以用户为中心"。精美的界面、便捷的操作、流畅的交互都会让用户产生认同感和亲切感，是增强用户与产品之间的情感纽带。因此，如何实现高质量的用户体验成为直播模式的关键。

（二）用户体验：用户对产品体验什么

用户对产品的体验到底是在体验什么？体验的范围很广，涉及方方面面，如图3-6所示。

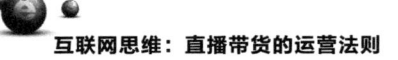

```
            交流互
         动——了解

视觉——设计    体验    故事感——共鸣

            听觉——音乐
```

图3-6 用户体验

1.视觉——设计

看人先看脸，颜值高的人给人的第一眼印象就会很好，甚至一个高颜值商品，也会第一眼就被人爱上，这都是来自人体的本能反应。因此，直播带货中获取用户粉丝的技巧也是如此，可以通过视觉设计来吸引用户眼球，产品的体验也需要有好的设计和包装。

2.听觉——音乐

好的音乐可以给人带来愉悦的心情，用户体验自然也包括听觉上的感官感受，用户可以感受各种声音传达出来的情绪和氛围。因此，如果在直播时配上合适的音乐，就可以提升用户的体验，在听觉上升级用户享受。

3.故事感——共鸣

故事感可以让用户很好地代入既定情景，一方面，故事的神奇之处可以激起用户的好奇，近而产生购买欲望。另一方面，故事可以勾起用户的会意，让用户因故事而对带货产品产生情感共鸣。

4.交流互动——了解

交流互动是分享的直接表现形式，主播可以通过与用户进行交流为用户答疑解惑，了解用户的具体需求，提供适合的产品建议。所以好的交流互动也能构建好的用户体验。

（三）用户体验：如何升级体验质量

用户体验是产品给用户带来的感觉，用户的体验感对于一个产品来说，需要和用户有情感的交流和情绪上的共鸣。一个好的产品能够充分照顾到用户的感受，从而拥有大批的忠实用户。那么，应该如何打造用户体验呢？

1.引导用户用心感受体验

用户对产品的体验是来自多方面的，但归根结底，人与人、人与物之间很多联系和表达都来自生活，而体验同样来源于生活。于是，以此为出发点，做好用户体验就是要善于发现生活、发现感觉，然后将这种独特的感觉设计到产品中。因此，升级用户体验需要引导用户用心感受生活、发现感觉。

2.培养用户信任体验

在用户选择产品之前，其实是经过一系列的步骤的，主要分为四个阶段，如图3-7所示。而培养用户的信任体验就需要在具体阶段拿捏好要点和痛点，抓取用户的信任，最终实现一次性用户向铁杆用户的转化。

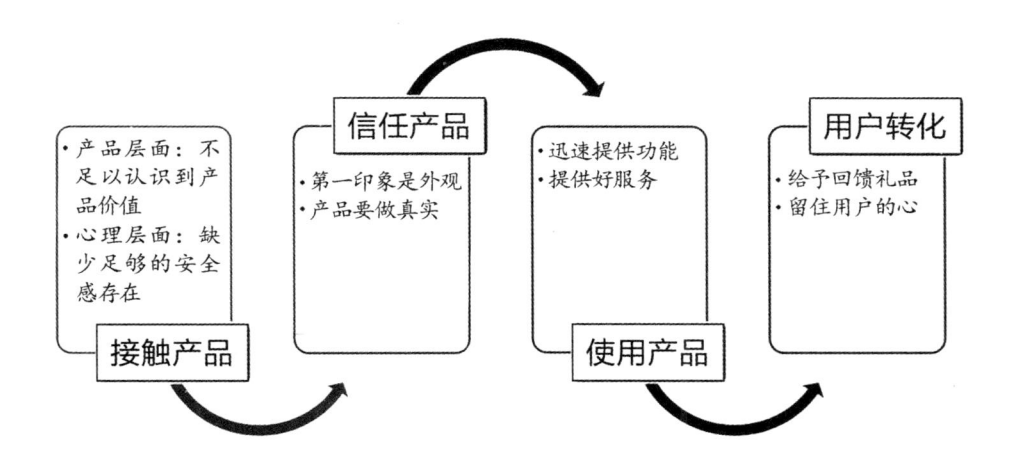

图3-7 培养用户体验四阶段

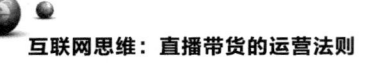

第二节　IP分享模式

与人类历史上被时间和空间限制的"循环化"模式不同，在当今文化繁荣、选择丰富的时代，生活在社会网络中的个体虽然被困在各种"圈子"中，但更像是"常备团队"，具有自由的选择权。其中，"圈子"响应了"物以类聚，人以群分"，在这里面，IP分享模式成了文化传媒产业最抢眼的内容。

一、IP的泛化：类型文本的分享

满世界都在谈论IP，IP究竟是什么？简而言之，IP就是招牌。它是当今互联网营销的一个重要手段和模式。粉丝受到知名主播和平台的吸引，主播通过打造自己的个性直播内容来扩大影响力，被称为IP时代到来的表现。在这个时代下，个人价值的IP化其实在多年前就形成了一个社会现象。

（一）类型文本的IP泛化

IP模式可以是一种以内容为主的生产模式，对内容的选择就是对文本的选择。过去，在内容产生后，完全依赖于平台的推广，在面向大众之前已经被筛选、改造过一轮。没有得到平台"青睐"的人或IP，是无法得到良好传播的。而在贴吧、微博等出现之后，更多"草根"开始能够在互联网平台上更自由地展示个性，创造属于自己的内容。

目前流行的类文本产品大多以网络文学和原创文学为基础，其原本就拥有庞大的粉丝群。IP泛化模式的内在逻辑是利用其背后的圈层文化，将圈层文化拓展至圈外延，吸引更多的用户流量。类型文本的泛化主要体现在两个方面。一是对原文类型的突破和补充。例如，将《吹鬼灯》改编成《鬼吹灯之寻龙诀》，就实现了原文文本类型的升级。二是现有文本类型的扎堆聚类。如魔幻类的影视剧《幻城》、以《美人心计》为代表的宫斗影视剧等，都是在同一系列里面的延伸和拓展，满足部分以类看剧的粉丝需求，如图3-8所示。

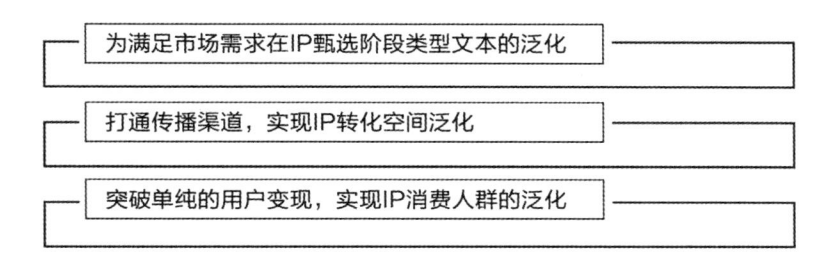

```
┌─────────────────────────────────────────────────┐
│  为满足市场需求在IP甄选阶段类型文本的泛化        │
└─────────────────────────────────────────────────┘
┌─────────────────────────────────────────────────┐
│  打通传播渠道，实现IP转化空间泛化                │
└─────────────────────────────────────────────────┘
┌─────────────────────────────────────────────────┐
│  突破单纯的用户变现，实现IP消费人群的泛化        │
└─────────────────────────────────────────────────┘
```

图3-8　IP模式属性

（二）IP经济的泛化分享

随着我国居民生活水平的不断提高，人们的文化认知和科学技术也在不断提升，越来越多的人注意到了IP模式的分享效益，也越来越多的人投资成本低但收益高的以漫画、电影、游戏为周边的泛化产品，近而促进了知识产权产业链的形成，使IP经济模式日趋成熟。但能否取得良好的回报，一个非常重要的因素就是IP改编能否吸引粉丝，进而影响更多人，围绕IP形成"圈图腾"。

主播IP作为网络经济时代的"关注点"，自然也少不了被关注，IP主播是直播行业发展的必然趋势，也是整个主播行业的必然选择。目前，IP经济的泛化分享一方面可以帮助企业家在互联网融资平台上便捷地获得融资，同时也给融资双方带来信用保障，降低了双方的投资风险。另一方面，IP可以利用互联网融资平台为影视剧作筹集资金。《十万个冷笑话》和《滚蛋吧！肿瘤君》就是通过IP经济的泛化分享获得的资金。

直播分享专栏2：

美腕科技：中国网红主播摇篮之星

随着直播带货的日益火热，许多个人转行当主播，许多企业往电商转型，都想要品尝流量带来的美味。直播界盛传的"Oh my god"和"买它"便是出自"口红一哥"李佳琦之口。如今李佳琦的带货能力能够影响整个电商界。对于还未步入直播行业或者刚进入直播行业的企业而言,李佳琦的营销影响力着实让人眼红。李佳琦的成功,除了机遇之外,不乏其自身的努力和坚守。直播与线下营销类似,宣传质量较次的产品只会自断后路,注重用户的情感体验才是销售从始至终需要关注的焦点。

一、公司简介

美腕〔美腕(上海)网络科技有限公司〕于2014年成立,其法定代表人为戚振波。计算机科技、信息科技等领域内的技术开发等是美腕的经营业务。

美腕(上海)网络科技有限公司旗下的美ONE,是一家集聚网红、模特等资源的在线服务平台,是基于互联网的推广工作网站,致力于与用户实现包括主播和电商分销等业务在内的合作机会。美ONE是目前最大的网红、艺人及模特服务平台。李佳琦便属于美ONE。2015年,美ONE移动客户端上线,成为移动互联网颜值最高的品牌推广神器,目前服务于海尔、沙宣、蓝月亮、三星等很多一线品牌。

二、IP缔造者:捕获千万级流量之奥秘

美ONE能打造出李佳琦这样的网络红人,并非偶然,这源于其三大优势,如图3-9所示。

图3-9 美ONE优势

第一，创新理念——BA网红化。美ONE充分发挥MCN机构的作用，为帮助众多内容创作者解决推广和变现的问题，实现以"人"为主体完成销售任务，提出了要把"BA（即专柜导购）培养和孵化成拥有线上获客、营销能力的新零售人才"的创意。此外，辅以线上的运营，实现美ONE自身电商体系构建。美ONE"BA网红化"的正式落地是通过和欧莱雅集团合作实现的。

第二，靠山——资本投资。美ONE的资源成功地为其运营提供了保障。一方面，美ONE名下主播的飞速成名及美ONE突破障碍离不开资本投资的支持。2016年年初，美ONE获得来自湖畔山南资本1000万元人民币的天使轮融资。2017年第一季度，美ONE获得A轮融资，投资方包括德同资本、微创投、启峰资本等。另一方面，美ONE采纳淘宝直播负责人的"全域网红"建议，开始了主流平台（包括抖音、微博等平台）运营，实现6个月内粉丝指数增长。

第三，后盾——专业团队。专业化的团队奠定了李佳琦这一网红大咖在网红直播界的地位，并让其在淘宝直播以外的平台也拥有了大量粉丝。美ONE的三百多名员工都在围绕李佳琦进行团队工作，团队中有专业的招商人员、内容制作人员、直播运营人员、QC质检人员。美ONE拥有大量丰富的互联网从业经验人员，具备丰富的网红孵化经验。

三、网红大咖赢人心

美ONE只有李佳琦这一个IP，正是美ONE的资源成就了李佳琦的初始流量。"口红一哥"李佳琦作为鼎鼎有名的美妆主播，在5分钟之内实现15000支口红的销量，证明了其带货的能力。李佳琦的带货能力是借助直播试用和评测美妆产品实现的，粉丝可在李佳琦对产品的使用、描述后有效地了解产品。其评测内容在美妆界的权威性和影响力帮助李佳琦获得大量高忠实度的粉丝。李佳琦是如何不断地刷新电商销售纪录、吸引消费者疯狂呢？李佳琦的销售技巧不仅重新影响了直播电商的发展，也改变了大多数电商人和直播界的观念，如图3-10所示。

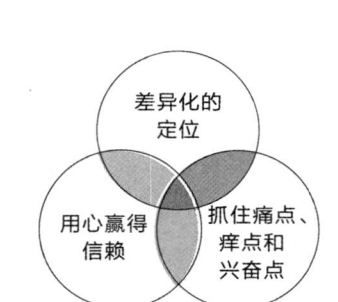

图3-10 李佳琦的直播技巧

第一,以差异化捕获大量粉丝。李佳琦的定位差异化表现在两方面。一是相较于美女主播,男士主播懂彩妆、试色口红具有一定的话题热度和特殊性,更能够吸引大众的注意。二是李佳琦的专业化和接地气形象,让其直播事业风生水起。李佳琦在直播中总能对产品进行精准又逗趣的描述,其专业性让他对女性的需求及美妆产品了如指掌。李佳琦直播中的热情和各种魔性的口头禅也帮助其成功捕获大量粉丝。

第二,以抓痛点、痒点和兴奋点满足用户体验。主播李佳琦的工作与销售的性质类似。因此,李佳琦及其背后的团队想要实现销售纪录不断突破便要致力于解决用户的需求及痛点。在直播中,李佳琦让女性消费者疯狂的原因在于:一是面对消费者的痛点,李佳琦能够告诉女性消费者适合的美妆产品;二是面对消费者的痒点,李佳琦会通过产品试用和测评告诉女性消费者中意的美妆产品的使用效果;三是针对消费者的兴奋点,李佳琦会通过高质量的干货内容与消费者互动,满足女性消费者的用户体验。

第三,以用心赢得粉丝信赖。相较于其他主播商业化的带货行为,直播达人李佳琦在直播带货中,把消费者当作朋友,亲身试用产品给用户观看并向用户进行专业的解说与推荐,在推荐产品时也会理性谈及产品的缺陷,避免用户踩雷。他在直播中的真诚,为其赢得大量女性粉丝的信任感和忠诚度,助力其成为实至名归的带货王。

(资料来源:作者根据多方资料整理而成)

二、IP的转化：圈子空间的分享

IP适配的形式由来已久，但IP经济在近期才开始广为人知，这是因为今天的IP实际上是一个有影响力的知识产权，因此，拥有强大市场号召力的"大IP""超级IP"都有一定的地基基础，其作为市场层面的概念更受追捧。在正常情况下，IP模式的经济效应具有较强的稳定性，一旦形成了"圈子文化"就是深入人心，从而可以吸引到原创粉丝以外更多的群体，进而影响更多的人并参与其中。以IP剧为例，改模式已经形成了霸气之势，以梦幻电视剧《三生三世十里桃花》为代表的IP衍生品遍地开花。

（一）IP"圈子"：奉行价值认同

IP分享模式的转化离不开隐藏在其背后的"圈子"。IP"圈子"追求的是一种价值的认同，"圈子"把具有相同文化爱好的人聚集在一起，交流的欲望得到了充分满足，从而达到了情感共鸣。总的来说，这个圈子以情感浓厚作为划分圈层的依据，相同文化感情深厚的人形成的圈层壁垒更高。在这种情况下，不同的文化在各自的圈子里传播，圈子之间的隔阂形成了回音墙，圈层内的关系比较牢固。但随着社交网络时代不断晋升，IP圈子可能不仅仅局限于单纯的文化力量，而是作为参与市场竞争的重要资本力量。这种奉行相同价值文化的"圈子"在创造成功的市场模式的同时也对IP圈子自身有了更高的要求，促进二者实现商业与艺术的双赢。

（二）产业链扩展：突破"圈子"障壁

为了获得足够的扩张效益，IP经济分享模式表示空间泛化不仅体现在多平台延伸的泛化上，更体现在"圈子"自身文化资本的泛化上，其会比较主张将圈内的交流拓展为广泛的社会互动，升级新的分享效益。比如，万和天宜的《万万没想到》通过改编传统渠道回馈传统渠道，从一部网络短剧发展成一部大电影，最终实现了圈子文化的自我扩张。

IP知识产权转型中产业链的拓展是突破"圈子"隔层的表现。在IP转型中，可以以原有的圈子层之间的联系为载体，通过共同的文化共鸣去连接并打通游戏、影视、出版、外设等多个产业链。以"十万个冷笑话"为例，在网络上认识

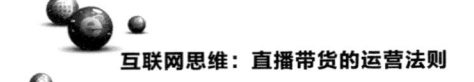

这部漫画的约80%，看过部分的有50%，而完整看过的只有10%。这说明即使在网络上，看类似的流行文化也只是偶尔的事，说明了IP圈层壁垒仍然高于人们的预期。因此，经过IP转换和同名电影的发展，相当一部分观众通过电影就可以更大范围地了解既定文化，故IP模式使这种基于圈子的文化超越了原有的媒体渠道，呈现出一种空间概括。

三、IP的优化：粉丝数据的分享

在这个移动互联网时代，流量是影响业绩的重要因素，吸引流量就是吸引粉丝。如何吸引与转化粉丝，是每个IP都必须具备的思维。而IP不只是一个简单的内容文本，更意味着每一圈层中的用户群，往往用户的数量成为衡量IP产业链价值硬通货的指标。

（一）打通粉丝：让经济效益从圈内泛化到圈外

任何类型的IP产品要想获得高回报，就必须努力开拓粉丝以外的消费群体，把经济效益从圈内扩大到圈外。因为没有粉丝为产品和内容埋单是没有好处的，所以粉丝增加是每个IP都必须面对的大问题。如果你不能得到大量的忠实粉丝，那么变现就成了一种幻想。"圈子"的功能就是聚集粉丝，从而提供圈内文化培养圈中人，以此打通销售链条，把内容实时变现。以IP热播剧《何以笙箫默》为例，电视剧的原始粉丝主要是追小说的读者，在"小说圈"文化积淀的氛围中渐渐被培养成高度忠诚的粉丝。这也就印证了，当读者成长为有消费能力的消费者时，粉丝数据的价值在票房上得到了直观的体现，从而实现让经济效益由圈内泛化到圈外。

虽然IP可以提供基本粉丝群体，但如果泛化不当也很容易导致圈层的内部关闭。倘若要避免此事发生，就需要对IP制作提出两个要求：一是在产品制作和呈现的方式上迎合用户群体的具体喜好，注重文本处理中新因素的适应和引入，让圈内人士满足期待，惊喜差异。二是利用圈文化的凝聚力，打造传播元素，实现"自来水"营销，使口碑链条从圈内延伸到圈外，形成裂变式传播，完成消费群体的泛化。

（二）打造沟通元：突破圈层用户沟通屏障

创造沟通要素是突破沟通障碍的重要武器。"沟通元"是一种以内容为基础的圈层文化单元，它浓缩了人们最感兴趣、最容易引起讨论和关注的话题。一旦投入到数字空间，它将以最快的速度吸引大众的眼球，激发人们参与其中的激情和渴望。而且，在人们相互交流互动的过程中，传播元素可以不断丰富和再造，滋生出新的"沟通元"，以此螺旋式上升和前进。例如，电影《致青春》让年轻人在回忆电影原著的同时，也能吸引观众的"青春"话题；《爸爸去哪儿》中对亲子话题的讨论，让中年人开始关注亲子关系的维系；《煎饼侠》上映时，北京遭遇沙尘暴，借此机会打造了一款H5迷你游戏，从而使得精心设计的效果达到了巨大的成效，实现了传播元素可以不断丰富和再造。

第三节　产品分享模式

当我们在互联网的海洋中畅游时，分享存在于每一时刻，分享一个好用的APP、一张好看的图片、一个好玩的活动，都是一种美德，每个人都乐于参与其中。而对于产品来说，分享是提高产品用户量、知名度、认可度的便捷方式。

分享可以看作是给予和收获的辩证过程，而产品分享模式颠覆了许多原有的模式和概念，分享形式遍地开花。通常情况下，以产品为基础的分享模式是根据产品的自有特色、市场变化和时代经济的发展趋势进行全面创新，可以带来良好的效益。消费者购买产品后，从产品中获得了较好的用户体验时，就会从受益人转变为沟通者，不断产生"沟通元"。此外，这种模式还具有简单、易于实施、可持续发展的特点，既能为企业创造可观的回报，又能创造良好的社会效益，真正推动共享经济和创业创新迈上新台阶。

一、拼多多模式

拼多多是类似于淘宝网的购物型平台，不仅是消费者在线购物的移动应用，也是第三方社交电子商务平台。其创立于2015年，它的目标客户群主要是第三层次以下的城乡居民。拼多多是首个推出"拼单"模式的社交电子商务平台：即用户可以与认识的人一起发起订单，人越多则可以享受越多的优惠，从而用户就可

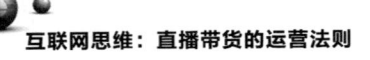

以以更实惠的价格购买自己想要的商品,也就是薄利多销的原理。因此,用户会积极主动地将平台产品推广给认识的人,新买家会与更广泛的家庭和社会群体分享,自发产生低成本的流量,最终达到买家总数的高速增长的效果。

(一)拼多多低价分享模式

庞大和活跃的买家群体就可以吸引更多的商家入驻拼多多平台,高额的销售规模能够使得卖家提供价格更低的产品,从而实现低价分享的良性循环。

1.通过活动维持活跃用户量

拼多多主要是利用三种方式维持活跃用户量。第一,拼团购物。第二,"砍价免费拿"活动。如果消费者对免单产品有兴趣,就需要将链接发给其他人,邀请他们注册拼多多账号参与砍价活动,这样一来,拼多多就能不断增加用户量,并让已注册用户变得活跃起来,养成在平台购物的习惯。第三,"一分拼"活动。该活动需要在拼团成功之后通过抽奖的方式抽取一分钱购买的资格,虽然中奖率极低,但却利用消费者的侥幸心理,以低成本的活动来吸引更多的活跃用户量,如图3-11所示。

图3-11 拼多多活动

2. 以低拼团价格吸引用户

即使当前有很多别的电商平台也相继推出了拼团购物的模式，但是拼多多平台上的低价分享模式还是相当有竞争力的，其在最初的价格起点上就比其他电商平台要低。因为，拼多多的商家如果想通过平台的"产品推荐"，就必须提供其商品价位比淘宝相同商品更低的证明。这一措施让用户通过"产品推荐"了解更多更加实惠的商品。通过一个仔细的比较，可以发现拼多多确实做到了全网最低。

（二）拼多多低价分享拼团模式存在的问题

拼多多仅用了3年时间就获得了巨大成功，被称为电商黑马。但是，这匹电商黑马不断被爆出一些负面事件且受到了批评。这说明了拼多多当前的只求低价的方式是有瑕疵的，这在一定程度上对拼多多未来的发展有消极影响。

1. 分享泛滥——引起反感

数据显示，在低价分享拼团活动上线之后，拼多多用户数飞速增长。低价分析拼团活动具体操作如下：消费者把商品链接分享到微信里，微信好友参与拼团。毋庸置疑，在微信利用好友进行拼团，可以很好地拓展用户数量，但此种营销模式要把握尺度，不能过度分享，过度消费潜在用户的好感。很多人为了能够获得免单产品，而将砍价链接散发至各个群里，使微信好友产生一定的厌烦心理。

2. 规则模糊——失去信任

在拼多多的部分活动中，存在规则比较模糊的情况，有欺骗和诱导消费者分享的嫌疑。一方面很多消费者在拼团或分享砍价活动之前可能没有认真阅读活动规则，也没有维权意识；另一方面则是商家没有把规则解释置于明显的位置，使得用户不能充分关注。拼多多的某些活动中，在发起者的页面显示出活动是要抽奖才能有机会购买，但在助力者的页面就没有明确说明，只有在下载使用拼多多APP后，才了解到真实情况。这种方式在某种程度上确实吸引了大批新用户，但毋庸置疑也

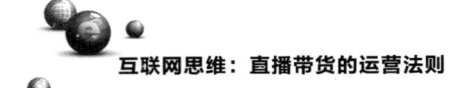

很容易引起用户反感，吸引新用户却留不住。

3.售后服务——用户失望

售后服务是拼多多比较严重的问题。调查数据显示，拼多多平台中存在各种消费问题，但至少有一半问题没有得到很好的解决，久而久之就在用户体验上得到了差评。表现为：平台上客服无人回应、回复态度不好、售后服务不完善等。"产品存在污渍，客服不给退货""水果腐烂，客服无反应"等各种问题层出不穷。如果没有完善的售后服务，那么消费者购物体验就会大打折扣，最终就会因失望而远离拼多多。

4.质量控制——流失用户

控制环节薄弱，低价分享拼团模式所产生的质量问题。一方面是为了能尽量降低拼团产品的价格，拼多多对商家设置的标准不够严格，这就使得很多不良商家进入平台，向用户销售低质量的拼团产品；另一方面是卖家拥有的权利有限，因而只能尽量缩减成本然后去迎合拼多多的低价拼团模式，所以产品质量也就不断降低了。

相关数据显示拼多多投诉量位于行业第一。然而拼多多并没有重视这个情况，依旧把公司重心放在营销上，没有很好地去控制质量，进而质量问题没有得到很好的改善。在拼多多平台上，商家是自主发货的，拼多多作为平台缺少对商家的监管。因此，拼多多的低价分享拼团模式产生质量问题的关键原因还是质量控制环节不够。质量问题在消费过程中是最重要的问题，此问题若长期不解决，必然引起大量用户的流失。

二、去中心化模式

去中心化是相对于"中心化"来说的，其突破了传统的集中化信息处理的模式，形成了分布式的信息处理系统。去中心化是网络内容共同产生的新内容形态。在分散模式下，每个人都可以在互联网上发表自己的意见或创建原创内容，共同生产信息，实现了信息交互的方便快捷。

（一）去中心化不止不要中心

去中心化并不意味着你可以自由地确定中心，而是把中心分布式的分成不同的节点让不同方向的信息在各节点进行处理与存储，这就好像一张大的"蜘蛛网"，网内有很多"蜘蛛结"，各个结作为阶段性的存储站点，使互联网产生的营销和媒体传播模式有了升级效益。

随着网络服务形式的多样化，去中心化的分散网络模型变得越来越清晰和可实现。在这样的分布式信息处理系统中，任何参与者都可以发布视频、话题讨论等内容，使互联网内容的制作或投稿变得更加容易和多样化，从而提高了网民参与和投稿的积极性，降低了制作内容的门槛。在这个去中心化模式下，每个网民都是平台不可或缺的一分子，平台信息的生产需要依靠网民来提供，这样就使互联网更加宽广，内容生产模式更加多样化。

（二）去中心化推动社会化营销

在去中心化的大背景下，全球正处于社交电商时代的萌芽期，这为社会化营销提供了好的基础，也为营销行业4.0时代的到来提供了助力。事实上，4.0时代是以服务为前提的个性定制模式，在诸多行业中，社会化营销已经将营销行业推进了4.0时代，可见，社会化营销正是将营销行业推进4.0时代的明显标志，如表3-1所示。

表3-1 去中心化营销模式

营销推广	特点	诠释
推广方式	因产品特性而异	产品的特性决定了在其推广过程中，平台、自媒体的选择、推广形式、策略的确定等工作均围绕产品来展开
推广价格	广告主说了算	在社会化营销过程中，广告主始终起着主导作用，在决定价格之后，其还可以根据效果随时调整价格
推广对象	由大数据定制	通过大数据在整个营销过程中的应用，把投入高、收效低这两个标签改成了投入低、收效高

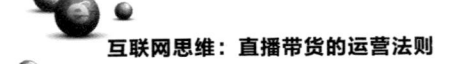

（三）搭建去中心化的营销生态圈

去中心化为各行各业的个性定制指明了前进方向，只是同一个队伍中总有人快有人慢，但这种前进的节奏还基本一致，这样，服务好每一个人也就服务好了整个社会。

在这种节奏和模式下，每一家企业并不是孤立地存在于社会当中的，其生态圈囊括了与之相关的诸多行业的诸多企业。尽量多地将相关企业整合在一起会最大限度地节省运营成本，在同行业中，其具备的竞争优势也会突显出来。所以，企业要适应营销行业4.0的步伐，就要为自己搭建一个去中心化的营销生态圈。大多数人对于营销生态圈的概念并不陌生，此前已有诸多的成功案例为我们指明了方向。比如，阿里巴巴、小米等企业通过个性化的服务为自己搭建了有独特个人标签的生态圈，因此，最好的办法不是复制，而是学习他人之长并结合自己的优势，打造属于自己的个性化生态圈。

三、平台化模式

平台化是基于互联网趋势下发展起来的，运用竞争战略之父、哈佛商学院著名教授迈克尔·波特（Michael E. Porter）的价值链理论，可以认为，所谓平台就是将多个企业价值链的共同部分进行优化整合。平台化使商业模式有了新的血液，引领着我们进入一个智能化的时代。

（一）平台化：创造价值的平台

平台化的存在就是为了创造比原来更多的价值，实现自己的价值。淘宝、京东、滴滴出行等是较早出现的网络购物平台，目前还相继出现了一些直播带货平台、短视频平台等自媒体平台，成就了无数个自媒体人。平台要具备多个特点，如图3-12所示。

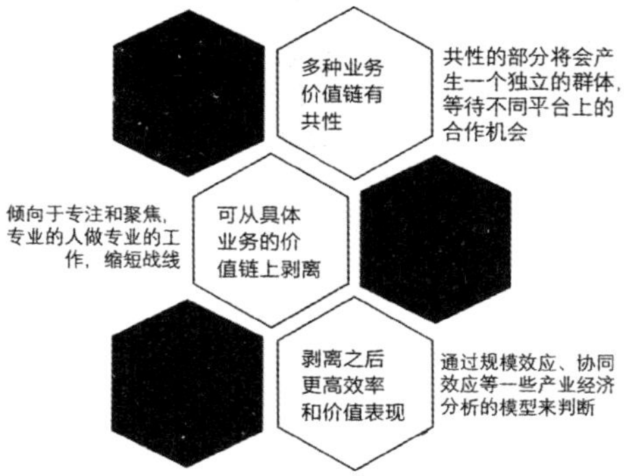

图3-12 平台特点

（二）平台化：开放企业生态圈

互联网的快速发展使点对点的信息连接遍布各地，企业间的交易逐渐转向了"平台+个体"的形式。企业平台化开辟了原本封闭的生态系统，催生了无数的平台崛起，同时无数的个人在平台上完成了他们的工作，从而有利于资源的优化整合及大数据分析技术的施行。

平台化的适用范围不局限于公司规模，实际上，任何个人或企业只要能为用户创造价值，就可以利用平台资源进行营销与品牌曝光，从而实现产品的优化和迭代，不断创造新的营业绩效。而且，正是这些数以万计的个人或公司通过平台在某一领域不断深化，努力成为真正的平台型公司，最终与平台实现合作共赢。

（三）平台化：未来企业发展新趋势

数以千计的企业崛起可以说明，平台化虽然冲击并淘汰了传统消费品部分企业，但这就是"优胜劣汰"，重要的是，其最终重塑了零售业、快速消费品行业等众多与消费相关行业的商业生态，使得市场竞争格局更利于我国经济的发展。一方面，基于平台的运营可以使企业不断地快速满足、发掘、引导客户需求，从而在生产、营销、决策和管理方面实现突破式的进步。另一方面，也要适当跟踪平台开发的各个阶段，不断变革自身的发展模式，创造更高的客户价值。

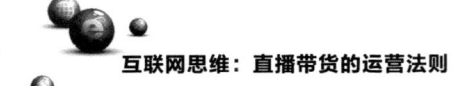

在全球化和信息化的推动下，越来越多的综合价值链被重构与打破，形成新的竞争格局。如果没有平台，仅仅依靠员工的工作效率，就很难形成企业的核心竞争力。因此，从某种意义上说，平台可以是核心竞争力的外化和实现。在未来必定会出现更多的机制完善的平台，金融、交通、电子商务等将成为经济行为发生的领域，科技和先驱者的想象力是新时代经济运行的载体，而平台化将是未来企业发展的新趋势的导航者。

直播分享专栏3：

九阳股份：打造粉丝分享的社交生态圈

你喝过母亲做的豆浆吗？亲手做一杯豆浆或者一顿晚餐，是我们对家人表达爱的最好的方式。九阳就是这样，一直给产品赋予爱的表达形式，其一直努力通过技术的升级、人性化的产品，让烹饪变得轻松，让表达爱变得简单，从而为消费者提供更好、更便捷的厨房生活解决方案。

一、公司介绍

九阳股份有限公司成立于1994年，其自成立以来在健康饮食厨房领域不断拓展，新产品层出不穷，专注于健康饮食电器研发、生产和销售，产品主要包括豆浆机、开水煲、电饭煲、ONECUP、抽油烟机等多个系列300多个型号。2019年，"悦享健康"的诞生标志着九阳正式迈入年轻化时代。未来，九阳将发展成为智能厨房的首选品牌，在小家电行业获得更高的市场份额。

二、以"泛社群"的用户交互模式圈定粉丝

移动互联网时代，以九阳为代表的小型家电厂商们正在不断尝试新的用户模式来开辟广阔的营销道路。如果说传统时代呈现的是人、家电和厨房相互分离的消费场景，那移动互联网时代则在变成集社群、家电、厨房为一体的社交生态圈，强调"家电与人的自然交互"。

作为小家电行业领军企业的九阳股份提出了"泛社群"的用户交互模式。其锁定了约30万的精准用户，打造了1000多个拥有社群的终端，每个终端的主讲人和导购员都有自己的粉丝微信群，其中都是购买过九阳产品和在日常生活中对美食感兴趣的一些潜在用户。一方面，九阳通过和线上社区进行合作来圈定自己的目标粉丝；另一方面，其通过直播与广告营销的路径，将他们吸引到自己的平台上来，沉淀出优质的铁杆用户，为社群黏性提供了核心基础竞争力。

三、转变粉丝经济为社群经济

九阳的圈粉力量不可小觑，其可以通过一个念想就将企业理念传达给粉丝，拥有一提到豆浆机就会想起九阳的魔力，从而让粉丝与自己心连心。除了圈粉能力之外，九阳在粉丝转化为社群的路上跨出了坚实的第一步，成功地让粉丝与九阳品牌共同成长，如图3-13所示。

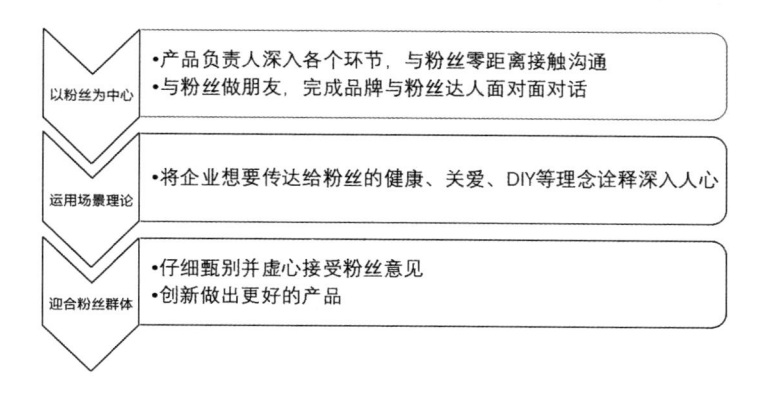

以粉丝为中心	・产品负责人深入各个环节，与粉丝零距离接触沟通 ・与粉丝做朋友，完成品牌与粉丝达人面对面对话
运用场景理论	・将企业想要传达给粉丝的健康、关爱、DIY等理念诠释深入人心
迎合粉丝群体	・仔细甄别并虚心接受粉丝意见 ・创新做出更好的产品

图3-13　九阳建立粉丝的方法

（资料来源：作者根据多方资料整理而成）

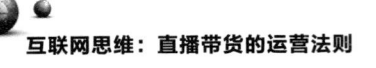

第四节　内容分享模式

在如今这个"营销当道"的社会，内容的重要性是不言而喻的。不论我们浏览一个网站还是使用一个APP的时候，无论是千奇百怪的新闻还是琳琅满目的商品，无论是一段文字还是一张图片，无论是一段视频还是一篇文章，吸引我们眼球的都是内容。

内容分享模式是通过创造、组织呈现内容，从而提高互联网产品的内容价值，制造出对用户的吸引及产生用户黏性，提高用户活跃的分享模式。随着时代的发展和平台的多样化，如果一个主播想要获得更多的流量，吸引更多平台用户关注，就应该打造优质并且真正有价值的内容。在内容运营的过程中分为PGC（专业生产内容）、UGC（用户产生内容）和EGC（编辑生产内容）三种模式。

一、PGC模式

PGC（Professional Generated Content），主要是指在互联网中专业生产内容的用户。现今在互联网上有许多专门生产内容的自媒体用户或团队，这种类型的用户或团队与其他自媒体用户不同，PGC型更加注重输出的内容质量。从内容上，PGC生态系统是一个自推广的整套生态闭环，如图3-14所示。

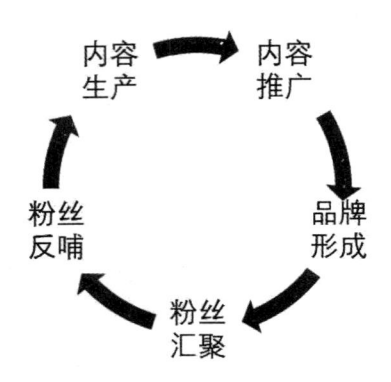

图3-14　PGC生态系统

（一）PGC模式：合力成就，快乐分享

从微博到微信公众号，再到电商直播平台，内容生产者的自由度越来越高。他们拥有更多的机会生产碎片化的内容，相应的，内容也开始变得多种多样、个性十足。用户能够被吸引的主要原因不在于制作团队本身，而是在于优质的内容。如今许多专业的视频网站都采用的是PGC模式，用户可以在平台上享受到更加专业、质量更高的内容，同时还具有非常合理的分类。以优酷为例，其是最早发力于PGC的视频网站之一。其建立起完善的PGC生态系统，保证了优质原创视频内容的不断涌现。像以《罗辑思维》《万万没想到》为代表的部分优酷频道订阅数近百万次，占据国内视频行业1/2的市场份额。优酷频道节目如图3-15所示。

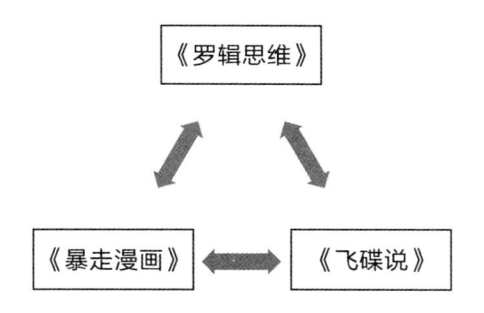

图3-15　优酷频道节目

（二）PGC生态：以内容与体验留住用户

做任何内容分享的运营，首先要明确产品定位，让内容与产品服务匹配。内容和体验永远都是留住用户最重要的方式，区别于视频行业的自制生态，PGC生态系统更关注PGC内容合伙人的原创内容。

PGC的秘密武器就是以吸睛的内容与良好的体验使用户对产品产生特定印象，这样就培养了潜在的产品用户，起到较好的营销推广作用。内容运营不能站在企业的角度把其当作一个领导自媒体，而要在内容上保证有常规内容进行保底

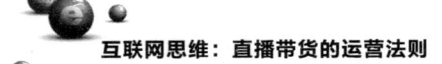

阅读。例如，被冠以"2016年第一网红"称号的papi酱就是通过内容来吸引大量粉丝的。她发布的一些视频大部分在内容上都贴近年轻人的追求，以自己真诚的心驱赶"虚伪"，有着清晰的价值观，其中，还巧用幽默的方式对一切"装"的行为进行吐槽。

二、UGC模式

在Web 2.0的发展下，个性化定制服务成为主流，用户不仅局限于接收内容，同时还可以在视频分享、博客及社区网络上输出相关内容来表现自己，由此，以通过平台用户来生产内容的模式——UGC越来越受到业界的关注。UGC模式的兴起使企业能够发现更多的营销点，企业可以就相关产品展开互联网活动，UGC模式下，用户可以自行上传下载相关内容，不会受到平台的限制和约束。用户参与的自由度高，参与热情也会高，会使用户的黏性增加，平台的内容也会更加丰富。

（一）UGC属性：以用户为中心

传统的内容产生方式比较刻板，是以企业为中心的方式，一般是内容发布者生产什么用户就看什么，但UGC平台的内容是以用户为中心的。二者研究结果相似，但思维方式却有很大的不同。前者主导用户，后者指导用户，后者可以更精确地根据用户生成的内容指导用户。

微博、网易云音乐社区、巴比特、火星财经、知乎、币乎等都是典型的以UGC为主的内容制作平台，所有内容都是用户自发生成的。在这种模式下，用户不再只是观众，而是内容的生产者和供应商。因此可以极大地激发用户的积极性，可以帮助企业聚集大量的流量，满足用户的个性化需求。其特点如图3-16所示。

- 平台搭建为主，产品制作为辅
- 渠道建设为主，文化建设为辅
- 整体感受为主，细节体验为辅
- 用户引导为主，行为管理为辅
- 用户管理为主，内容管理为辅

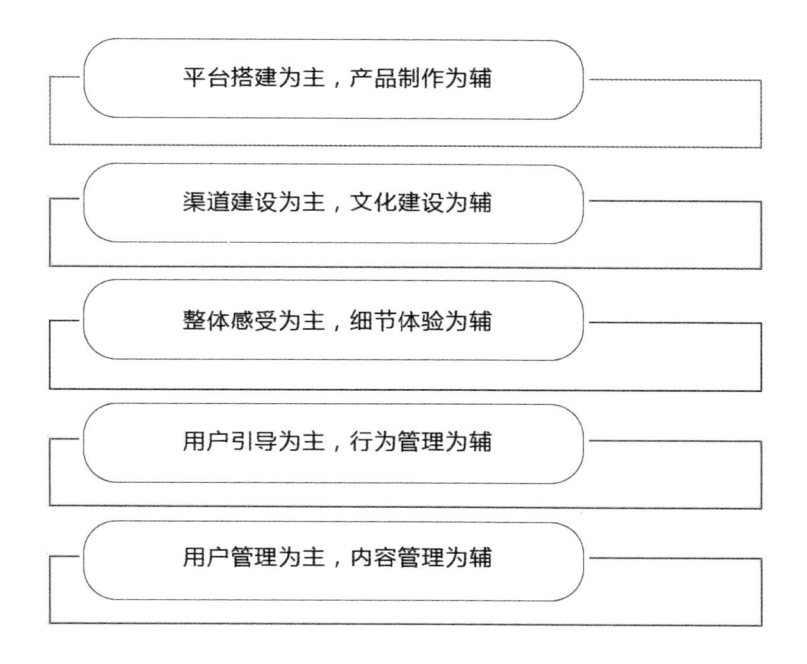

图3-16　UGC模式特点

1.平台搭建为主，产品制作为辅

UGC平台就是一个为用户服务的平台，其核心功能是为用户提供有效的展示和分享阵地。该平台主要是供用户进行交流互动的一个充分展示用户内容的平台，并非用于产品或品牌的推广。

2.渠道建设为主，文化建设为辅

一个用户信息交流的平台，免不了需要进行渠道建设，其是实现用户内容表达的创造性途径。一方面，正确的渠道建设可以让用户展示内容更加完美；另一方面，也让其他用户能够及时、快速地接收到自己需要的优秀内容。同时，为了满足这些心理需求，用户需要花费一定的时间为平台进行实践并产生相关内容。

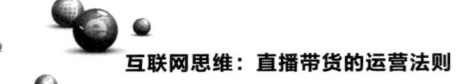

3.整体感受为主，细节体验为辅

页面的整体架构就像是店铺的"门面"，所展示的内容往往是留住新用户的关键，而细节体验往往是留住老用户的关键，而我们知道所有的老用户都源于新用户的留存，新用户如果留存量低，细节也就无从展示，所以说必须在整体架构完善的条件下丰富细节，才会获得新老用户的青睐，细节才会继续产生衍生价值。

4.用户引导为主，行为管理为辅

由于平台内容完全是用户所提供的，所以这个平台无论是在产品开发还是内容展示上，都应该以用户为主，通过各种手段来影响用户的思想，让用户按照平台希望的方式去产生内容、提供内容，如果内容生产和展示过程中出现偏差，则采用编辑和管理的方式作为一个补充。

5.用户管理为主，内容管理为辅

一个有序的UGC平台离不开用户管理，因为用户就是管理内容的产生源头。先要通过点对点的用户管理，设置版主和社管员等不同的层级管理，然后通过这些层级把点对点的管理连成社会关系网，形成交叉营销，相互影响，从而避免直线式用户关系的断裂。

（二）UGC功效：最受欢迎的吸粉模式

吸粉是获得流量的重要"关口"，但如何吸引粉丝的驻足，如何靠粉丝经济获利盈收，就成了无数运营者削尖脑袋都想实现的事情。因为好的营销内容是需要时间成本和人力成本的，利用UGC模式就使"吸粉"难题迎刃而解了。

那么，为什么UGC模式是最受粉丝欢迎的一种吸粉模式呢？这是因为UGC模式最大的优势就在于它能够最大限度地调动网友的热情。平台将内容生产任务下放，让用户自己生产内容自己消费，这样一来，就可以让他们参与到平台互动之中，自然也就吸引了粉丝。

(三）UGC效益：独特的内容算法运营

通常情况下，我们所理解的平台形式的内容运营就是将经过采集、创作、编辑、推荐、推送等流程编辑的文字、图片、视频等呈现到用户面前，从而满足用户某种需求，提高用户黏性和活跃度的数据，为网站或产品盈利提供支持的工作。

在UGC运行模式下通常使用个性化关注定制和机器算法进行平台的运行维护，这种算法的优势在于：用户产生的信息很少受到平台内容运营商的直接干扰，能够满足自己的个性化需求。换句话说，UGC平台要做的就是澄清规则，引导用户组自发地产生适当的内容。他们通常通过审查、推荐和降低权限来限制垃圾邮件，以防止低质量的内容驱逐高质量用户，从而为用户在产品中找到归属感和存在感。

三、EGC模式

如果把整个互联网IP看作是共享型的生态，那么PGC、UGC和EGC就是在其中各司其职的三个模式。UGC发力以构建故事形象，PGC发力扩容它的价值观，而EGC主要是多元演绎，最后助力内容分享实现多层化的商业变现。如腾讯在开发《勇者大冒险》这款产品时，请南派三叔做首席世界观架构师，提供《勇者大冒险》的故事世界观、故事线索、任务角色塑造，最后实现IP的价值共生。这也就好像布朗运动一样，互联网IP在互联网平台里面做无规则运动，可是最后产生很大的能量。用户群中最开始只有部分人变成UGC，愿意分享、吐槽，慢慢一些PGC也加入了，然后EGC去遴选UGC和PGC内容，实现三个方面的立体互动，如图3-17所示。

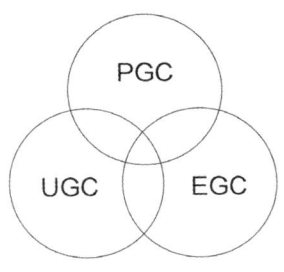

图3-17 立体互动

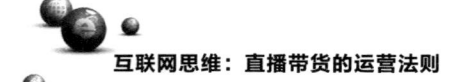

无疑，EGC模式内容质量相对较高，就像传统的电台模式一样，编辑推荐什么样的内容，用户就会看到什么样的内容。打开新浪网我们将逐一看到新闻、金融、科技、游戏、教育等频道，每个频道都分为不同的板块，这些频道和板块都是事先设计好的。比如，喜马拉雅把文本内容转换成音频本身，这被认为是EGC模式。蜻蜓FM和考拉FM与传统电台合作推出EGC内容，也是一种EGC模式。

直播分享专栏4：

知乎：做知识分享的社群

内容分享的前提是能激起欲望的话题，同时，这个分享可以给你带来收获，达到身心愉悦，也就是大家常提倡的自我需求。而知乎论坛正如你所愿，你回答得越多，能带给你的愉悦感就越强，即尊重（社会承认）和自我实现的需求。尤其是在"往来无白丁"的精英社区，如果你能发表观点新颖、逻辑清晰的论断，你很有可能会获得精英、名人的"赞同"和"感谢"，让你有不断突破自己的动力，这种自我实现有时候比任何物质激励都更有用。

一、公司介绍

知乎创立于2011年1月26日，其旨在"发现更大的世界"，作为一个中国大陆社会化的网络问答社区，知乎肩负着提供一个连接各行各业的用户论坛平台，在这个论坛平台中，用户围绕着某一感兴趣的话题分享着彼此的知识、经验和见解，进行交流与讨论，最终为中文互联网源源不断地提供多种多样的信息。

目前，知乎正在加快产品推进的节奏，其产品形态与美国同类网站Quora类似，主要产品如图3-18所示。

图3-18 主要产品

二、结合社区内容，实现高质量内容价值再分配

作为内容社区产品，知乎一直希望能够通过UGC和PGC内容的不断迭代，实现高质量内容的重新组织和价值再分配。

2019年年初，知乎组织内部通过顶层设计，决定把会员业务作为其战略发展的主要攻克目标之一。经过努力，知乎在2020年3月18日正式推出"盐选会员"这一新的会员服务体系。该会员服务体系主要致力于实现全平台内容与用户服务的多项升级，并从三个维度更新来降低用户获取优质内容的成本，如图3-19所示。

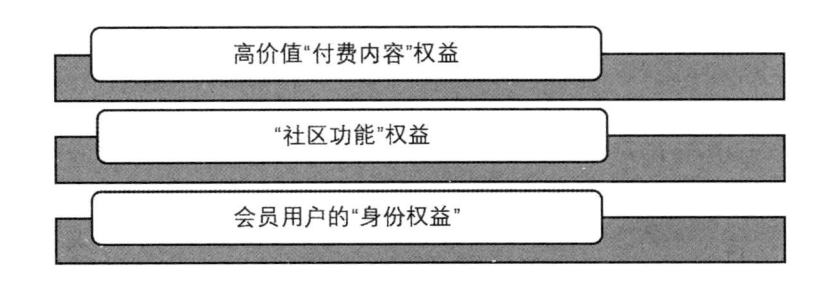

图3-19 降低用户获取优质内容的成本的三个维度

知乎通过"盐选会员"，将平台所有的分支会员进行分类并打包，并加入

了付费内容之外的其他权益。这使其实现了高质量内容价值再分配这一阶段性目标，意味着知乎不再仅仅着眼于知识服务的纬度，还要通过更多对服务的优化，让用户以更低的成本获取更多选择的优质内容。此外，这也是知乎在商业化领域的进一步探索，为努力成为专业内容生产者而不断前进。

三、不追求短期利益，重在提高内容获取效率

知乎处在知识付费的风口，商业模式的探索值得其他平台借鉴。商业化一直是知乎的战略重点，不过在不同阶段，公司会有不同的节奏和目标考量，如图3-20所示。

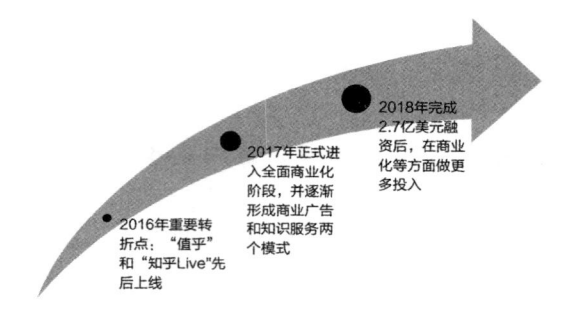

- 2016年重要转折点："值乎"和"知乎Live"先后上线
- 2017年正式进入全面商业化阶段，并逐渐形成商业广告和知识服务两个模式
- 2018年完成2.7亿美元融资后，在商业化等方面做更多投入

图3-20　知乎商业化进程

目前，其正在加快产品推进的节奏，希望能够培育有竞争力的产品，让信息交流的市场更有效率。其中，知乎大学就是其通过升级"知识市场"业务而推出的，同时也是知乎知识付费服务领域具有代表性的重要布局。张容乐表示：相比社区内免费问答，知乎大学更加标准化、结构化的内容积累了更高的价值。

（资料来源：作者根据多方资料整理而成）

第五节　价值分享模式

俗话说，分享是世界上最大的生意，饮食是世界上最赚钱的生意，免费是世界上最好做的生意。在互联网时代，价值分享就是把最大、最好做、最赚钱的生意有机融合在一起，消费者因为价值分享而变得强大。分享的力量无限量，因为分享，你可以知晓世界各地的美景与文化的价值；因为分享，你可以坐在家里就听到名师课堂；因为分享，人民的诉求可以很快得到解决，构建了一个和谐的社会。可以说，分享成为互联网时代强劲的生产力！

一、用户参与模式

在互联网营销的过程中，需要注重用户思维，而用户思维就是遵照用户的具体需求，以用户为中心。在消费市场上，消费者的需求就是生产商的销售卖点，用户购买商品，从最早的功能式消费转变为品牌式消费，然后逐渐转变为这几年比较流行的体验式消费。因此，用户参与在体验式营销中发挥着重要的作用。

（一）从用户参与到价值分享，获得用户认可

企业进行直播带货的营销模式等于可以拉近与用户的距离，那么，拉近与用户之间的距离是否就意味着获得用户的认可呢？其实还不一定，要获得用户认可还得通过用户的参与来达到。只有让用户参与到直播互动的各个环节，获得强烈的卷入感，用户就会更主动地对产品产生兴趣，并进行必要的宣传行为。

从用户参与到价值分享主要经过两个方面，一个是参与到直播带货的前端，二是参与到直播带货的后端，如图3-21所示。

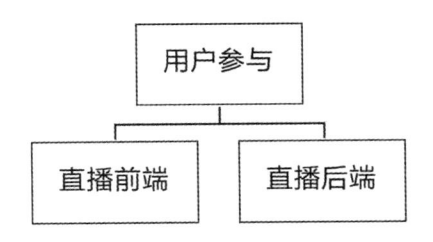

图3-21　用户参与价值分享的两个方面

直播带货的前端主要指直播内容的设计阶段。传统市场中，往往是企业主动地宣传和推广，用户只能被动地接受产品，用户无法满足自己的需求。而直播模式中，用户可以在试用产品或者直播体验的过程中提出自己的需求特性，进而使直播满足用户特定的需求，这样也有效提升了用户的忠诚度和满意度。

而参与到产品的后端是指企业不仅要通过直播带货进行产品或服务的宣传，还要让用户通过其口碑营销，参与到企业品牌的推广。用户可以在一定的网络平台上，将产品的使用体验等品牌相关信息传播开来，利用其可信性强的特点，通过用户与用户之间的信息传播来推广企业的品牌。而由于网络节点数量的迅速提升，网络规模扩大，使得网络信息传播更加快捷，这就使企业品牌的传播能有更大的功效和价值。

（二）"精准+挖掘"需求，提高用户参与率

那么，如何提高用户参与率，需要从以下方面来思考：用户是谁？用户想要什么？如何提升用户的参与意愿？提高用户参与率的方法如图3-22所示。

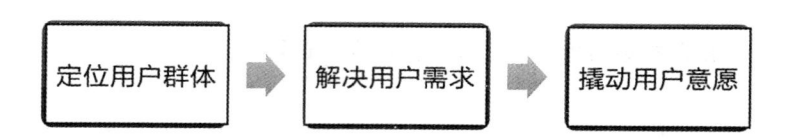

定位用户群体 → 解决用户需求 → 撬动用户意愿

图3-22 提高用户参与率的方法

1. 精准定位用户

当谈及用户定位和用户画像的时候，很多人都会根据用户的属性和阶层进行划分。但这种定位方法显得有些主观，在用户划分时很容易出现偏差，有可能出现定位用户没有很强的参与意愿的情况。

由此可见，简单武断的定位，可能会导致目标用户不能充分发挥其商业价值，而被忽视的用户却可能带来意想不到的流量和关注度。主观的定位方式可能也会产生意想不到的效果，但难以积累有用的经验，难以运用到之后的营销活动中。我们在考虑用户定位时，需要确定用户的类型及参与用户的特征。准确的定位目标用户，是指定有效的活动策略、取得良好效果的基础。

2.挖掘用户需求

一场活动的运营能否取得最后成功，关键在于能否定位用户、深度挖掘用户的需求，并根据用户的实际需求来提高用户的参与意愿。如果能成功地提高用户意愿，那么一定能带来用户流量与参与度的大爆发。例如，某淘宝汉服店要做一次直播用户回馈活动，以扩大其在汉服圈内的影响。在活动开始之前，直播幕后运营人员将直播拍摄地点定为"以汉服文化为基调的小众餐厅"，并且以此为依据来制订直播内容营销文案。但是，在与目标用户沟通交流之后，发现实际用户需求与预测用户需求大相径庭。于是，通过与用户沟通，店铺意识到寻找一个交通便捷、设施完善、装修传统风格的餐厅，远远比追求汉服文化的小众餐厅有吸引力。因此，在全面沟通、确实了解用户需求后再制订活动策略，最终获得了目标用户的认同感，赢得了很好的营销战果。

那么，我们应该如何确定用户需求呢？其中，最主要的是依靠撬动用户互动意愿的四个支点，如图3-23所示。

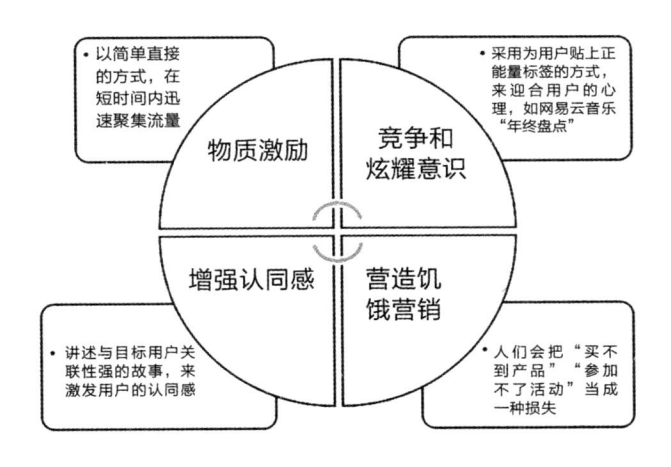

图3-23 用户互动意愿的四个支点

根据马斯洛需求层次理论，人的需求是层层递进的，处于不同阶段时的需求也会有差异。因此在直播带货的过程中，需要紧紧抓住用户的心理，这样，以精准的内容定位来吸引具有相似需求的用户，从而提高用户的参与意愿。但需要注意的是，在深度挖掘用户需求的过程中，应该尽可能的客观，防止主观臆断，这

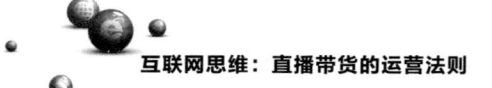

样才能为后续的直播营销提供有用的依据。

二、数据价值链模式

数字经济时代下，如何获取数据、如何发掘数据的价值、如何赚钱等正困扰着企业，数据的价值实现和获取也已经成为企业的两大需求，可见，数据的能量已经被越来越多的人所认识。如果说人工智能是先进的生产力，那么数据就是生产关系，当生产力和生产关系共同作用时，公司的"数据"就可以被升级为"数据资产"，最终推动技术创新。

（一）用户数据：数据价值链的核心

用户数据很重要，因为互联网上的所有最终消费者都是用户。在数据价值链的驱动下，不同企业和组织的服务可以利用数据来进行精准营销与定位。那么，如何以用户为中心，有效地整合来自不同公司或组织的服务呢？特定领域和行业的云服务提供商只需要利用互联网上的百度、腾讯、阿里巴巴和京东等平台用户系统，将既定的用户账户系统录入其中，就可以实现第三方服务集成，并且用户服务的最终结果将产生用户画像，这实际上是服务集成过程中形成的最基本的跨服务数据交换或数据资产。

为什么用户服务是连接互联网生态系统的核心资产？因为许多现有的服务已经有了用户系统，许多用户不需要再在网站上注册。他们可以通过微信或QQ账号直接访问组织内的数据或使用组织内的各种云服务。当然，有了用户行为数据有很多方便之处，一方面，企业可以将其用于直播交付的项目管理；另一方面，企业也可以利用它直接推广并营销产品和服务，实现精准营销和精准服务。因此，用户是生态系统中最重要的资产。

（二）数据能力：驱动直播数据流通变现

数据价值链是新时代下不断被提及的热门话题，数据技术的革新对价值链中各个环节产生影响，重构成数据价值链。人工智能的发展离不开数据价值链的助推作用，同时全面的人工智能也能助推数据价值的实现。而被大数据价值链驱动的直播带货也在刷新着传统的商业模式竞争格局，而被大数据驱动的新一代直播依托着数据的精准化处理技术可以不断地创造商业价值，成为具有较大驱动作用的新型营销。而数据驱动力的核心是数据能力，什么是数据能力？数据能力包括以下四个方面。

1.数据传输能力

在给定的直播场景中，实时数据传输、处理、算法推荐和预测可以支持某些应用场景的实现，数据价值的实现不可避免地需要数据的传输能力。从产品角度看，数据的传输机制和系统像毛细血管一样错综复杂地分布全身，但流速直接决定着大脑是否有充足的氧气供应。而数据传输可以分解为底层和应用层两个层级。在底层中，直播数据的处理和计算的速度可以对产品性能、产品可靠性、营销业绩等产生一定的影响作用；而应用层的传输影响着吸粉数量、流量变现难度、用户体验和场景实现等方面，如图3-24所示。

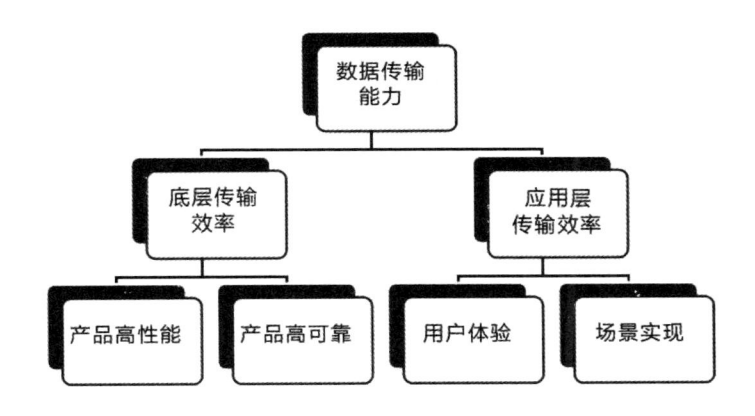

图3-24 数据传输能力

2.数据计算能力

计算能力是速度的直接决定因素，整个数据计算系统就好像人体的造血系统一样，将多种来源的直播数据原料传输到血液处理中心，进行相应的加工和处理，最终产出供人体系统正常运行所需的血液。也可以把这个过程比作做一道数学题，规定的时间内做题的速度跟我们取得的卷面成绩有着较大的关系。而数据

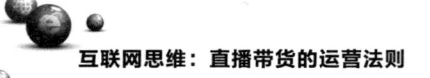

计算能力也如此，计算速度直接决定了直播数据结果生产的快慢，当数据处理速度快过神经元的传递，那么从获取到你脑电波的那一刻起，数据处理的驱动结果远比神经元传递至驱动四肢要快。这就好比在直播带货时，达到"兵马未动，而粮草先行"的效果，其决定着直播带货的产品营销效果。

3.数据资产能力

大数据中的"大"在何处呢？数据的量是越大越好吗？不，从某种角度看，未经处理的数据"大"得毫无价值，甚至会成为一种累赘。这种累赘体现在：信息数量大会加大数据不可知的、不可连接的、不可控的、不可取等特性，甚至出现数据孤岛的困境。而此时，数据的价值实现就需要具备将分散的实时数据转换成可用资产的能力，这种能力正是数据资产能力。有了这种能力企业就可以将原本不可知的、不可连接的、不可控的数据有效地转换为有价值的资产，其中，数据资产的价值可以分为两部分来考虑：一部分是数据资产直接实现的价值；另一部分是通过数据资产作为资源在处理数据服务的业务价值后提供的。

4.数据算法能力

无论是传输能力还是计算能力，都是相对于较低层次的数据价值能力来说的，也就是数据能力的一般实现，因为对于传输和计算来说用户不易感知，用户并没有直接参与其中。而较为高级的能力是数据算法能力，该能力也是能为直播业务提供最显著效益的一种能力，而算法对业务应用场景是一个从0到1，从无到有的过程，可以直接在用户身上体现。因此，数据算法能力成为最直接应用于业务场景且更容易被用户感知的数据能力。

（三）数据价值：能力的输出和应用

数据的价值就是数据能力体现出的收益，或者说，数据的价值在于它能够把数据变成行动，它是一种把数据变成行动的艺术。数据价值像黄金一样，需要有其实际的用武之地，才能被他人所识别和感知。

在企业直播应用中，数据是最直观的结果反馈。能力的输出和应用才能体现数据价值，数据能力的最大化输出考验着整个数据产品架构体系的通用性和灵活

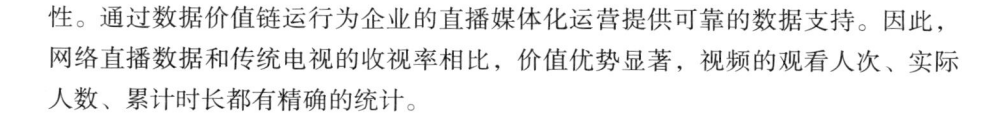

性。通过数据价值链运行为企业的直播媒体化运营提供可靠的数据支持。因此，网络直播数据和传统电视的收视率相比，价值优势显著，视频的观看人次、实际人数、累计时长都有精确的统计。

直播分享专栏5：

哆可梦：以数据挖掘技术，打造独特商业模式

数字化浪潮正深刻影响着营销变革，持之以恒的创新才是发展的硬道理。作为国内领先的移动互联网文化创意公司，哆可梦近年来坚持贯彻"创新驱动发展"的理念，在数据的挖掘和创新方面狠下苦功夫，深入大数据进行系统性挖掘与创新，先后成立专门的数据分析中心，致力于扎实构建行业领先的数字创意生态链。

一、公司简介

哆可梦作为为手机游戏玩家量身打造的专业游戏平台，是惠程科技在游戏领域的主体公司，自成立以来，其在游戏自主研发、精准化流量运营及立体化游戏发行上不断探索，始终致力于利用大数据、云计算等智能手段，通过深度挖掘数据价值链的功能，来打通并整合游戏数据链，为移动游戏用户提供内容服务。目前，公司拥有独具一格的战略方向和企业价值观，汇聚大批行业内顶尖人才，坚持将"责任、协作、分享、创新、突破"贯彻到精品移动游戏的研发与发行的全过程中，目前，游戏运营业务已撒网全球多个国家和地区。

二、明确数据挖掘体系，打造独特商业模式

伴着5G智能化、数字化、网络化的新时代号角，中国云游戏市场焕发着无限增长潜力。哆可梦决策者随即定下了打造独特商业模式的发展目标，其在持续加大产品研发投入和人才培养力度的同时确立了"研运一体"的发展路径。一方面，哆可梦要充分利用数据挖掘的潜力技术，分析并提取调研市场的大数据，来

抓取用户的精准需求。另一方面，要努力研发突破性的数据挖掘技术，从而进一步推出更多有质量、有内容、具有智能化和创新性的游戏模式，以期提高自研游戏产品质量和增加业绩贡献度。

截至2020年，哆可梦已研发并构建出一套较为成熟的数据分析体系，其可以充分利用大数据及云计算来挖掘用户的实际需求，从而设计出大卖的游戏产品，以此打造出属于公司独有的平台优势、品牌优势和资金优势。哆可梦深知，新时代数据价值链趋势带来的不仅是机遇还有挑战，用户的需求就是企业商业模式的发展方向，不但要狠抓产品质量，更要深入大数据进行系统性的挖掘与创新，做玩家喜爱的产品。

三、推出云游戏平台，催生千亿蓝海

随着云游戏时代的来临，玩家可以通过云游戏平台畅玩所有游戏，这赋予了云游戏广阔的想象力和游戏应用场景。对于整个游戏行业来说，云游戏也会打破渠道和发行的垄断，游戏企业也将迎来较大的增量和最佳的投资时机。

哆可梦为了抓取用户的"心"，表示其将继续致力于打造一流的云游戏平台。于是，其自主开发了游戏数据分析平台GMTool，对所运营的游戏进行实时数据监控，并通过自主研发和挖掘精品游戏，不断地在9187游戏平台和YahGame游戏平台等提供给玩家更多的游戏选择。更值得一提的是其在画面渲染、降低时延、提升游戏体验等方面也在力争做到业内前沿。

与其他游戏平台相比，哆可梦云游戏平台具有独特的优势，如图3-25所示。

用户体系	实现第三方支付	摆脱设备性能限制
老用户进入哆可梦云游戏平台无需重新注册		让玩家充分享受云游戏平台的强大渲染能力，体验最佳的游戏画面及流畅的游戏操作

图3-25　云游戏平台具有独特的优势

哆可梦凭借着敏锐的"嗅觉"和强大的数据价值链挖掘能力，短时间内迅速成长为国内领先的一线手游发行平台，获得了业界和玩家的广泛关注和信赖。哆可梦强大的大数据分析能力和用户流量获取能力会给商业生态带来什么样的变革？目前可以明确的是，其将不断地围绕互联网流量资源，根据行业的竞争态势及时调整业务发展节奏，进一步深度挖掘用户价值，构建行业领先的互联网文化娱乐生态板块，以保持公司长久持续的发展潜力。

（资料来源：作者根据多方资料整理而成）

三、价值网络化模式

2020年，全球价值链趋于短链化和区域化，直播带货的新型营销模式实现了产品信息互联互通，成为重塑商业生态的一股力量，而遵照价值网络化的协同发展模式，旨在推动直播带货的跨界融合，提升多方位企业实现数字化、网络化、智能化水平，加强产业链协作。

（一）变革传统供应链模式，催生价值网络化

在传统的供应链发展模式中，生产者生产量的多寡是依据对顾客需求的预测，即生产者以经验法则为基础，利用发生在过去时间的已知销售量来草率决定近一阶段产品的产量。此时，企业将面临两大问题：一是在预测市场情况的数据不全面且不具有代表性，使得预测产生偏差进而造成库存积压、资金流断裂。二是由于新时代市场需求的快速更替，预测无法满足当前市场的实际需求，因此产品生产出来后，就已经"过时"。三是消费者的需求逐渐趋于个性化，生产厂商很难将整齐划一的产品用来满足市场上个性化的消费者，造成滞销的困境。

传统供应链的这些缺陷会导致企业价值的不断损失，原因是他们未能及时应对市场变化。而企业想要及时并有效地顺应市场趋势，就需要内外部组织的共同努力，正是在这种形势下，以互联网为支撑的信息技术发展使得一种新的价值网络模式应运而生。在价值网络模式下，人们将能够像互联网上的信息一样，通过直播，针对用户的个性化需求，传递便捷、安全、可靠的带货价值。

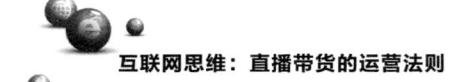

（二）区块链"确权+安全可靠"，拥抱价值互联网

在数字经济时代，数字经济推动数字化、网络化逐步形成价值网络，并使其成为一个更加完整的市场交易网络。在这种网络下，企业的价值网络也受到其所处的全生态价值网络的影响。因此，企业要想在直播中获得价值，就必须重新思考其价值网络是什么，从而依赖于价值互联网的作用重塑与消费者、供应商、分销商和投资者等利益相关者的合作关系。

物流网络、能源网络、互联网、支付网络等承载着物质、能源、信息和资本的网络融合的最终状态就是"价值互联网"。价值互联网的核心特征是实现价值的互联互通，简单地说，价值互联网是互联互通的"黏合剂"。

在用户价值互联网的进程中，可以很清楚地发现，数据的可信度是价值网的基础，数据权限的确认是数据可信性和数据流的基础。因此，如何在价值交换主体之间建立信任，保证价值交换过程的可信性，是构建价值互联网的技术基础。只有可信的大数据才具有计算和分析的价值，才能提供智能服务。这样的基础目前是需要通过区块链技术来实现的，区块链的技术有助于企业重构价值网络，可以为价值互联网带来新的发展空间。因此，拥抱价值互联网需要区块链技术的支持。

区块链是在密码学基础上通过分布式信息处理系统对数据进行存储、加密等的核心技术。区块链的去中心化、透明化、可信性和自组织性为价值互联网注入了新的内涵，将推动形成大规模、真实的价值互联网。此外，区块链技术还可以通过真实而独特的数据精准存储和分析能力为价值网络的形成打下坚实的"地基"。在区块链技术的支持下，企业和个人都可以拥抱价值互联网。每个人都是独立的经济体。网络上的所有数据和信息都有明确的所有权，版权将自动确认，内容制作者将收到回复。人们也可以像信息一样方便、快捷、低成本地转移价值，最终形成互联互通、互利共赢的价值互联网模式。从而让信息化、网络化、诚信化去拥抱价值互联网，开创互联网经济的新时代。

章末案例

罗莱家纺搭乘小程序直播之风，激活1000万元销售额

对于不少实体店商家来说，三八妇女节是春节后激活消费市场的重要节点。随着电商直播的火热开展，各大企业纷纷入驻直播平台进行直播营销，以此缓解由新冠肺炎疫情导致的销售额空缺。而此时，微信小程序直播也正式加入直播行业，为企业直播增添了新的选择，成为电商平台之外新的价值洼地。国内知名的家用纺织品牌罗莱家纺就在尝试这种新型的营销方式。

一、公司介绍

罗莱家纺（上海罗莱家用纺织品有限公司）总部位于上海，是一家致力于提供家用纺织品的公司。该公司的业务包括家用纺织品的研发、设计、生产和销售，并且是中国企业中率先涉足家用纺织品行业的企业。目前，罗莱家纺名下员工有两千多人，终端销售网络近三千家。罗莱家纺的经营范围包括电子商务，生产销售工艺美术品、纺织品和服装，以及从事各种用品的销售、停车服务等。

1999年成立的罗莱家纺的前身包括三部分，一是成立于1992年的南通华源绣品有限公司，二是创办于1994年的南通罗莱卧室用品有限公司，三是创办于1995年的江苏罗莱集团有限公司。

二、微信小程序建设实现数字化

电商平台向来是罗莱家纺线上营销领域的传统营销主战场，而微信是其正在努力发展的新营销平台。2020年来直播的超常营销能力和微信直接对接产品用户的功能，让罗莱家纺准备进军微信小程序并展开直播。在此之前，罗莱家纺需要为此完善以小程序直播为目标的业务升级。2019年7月，罗莱家纺正式开始推进以小程序为基础的业务建设，并加入腾讯智慧零售倍增计划。罗莱家纺对小程序的定位是鉴于自身"品牌—加盟商—消费者"的业务模式，小程序能够赋能加盟商

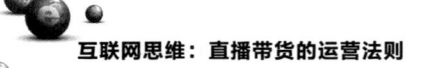

并实现罗莱家纺线下业务的数字化转型。罗莱家纺门店的数字化分为四个部分，如图3-26所示。

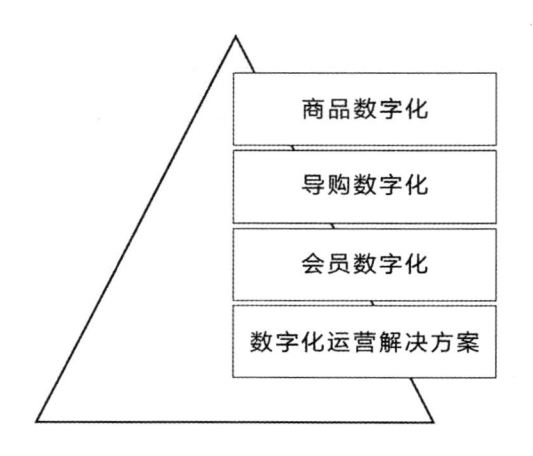

图3-26　罗莱家纺门店的数字化内容

第一，商品数字化。罗莱家纺借助合作伙伴腾讯的工具箱，充分发挥信息化功能，将整个供应链体系的库存信息打通，实现库存商品的高周转率。

第二，导购数字化。单个线下实体门店的产品数量通常较少，而数字化商品的"虚拟货架"将实现线下门店产品数量的"倍增"。这一现象促使导购的销售能力不受限于产品数量，进而提高整体导购的销售水平和销售额。另外，微信小程序的线上功能能够帮助导购利用微信后台的行为数据了解用户的购买偏好与习惯，有助于导购人员后续营销策略的改进，实现精准营销。

第三，会员数字化。相较于平台直播，微信生态圈的直播营销实质上就是商家私域流量的积累和发展。微信小程序的线上解决方案本质上就是通过微信一对一地深化与会员之间的营销服务关系。

第四，数字化运营解决方案。供应链间商品的信息互通能够让直播的效益惠及线下各门店；数字化运营解决方案是微信小程序直播顺利进行的条件之一，会员服务质量也会有所提高；导购能够助力直播实现大量用户流量。罗莱家纺线下门店可以基于上述三类数字化进程，为用户提供更高级精准的数字化运营解决方案，实现用户、产品和场景的重构，最终完成门店数字化目标。

三、直播准备成就千万GMV

新冠肺炎疫情造成的客户流量下滑对实体门店零售业务产生了巨大的冲击，物流业务的暂停也影响了线上业务的开展。这些现象加速了罗莱家纺在微信上开展直播的进程。直播形式的营销虽然无法实现用户剧增，但直播过程中的感官体验加大了用户及会员对产品和销售人员的信任感和亲和力，是新冠肺炎疫情期间改善销售险境的重要途径。微信小程序直播能力开始公测直接刺激罗莱家纺尝试小程序直播。虽然微信小程序直播由于刚推出，需要不断完善，但商家能够利用小程序实现交易过程的闭环，稳住用户流量。因此，微信小程序直播组件正适合急需销量的罗莱家纺。

直播准备1——经验积累。2020年3月1日，罗莱家纺首次于微信小程序进行直播。不同于快消、服装和有传播属性的品牌，罗莱家纺的产品交易频率低、单价高，因此罗莱家纺交易的核心在于导购。对此罗莱家纺发动各个销售终端网络导购在朋友圈、社群进行宣传，进而实现超级导购模式，为直播导流。此次罗莱家纺首播的时长、观看人次及成交额充分验证了罗莱家纺对在微信生态做直播带货的必要性的判断，也为其后续直播积累了经验。

直播准备2——活动宣传。在2020年3月7日女神节直播的前三天，罗莱家纺进行了3天的准备。具体包括微信小程序中各个环节的提前了解与布局，罗莱家纺微信公众号、线下导购、朋友圈信息流广告等皆为女神节直播活动进行宣传。

2020年3月7日当天，为提高直播活动的影响力与激发用户的积极性，罗莱家纺在直播间隙组织截屏抽奖活动，进一步维持用户的直播观看时长。基于首次直播经验及宣传效果，罗莱家纺直播的流量高于以往10倍。这场直播观看人数突破10万人，GMV超千万元。这一战绩与2019年"完善以小程序直播为目标的业务升级"紧密相关。

四、结论与启示

2020年3月7日女神节的直播为罗莱家纺带来了丰富的用户流量和销售业绩，并且帮助罗莱家纺在货品、收益分配、微信直播方面的发展得到完善。对此，可得出以下结论和启示。

第一，货品层面。微信直播能够实现店铺与多仓对接，有效改善库存的存货周转率，提高商家品牌直播的效益；微信小程序的商品挑选可以改变消费者线下

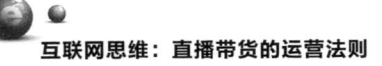

旧式的选品策略，促使商家聚焦线上用户的产品偏好与流量变现程度等，加速商家打造爆品计划的进程。

第二，收益层面。罗莱家纺按照会员归属、订单分配等归属关系，将业绩全部归属于加盟商。这会促进引流能力强、产品变现能力强的加盟商也相继提高业绩，实现多方收益共享机制。

第三，优化微信业务层面。微信小程序直播完善可以通过增加专业设备推流、直播间分享及直播间门店页面装修等方式进行，持续优化小程序业务模型。微信生态圈也需要不断探索，包括罗莱家纺在内的企业将重点探索微信公众号的能力、探索加盟店铺针对直播活动的标准化业务内容、探索利用微信提升社群的运营标准及管理。

（资料来源：作者根据多方资料整理而成）

本章小结

2019年年底以来，几乎所有的明星都纷纷参与了直播和带货行为，直播的内容开始泛生活化。5G时代也给直播提供了极大的便利，让很多新内容的产生具备了可能，可以说，直播带货已经在互联网中成为催生百亿级别公司的营销赛道。在未来，随着直播价值分享模式应用逐渐加深，数据价值链、价值网络化发展更加成熟，直播带货会变成一种基础性的功能或服务的趋势。各行各业、各个领域都会在直播平台上提供专业的、优质的内容，这就是目前要进入的直播+带货的新时代状态。

第四章

私域生态

过去几年,帮助企业实现线上线下一体化、自主经营的智慧零售,常会被认为是"锦上添花的可选项",但是今天,它已经成为零售消费行业"不可或缺的必答题"。

——腾讯公司控股董事会主席　马化腾

开章案例

完美日记的私域流量运营模式

在互联网公域平台的流量日渐减少，电商2.0时代以移动、社交、体验为主要战场。在智能手机普及的阶段，传统电子商务开始向手机端客户发展，抓住时代中的热点，各大电商平台开始致力于研发企业APP，并将社交元素融入其中。电商2.0时代既是行业开启高速发展的起点，也同样是激浊扬清的洗牌阶段。在这流量红利的尾端，2017年一家新的化妆品公司脱颖而出，其运营方式超脱了以往大平台的认知，通过精细化运营的方式打通客户渠道，在众多国际知名大品牌的激烈竞争中占得一席之地。传统美妆品牌进入市场通常要经过大量的广告铺设。从二三十年前国际美妆品牌进入中国以来，化妆品行业的套路都较为相似——前期投入大量资金打广告、寻找明星代言提升品牌知名度，产品的销售与增长则很大程度依赖线下渠道，包括开设直营和加盟门店、在各大商超设立百货专柜等。但完美日记则是脱胎于线上的互联网品牌。

一、完美日记简介

完美日记成立于2017年，是广州逸仙电子商务有限公司旗下品牌。完美日记致力于探索欧美时尚趋势，同时结合亚洲人群的面部和肌肤特点，用心为新生代女性研发一系列高品质、精设计、易上手的彩妆产品。支持中国时尚产业，打造有国际影响力的Chinese Beauty Icon。完美日记品牌理念倡导年轻一代不被外界标签束缚，而是努力地突破自我，积极地探索人生更多的可能性，遇见更优秀的自己。

二、微信体系

在市场竞争如此激烈的化妆品市场上，完美日记能够突出重围的原因在于其完美地结合公域和私域流量的武器。通过在各大公域平台如小红书、微博等社交软件中进行营销，迅速在年轻消费者中打响了品牌知名度和话题度，凭借产品的高性价比完美契合年轻消费者的消费水平。目前，在小红书上，完美日记官方号

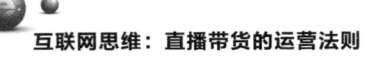

拥有168万粉丝，平台上发布的笔记数量超过了12万条，总曝光量上亿次，远超百雀羚、欧莱雅等品牌。与此同时，从2019年开始，完美日记开始逐渐进行线下门店的沉淀，大规模开线下实体店已是完美日记重要的新零售战略。截至2019年9月，完美日记首家概念店在成都落地，第一站是总部所在地广州，之后陆续进驻深圳、佛山、江门、重庆、成都、杭州和上海等城市。完美日记在2019年年底披露的数据显示，线下渠道门店销售增长速度达到1000%，线上线下双渠道购买途径的增幅超过50%。

目前发现完美日记的私域流量池的增长主要有两种方式：一种形式是门店引导形式，通过福利引流的手段，引导到店的顾客添加一个微信号成为好友，而这个微信好友就是已经被打造成小IP的小完子。

另外一种形式是用户在平台上看到并购买完美日记的产品后，就会得到一张优惠券，在这张优惠券上会让消费者先关注公众号，在公众号上领取并指引你添加个人号小完子，完美日记的微信客服小完子会进一步邀请你进入其社群和通过他们的小程序进行后续的购买。

完美日记建立私域流量并不是为了获取新用户，而是留住已经购买过产品的老用户，从电商平台向微信端转移是关键动作。

完美日记有数百个以"小完子"作为统一人设的微信号，也就是说背后不是几个人运营的成果，而是一个庞大的团队在运营支撑，通过对客服人员的培训形成流量链条，从用户体验的角度，拆解开小丸子的人设，大概可以分成以下几个层次的认知。

外在层：让用户感知到人设角色的颜值、仪表、穿着、谈吐，消除距离感，拉近和用户的关系。所以我们就看到了一个活在朋友圈里的精致的猪猪女孩小完子，她不仅颜值高，还是一个美妆达人。除了经常分享美妆好物之外，她还经常打卡网红旅游点，和大家唠唠周末日常聊聊美食，就像一个陪伴在你身边的有温度有情感的好朋友。

内在层：制造势能，势能是构建在用户认知你的基础之上的，是获取别人的信任和依赖的必要条件，一个具备高势能的人，可以影响非常多的人。而小完子的势能体现在素人KOL的打造上，她通过高度活跃的文字、彩妆测评图片和专业教程把"私人美妆顾问"的人设给立了起来，让用户感受到，和她沟通的是一个鲜活的人，其在彩妆领域是专业的、可以信任的。

这种通过KOL（人设）+社群+媒介（朋友圈）的影响力可以说是强大的。

三、运营模式

将客户拉入自己的私域流量池只是第一次，后续如何去运营客户使他们能够留存在流量池中并都重复购买完美日记的商品才是最重要的事情。完美日记的用户运营策略主要有三种。

第一种是在微信群中，也就是通过社群来运营私域流量。在用户添加完美日记的个人微信号小完子之后，通常小完子客服会将用户拉入群聊，一个叫作"完美研究所"的微信群，而微信群的运营是通过围绕着小程序来运营的，每天小完子微信号都会发布高质量的美妆视频、图片和内容到小程序上，然后再将这些内容转发到社群里，可以使用户实时关注并且讨论，这在某种意义上来讲，是给了用户一个留在群聊的理由，同时还会搭配一些产品的直播和抽奖活动，来持续吸引用户的注意力。

第二种运营方式是在朋友圈，完美日记每一个微信个人号的名字及群聊都是使用统一的名称，而这背后的逻辑是因为完美日记希望打造统一的个人号来使用户产生足够的信任，而且我们可以很容易地看到当你添加完小完子个人微信号之后，对方想表现出来的形象都是其是一个有血有肉的美妆顾问，而不是一个冷的机器人。而在与用户交流的过程中，真心地关心用户，使用户感觉到对方是一个了解他的人，懂他的人，而不是单单为了将产品销售给他的营销人员，同时也会在朋友圈里面发广告，主动引导有意愿的用户购买企业的产品，有着朋友圈和个人人设这两大利器，使得完美日记的微信运营、私域流量运营变得更加有血有肉。

第三种则是小红书，在年轻女性这一群体中，大部分人的手机里都有小红书这一软件，这是中国美妆用户的主要社区聚集地。在小红书里用户的活跃度很高，内容可以被广泛接受。对于完美日记这类美妆品牌来说，用户的定位十分精准，因为小红书里面的内容大多以美妆配饰和服装为主，小红书的注册用户早已突破了2亿人次，每天的活跃人数也超过了一千万人，其中90%的用户是女性，而25~35岁的用户占了整体用户的63%，而这一年龄段的用户的消费能力更强，且对于服装、化妆品这类产品的需求更高。完美日记在小红书上所积累的粉丝已经达到了135万人次，超过了国内外知名美妆品牌，小红书是一个公域流量平台，但小红书上面的客户群则是完美日记的私域流量。完美日记在小红书上发布优质的内容，通过这些内容将用户完美引流到属于企业自身的私有流量池中。在小红书用户定位精准的平台上，通过优质的内容输出，自然不怕没有流量。

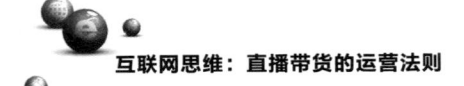

四、期望

2020年9月21日，据网络媒体报道，完美日记已经完成了最新一轮的融资。新的投资方，包括了华平投资、凯雷投资集团等资本，其投资之后的估值已经达到了40亿美元。

（资料来源：作者根据多方资料整理而成）

....

根据2020年4月中国互联网络信息中心发布的第45次《中国互联网络发展状况统计报告》，中国网民规模已经突破9亿人次，较2019年增长了近5000万人。但对比往年数据，互联网的人数增长率逐年下降，从侧面说明了互联网的使用人数已近接近其天花板。从互联网诞生以来，人们一直都有一个共识，就是谁能拥有更多的流量，谁就能从互联网的竞争中拔得头筹；21世纪初，中国互联网的原始三巨头是BAT（百度、腾讯和阿里巴巴），三者占领了中国互联网大部分的流量入口。如今，互联网的功能深入大众的生活之中，可以说老百姓生活中的"衣、食、住、行"都离不开互联网，而各大互联网巨头如腾讯、滴滴出行和阿里巴巴等企业把控着中国大部分的流量入口。但随着流量红利的天花板即将达到和新媒体行业的崛起，互联网流量市场加速下沉，大家开始更关注流量的质量而非数量，由此，流量也开始被细分为公域流量和私域流量。

第一节 私域流量池

私域流量是这两年以来零售行业中谈论最多的新兴名词之一，在2020年腾讯全球数字生态会上，马化腾将2020年定义为私域流量的元年。从零售业的大背景，到流量获取成本和增长，再到打通线上线下经营渠道上，私域流量都能成为一个良好的解决公式。了解什么是私域流量及其本质和用法，理解是什么原因驱动着企业纷纷开始建立自身的私域流量池，对企业高管和普通的员工都有着极为深厚的意义。新的数字化生态模型的建立，背后必定有着对于当下行业大背景所面临问题的解决方案，我们需要跟随时代的脚步，去寻找并学习私域流量池的形成背景及用法。

一、公域与私域流量的内涵

流量的获取过程本质上是通过技术革新提升用户的体验和效率，从而吸引用户，所以在智能手机刚普及的时候，很多互联网公司获取流量的手段十分简单，就是将其原有的平台或软件从PC端转接到移动端，一方面提高了用户的使用效率，随时随地都能使用，另一方面对于公司来说获得了一个新的流量通道。

（一）公域流量

流量的内涵如图4-1所示。

图4-1　流量的内涵

公域流量在广义上指的是各种流量平台，如微博、电商平台、视频网站甚至商城等通过提供平台给用户使用及交流所吸引而来的流量。从其内涵上来看，在理论上，所有人都可以接触到公域流量，这部分流量存在于社会上的任何地方，属于公共资源；但是如果商家想使用这些流量则需要通过交易的形式来获取，就好比商场里的人，每个人都可以接触到，但这些流量并不属于某一个个体，想要在商场内推销产品获取流量的使用权，则需要向商城支付摊位租金。

首先，公域流量的主要优势是相对容易获取，商家或者公司只需要向平台方支付一定的费用就能够获取大量的流量，纵使其前期一个粉丝都没有。公域流量获取的成本比较低，在入驻一个平台的前期并不需要花费多少钱。

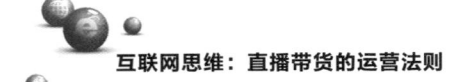

其次，在平台成立的初期，平台与商家处在一种互惠互利的状态下：商家通过平台所提供的技术支持实现多渠道销售，可以在新的流量入口展示和销售其产品，以此提高自身的营收；而对于平台方来说，创建一个平台本质上是搭建消费者与商家交流的平台，通过商家所创造的内容吸引消费者，使自身平台形成一个流量入口。如阿里巴巴在其成立初期并不向商家或者消费者收取任何费用，而是希望有更多商家入驻其平台，使消费者形成一种想要购买某件商品的时候就上淘宝的习惯，其产品齐全、交易的安全性可以得到保障且价格相较线下门店更低。在B2C平台的诞生初期，对于商家来说入驻电商平台相当于免租金在网上多开了一家门店。特别是在4G时代，移动端手机用户的暴涨，各大网络平台如淘宝、美团和滴滴出行等企业抓住了互联网革新的脚步，通过他们出色的运营能力，形成了巨大的流量池，这个流量池就被称为公域流量。

随着平台的扩张和壮大，慢慢地就会形成一个垄断的流量生态圈，用户开始对平台产生一定的黏性。平台进入成熟期后会向商家收取提成，每一笔交易商家都需要向平台方支付一定的费用，所以流量的成本已逐渐提升。而且纵使用户已经开始对平台产生一定的黏性，但对于商家来说并没有获得太多的好处，用户对商家的黏性并不高，更何况作为流量输出的控制者，平台方可以操控流量的输出方向，如是否推送给某一特定商家等，商家很难重复接触这些流量。流量的输出涉及竞价排名和销量排名的范畴，竞价排名指平台方可以选择更多的推送给支付最高价的商家，当消费者在搜索某一个关键词时，如想购买《安徒生童话》，有非常多的商家在同时售卖这本书，而搜索出来展示给消费者的推荐商家即是支付最高中介费用的商家；而销量排名则是平台会最优先推荐单品销量最高的商家，对于消费者来说，更多的人从这个商家处购买，这在一定程度上说明其产品的质量好，消费者也会更容易做出购买决策，提高了商家的交易量，从而提高了平台方的整体营收。

对于商家来说，在其店铺推广运营的过程中，受到了平台方的种种限制。其通过平台方获得的流量稳定性较差，并不能够很好地培养用户对商家本身的忠诚度，商家通过推广获取流量的底层逻辑是希望获取更多消费者的同时营造品牌形象来获取重复购买的顾客，形成良好的商家闭环，客户群体并不固定使得推广所创造的价值有限。且最重要的是在平台方上获取的流量虽然数量庞大，可以使很多用户看到自身的产品，但目标销售人群并不明确。由此我们可以推断出公域流量的两大特点：垄断性和付费。

（二）私域流量

私域流量指的是商家可以在任意时段、反复使用的免费流量。通俗的理解，相对于公域流量，私域流量的流量所有权是由某个人或某个企业所拥有的。其出现的本质在于企业为了摆脱当下流量平台巨头对于流量的垄断，实现自身对流量的控制权，形成可以反复利用、可直接接触到用户且属于企业自己的流量池。构建成熟的私域流量池的关键在于消费者对品牌形象的认可度、粉丝的裂变，将市场分解成不同的垂直领域，把产品销售给最需要的人。

私域流量最明显的例子就是微信号，每个人的朋友圈都是其自身的私域流量，假设你微信好友的列表里每个人都是你的客户，你可以通过给客户发微信直接把你想宣传的信息准确且免费地传递给他们，这群人就是你的私域流量。微商的诞生可以说是使用私域流量的鼻祖，通过微信号不断给微信好友推广商品，但是在微商盛行的时代，由于微商们对于私域流量的了解和运营并不成熟，所以导致这种模式饱受唾弃，每个人都不希望朋友圈里有个人每天在打广告。但随着互联网的发展，资本市场的快速下沉，大家开始意识到私域流量的重要性，同时也在学习如何更好地去获取和运用私域流量。界定私域流量有两个主要的衡量方法：流量的所有权和流量是否免费。

总的来说，私域流量其实类似于线下品牌店的VIP用户，用户对于品牌有着较高的忠诚度，且商家有可以轻松地触达的渠道；而传统的销售渠道中，品牌的效应往往是某个公司，私域流量相当于把品牌效应拟人化，打造一个IP意见领袖，该IP意见领袖生产吸引消费者的内容从而增强互联网用户对其的信任程度，再用其他形式进行变现。私域流量可以是公众号、微信群、QQ群或者微信号，甚至可以是一个IP网红的粉丝。

私域生态专栏1：

西贝的私域逻辑

市场上，常常被提起和表扬的餐饮企业有两家，一是海底捞，二是西贝。而且对它们的评价也高度一致：它们的服务都很好。

关于私域运营，可以看到一个明显的趋势：越是优秀的企业，越重视私域流

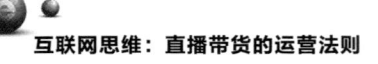

量，往往也越能取得很好的效果，于是越会投入，形成良性循环。这也许就是"强者恒强"的逻辑。

一、西贝简介

西贝餐饮于1999年6月来北京发展，后陆续向深圳、天津、石家庄、上海各地发展，开创性地将历史悠久、绿色健康的莜面美食，独具特色、返璞归真的西北民间菜肴，以及浓郁的蒙古民族、西北地域文化风情，传统与时尚完美结合的装饰风格，充满人情味的优质服务，奉献给全国的广大消费者。

二、疫情期间的私域力量

在新冠肺炎疫情最严峻的时候，私域用户贡献了西贝9成营收，过去的15个月，西贝的顾客数有2000多万人，其中有200多万VIP付费会员，算是西贝最私域的流量，占总用户数的10%。目前这10%的VIP用户贡献了40%以上的门店收入。在衡量一家企业私域做得成功与否时，看的不是私域用户的规模，而是私域用户贡献的销售额。西贝能高达40%，无疑它是成功的，也是值得我们学习的。

私域流量运营的本质是客户关系管理，是真正要为客户提供服务、创造价值的。只有深刻理解这一点，私域才能真正做好。像西贝这样的企业，能够成为行业标杆，它在思维认知、团队配合、运营方法上确实做得很好。

三、西贝私域运营成功的5个关键

第一，先定义谁是企业的私域流量。很多企业总是想着，私域用户多多益善，追求规模。想尽办法把所有用户，购买过的，没购买过的都吸引进私域流量池，没有筛选。而西贝定义的私域用户要达到2个标准：认可西贝产品和服务，愿意把西贝推荐给周围朋友的顾客；消费频率高，对品牌的忠诚度也很高的部分顾客。所以私域运营是精细化运营，必须要有门槛，整个门槛怎么定义，不同企业会不一样。

第二，秉持正确的私域运营初心。在被问到，西贝做私域流量是无意还是刻意时，西贝的高级总监魏骍然说："我们是刻意在做私域这件事的，因为西贝一直以来都在想办法跟顾客建立更多的联系。以前在街边大店时，就有专业的客户经理团队对老客户进行客户关系维护，我们的企业文化就是要关怀客户。"跟客户建立更多联系，维护客户关系是西贝做私域的初心，而不是像有些企业，首要目的是更多的曝光，更多促销，更好卖货。

第三，专业的运营团队和持续投入。疫情期间西贝能够迅速调整，建立私域流量池，实现业务在线化。很大程度上得益于过去在团队方面的建设和投入。专业人做专业的事，成功是需要投入的，不是随随便便找个人，或兼职就能做好的。企业必须要建立专业队伍。

第四，合理的私域流量池布局。提到私域流量池，大家首先想到个人微信、微信群。但这是片面的，这说明你对私域流量池理解还不够透彻。西贝的私域运营，在疫情期间就利用了微信+社群+直播+小程序，后来还加入企业微信。

第五，建立私域用户的消费标签。优秀的企业总是会着眼长期价值。魏骅然说："西贝现在逐步加大利用企业微信，因为它提供了丰富的标签功能。"未来，西贝想把客户消费信息标签化。这样就可以根据消费数据，提供超预期的个性化服务，客户会不会更满意，答案是肯定的。

四、私域运营下一站：超级会员体系

私域里的200多万VIP付费用户才是西贝最重要的客户资产。它符合二八定律，占比10%的用户，它们贡献了40%的门店营收。这种重视会体现在运营上，西贝为了这些付费用户建立专门的VIP客户群，有专门的VIP经理服务。这些VIP用户有更高价值，他们的复购次数也是普通用户的1.2倍。在未来规划里，西贝还会把会员体系从微信生态拓展到支付宝体系。这样就能同步获得微信私域和淘宝私域两大生态的用户数据，并最终汇聚到西贝自身的客户管理系统，这对西贝长期经营客户意义重大。西贝的这种规划和设想，符合了企业进入客户精细化运营时代的发展趋势。

（资料来源：作者根据多方资料整理而成）

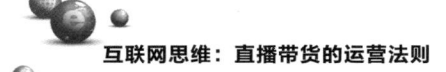

二、公域流量的背景

公域流量的聚集点一开始存在于各类电商平台之中，但随着互联网+的概念被提出来后，各家社区平台的巨头开始积极推动对接其流量与各行各业进行融合。简单地说，互联网+就是借助社交平台上其原本的流量优势，使之与其他行业进行结合和发展。

目前，中国最火的四个社交平台分别是微信、QQ、抖音和微博，他们也是中国最大的社交公域流量。上文提到的公域流量获客较为简单，社交平台不同于电商平台，起初社交平台上的明星、网红并没有十分合适的变现渠道，在公域流量下的社交可以被定义为流量和流量之间的互动。网络社交有两种：第一种是如微博一样的粉丝体系社交，可以用于关注其感兴趣的内容或者人物、评论他的偶像，其原本的底层逻辑是拉近人与人之间的距离，特别是名人与用户之间的距离，这种被称为公域流量下的社交；而另外一种则是如微信里用户与用户之间的交流，这通常被定义为私域流量。这一小节中，主要总结现代社交平台如何通过公域流量下的社交对流量进行变现与其背后的逻辑。

（一）企业端主要的商业模式在于不断地扩大用户量

通过一个提供给用户交流的平台，慢慢提高平台的热度。用户可以在公域流量的社交平台上面发表对产品及服务的意见，在这个大环境下会诞生出非常多的KOL，即关键意见领袖。

首先，KOL指Key Opinion Leader，是在某一领域有着号召力和影响力的账号，而这一类账号可以是一个真实的人物，如领域里的专家，或者是一个IP角色。通常KOL需要符合三点标准：丰富的领域知识、日常发布有关领域的内容和对该领域有一定的天赋。

其次，KOL最原始的形态类似于某一领域的民间权威，相较于网红和明星来说，他们与其他用户之间的联系更加垂直。从KOL三个词来解析，他们真正的价值是在关键时刻面对关键问题的时候说出自己的观点，同时在粉丝的权益受到侵害的时候能够站出来发声。其中，关键时刻指的是如新品发布等行业出现变动的时候。

最后，公域流量平台如微博、小红书和抖音，KOL的重要性体现在互联网市场里，流量的存量是有限的，且每个用户的注意力都非常宝贵，越来越多用户的注意力被其他平台或者私域流量所分割。相较于传统电子商务平台来说，社交平台缺乏将流量变现的能力，而KOL的出现正好弥补了这一点。KOL可以通过宣传带货的形式分享自身使用产品的真实感受，相比明星、网红，他们更有说服力，因为其本身在该领域的专业性加上IP价值，消费者更愿意听从他们的意见，同时通过KOL争夺用户的注意力，有助于提高整体平台的活跃度。

（二）消费场景的不同导致营销决策的改变

公域流量中用户与商家或品牌在交易之前并没有任何联系，用户有三大消费场景：线下消费、电商消费和社交消费。

首先，线下消费场景是最传统的消费场景，从古至今，门店都是消费者接触商家的主要渠道，通过到线下门店实地体验商品的质量，可以更了解品牌文化。对于公司来说，这也是最直接接触到消费者的方式之一，在线下的营销中，公司会更加关注消费者的购物体验。

其次，电商就是公域流量的聚集地，是自互联网革新和4G时代移动端爆发以来最大的消费场景。电商平台的出现为消费者提供了一个不出门就可以购物的生态平台，同时消费者在电商平台上对于产品的价格感知更加深刻，可以对比不同商家的产品做出对其最优的选择，提高了购物交易的效率。

但是对于商家来说，使用公域流量如电商平台相比线下实体店有一个弊端：用户与商家之间的交易环境虽然可以做到无接触便捷支付，可是用户与商家之间的联系变弱了，传统线下门店是一站式服务，商家通过会员制度等与消费者保持联系。在私域平台上，平台方更多的是为商家带来一次性的流量，这部分用户对于商家黏性不高，更多的是一次性消费多一些，所以这也是传统电商所需要解决的问题。

最后，社交消费是指通过社交平台进行的交易场景，其一直以来被诟病没有好的交易平台或工具，社交平台上的交易更多是基于交易双方对彼此的信任，所以大部分交易是熟人之间的交易。社交平台拥有巨大的消费潜力，很多公域流量平台本来就是消费决策的入口，用户会在社交平台上参考其他人的购物体验和商品使用体验，以此来做出自己的购物决策。

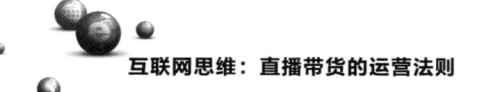

（三）"直播+"成为各行各业衍生自身业务的工具

首先，各行业都可以通过不同的方式和直播相结合，直播是当下最热门的社交方式之一，可以看到各类电商在近年来都大力发展电商直播。公域流量在市场流量下沉和私域流量快速成长的背景下，公域流量平台开始寻找更有效率的流量变现方式，而近期成为新风口的电商直播模式迅速吸引了大众的眼光。众所周知公域平台本身自带大量的流量，而其最大的缺点就是入驻的商家与用户缺乏黏性，而直播正好解决了这个问题；商家可以通过直播的模式与用户进行沟通，及时解答消费者的问题。同时直播也解决了传统电商无法让消费者直观地感受到商品的质量的问题，在直播营销诞生之前，相信每个人都有过网购"踩雷"的经历，但是直播大大降低了这一风险。

其次，直播营销的背后逻辑是拉近消费者和商家之间的距离，建立与消费者沟通的桥梁，这样商家才能更好地挖掘消费者的需求，从而产出观众需要的内容和产品，将观众变成自家的消费者。在公域流量和直播营销的融合下，公域平台通过不断完善平台机制，打通了一条新的流量变现通道。

三、私域流量的本质

从2019年起，中国互联网开始进入衰退期，移动互联网上涨的趋势变缓，整体市场容量接近饱和，对于公域平台如电商平台等来说，移动互联网发展所带来的自然红利已接近尾声，获得新流量越来越困难，大部分平台开始转变策略，开始深挖精品流量的价值。这背后的原因是获取流量的成本变高与用户消费习惯的改变。

（一）私域流量的本质

探究私域流量的本质可以从其诞生的原因出发，私域流量的出现有三个主要的原因：成本因素、互联网生态因素和解决传统公域流量和线下流量的问题。从本质的内在来看是因为互联网用户思维的改变和运营精细化的需求，导致市场营销方式的下沉。一直以来，企业营销的核心在于围绕着用户量、转化率和产品质量三者来制订营销模式，如今在互联网余量的红利即将见顶的时候，企业的转变从流量的质量入手，获取客户更深层次的价值。私域流量在这个基础上诞生，其本质在于提高流量的转化率，深耕用户的潜在消费能力；私域和公域流量最大的区别在于用户思维和营销方式的转变。用户消费需求的升级，企业需要提供给消费者更加优质的服务，从而提高消费者的剩余价值；而在企业端，核心在于用户的精细化运营，通过建立与用户的信任桥梁来提高产品的转化率，从产品细节、服务态度来获取消费者的信任，减少"广撒网"的营销模式。私域流量的本质就是更加注重用户的质量和转化率，通过精细化运营提高单个用户的消费能力和整体用户的转化率。私域流量出现的本质原因如图4-2所示。

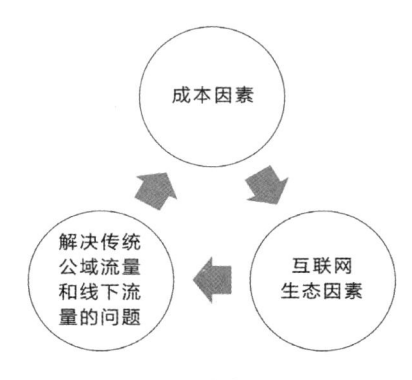

图4-2 私域流量的出现

1.成本因素

获取流量的成本逐渐升高，当前主流的公域流量平台日渐拥挤，市场上留存的流量有限，公域流量的转化率开始衰退，随着越来越多的商家争夺同一份流量蛋糕，市场上的同质化产品越来越多，广告投放的价格随之升高，当需求提高了而流量的供应量就这么多，价格自然而然就升高了。而且对于商家来说，向公域流量平台购买流量的做法并不是长远之计，营销的边际成本会一直上升，商家每次上架一款新的产品都需要重新做一次推广，所以越来越多的企业开始另辟蹊径寻找更高效、更持久的获客模式，通过挖掘新的流量入口、留下已有流量和提升流量的质量来稳定企业的营收。

2.互联网生态因素

互联网快速发展，企业之间呈现群雄争锋的场面，从一开始的BAT到现在的抖音、美团和滴滴出行等新互联网独角兽的崛起，流量的入口越来越分散，每家企业所有的流量占比也在不断下降，目前自媒体如微信公众号的分流，流量市场开始快速下沉。消费者每天获取信息的渠道越来越多，但也越来越分散，互联网整体从中心化的流量获取时代，转换成了个体流量时代。换句话说，每个人既是消费者，又是一个流量的入口，企业的思路从瞄准目标群体流量转换成从个人流量体发散的过程，打造高质量流量。

3.解决传统公域流量和线下流量的问题

首先，公域流量最初是以电商平台等B2C的形成出现的，电商通过建造网络交易平台，提供给消费者和商家交易的机会，同时在交易的过程中作为一个担保方控制资金的交易。但电子商城平台从诞生的那天开始，无法解决消费者对商品质量品质和用处的怀疑，纵使消费者能看到每个商品的购物评价，可是不同消费者需求不同会产生一定的误差，所以对于某些消费者来说网络购物可能是一次"抽奖"。而在私域流量群体中开启带货直播，充分地展示了商品的使用体验等，做到了实时回复消费者的疑问，打破了消费者和商家之间的信息壁垒。

其次，线下门店的流量可以通过社群得以保存。将在线下的门店每天光顾的顾客通过不同的方式引流到线上的社群之中，如在顾客购买之后导购通过添加顾客微信，定期向其推送新品的发布结合店铺内的活动信息，同时以朋友的形式存在于客户的朋友圈之中，达到更加垂直化的营销模式。举个例子，如果线下门店每天有100人次光顾，20%的人被导流到线上，线上的复购率为20%，这样每个月就可以为企业提高4%的营收，有效提高客户黏性与复购率，形成门店的私域流量池。

（二）私域流量的载体工具

私域流量的诞生源于微信平台的出现，目前微信的月活跃账户数量已经突破11亿人次，是中国最大的社交平台。微信的体系使每一个微信号都成了市场流量的入口，对于每个个体而言，你每一次添加好友其实就是变相获得新的私域流量，而微信的好友列表就是你的私域流量池。微信平台推出的各项工具被用户不断挖掘出新的商业价值，从一开始提到的微信号，再到微信群、公众号的推出，形成了微信体系的私域流量闭环。社交软件的出现拉近了人与人之间的距离，在营销的过程中也拉近了消费者和商家之间的距离，公司可以更好地将自身产品推荐给消费者，同时有效提升产品的感知价值，也是一种新型的变现模式。微信私域流量的玩法有四类：微信号、微信群、公众号和KOL／KOC，如图4-3所示。

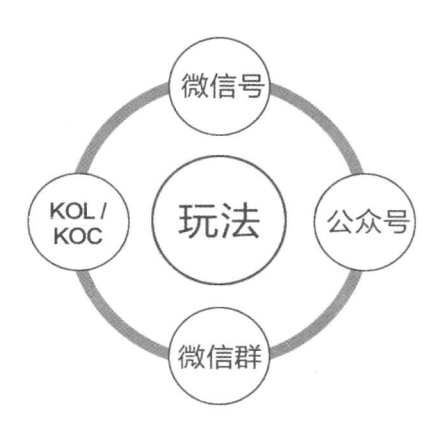

图4-3 私域流量的玩法

1.微信号

首先，微信号可以单独与用户聊天，如朋友一样，这也是微信号最大的优势。因为微信在添加的时候是需要验证对方身份的，在验证身份的过程中其实也就是一个建立信任的过程。个人微信号私密性相对较高，对于非营销人员来说，个人号是自身生活圈的一部分，添加微信相当于更贴近客户的生活。

其次，当加了客户为好友之后，可以通过发信息的形式向客户传达产品信息和了解客户的需求，同时朋友圈点赞和评论互动，也有助于拉近与客户群体之间的距离；添加微信的目的在于向客户出售产品，但是几乎没有人会想要添加一个销售平台作为自己的微信好友，所以微信号的意义在于与客户建立深层次的联系，尝试了解客户对于行业的问题和需求，作为朋友一样去帮助他们解决，后续销售变现也会变得更加简单。

除此之外，朋友圈的另一个功能就是宣传，朋友圈的宣传不但能够宣传自家产品，还能达到用户裂变的效果。通过发布内容文案，来引起朋友圈内客户的兴趣和好奇心，而不是简单地在朋友圈售卖商品，可以介绍产品类别及作用，使客户了解产品的价值所在，提升客户的购买欲望和对产品的价值感知。

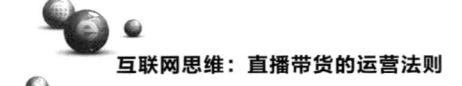

2.微信群

通过将客户聚集在一个微信群里形成私域流量池,微信群建立的重点在于从一开始的引流就需要定位好微信群功能所在,也就是其对于用户的价值是什么。营销人员需要提供给用户加入群聊的动力源泉,这个动力源泉可以是在群里经常会发布的一些与行业有关的内容和资讯。

运营微信社群最初的定位不可以过于功利性,没有一个用户进入微信群后想每天都看到广告推广,这对于用户来说就是浪费时间。所以最初群聊的定位需要在一个相对垂直的领域。

比如一家补习机构希望能够在大学开学前获取足够的新生流量,将群定位成图书馆+学校信息群,同学们可以在群里寻找一起去图书馆的伙伴,同时群主会分享学校的活动、生活和学习等信息,每天发布学校最新且有趣的动态,还可以举办一些小活动,如分享学校旁边有什么好玩的、好吃的。这样做的好处有两点,第一保持了群内的活跃度,让用户感觉到群的专业性和价值;第二,活跃度高了之后自然而然关注的人也就多了,而销售人员通过向用户提供有价值的内容,使用户对他们的信任感上升,当机构开始推出付费课程活动后,用户也会优先考虑群里的产品。

3.公众号

首先,公司可以将流量引流到公众号,公众号的开通成本低,且可以通过推送反复地将信息送达粉丝。公众号非常适合公司用来从公域流量平台获取流量后,进行粉丝沉淀,形成新的流量池。同时微信公众号可以给商家提供客户管理的渠道,特别是其在流量积累到一定程度后的高收益,使得越来越多的公司开通公众号。

其次,公众号达到一定粉丝数量之后,用户对于公众号的内容产生一定的黏性,企业与用户的交流性和互动性会有显著的增强。越来越多的餐饮企业开始使用私域流量公众号玩法,当消费者到一家餐厅吃饭,他们属于餐厅所在区域的公域流量,所以餐饮企业想出一个办法就是让顾客扫码点餐,省去传统餐饮行业中的服务员点餐,同时也提高了消费者的效率。而这样做的最大的原因是只有在关注了餐厅的公众号之后,才能点餐,消费者通常对这一行为并不会产生多大的反感,餐厅也顺理成章地将消费者变成了自己的私域流量,以后也可以向消费过的顾客推送餐厅信息、发放福利等。

4.KOC/KOL

首先，KOL指的是关键意见领袖，在市场营销中指的是某个行业中受到消费者信任且能对消费者的购买行为造成一定影响的人，通常他们对于行业内的各种产品信息较为了解或是行业中的权威人士。

KOC指的是关键意见消费者，与KOL的不同在于KOC自己本身就是消费者，他们通过不同的工具，如直播、视频等，分享自己购买产品的体验，相对来说其影响力较小，粉丝较少，但是KOC与消费者之间的距离感更小，他们本身就跟消费者属于同一类人，而与粉丝的互动性更强且瞄准的行业更加垂直化。

其次，KOC本来就是消费者，由他们生产发布出来的内容有着与生俱来的真实感和现场感，更加容易受到粉丝的信任，而且KOC本身的运营成本偏低，非常符合当下企业对于流量的需求。KOC之所以用户黏性更好，是因为他们的意见更加贴合于普通消费者的感受，且其分享的意见相对来说比较客观。

最后，私域流量的玩法中可以通过KOL/KOC进行从公域流量平台到私域流量的引流，将公域流量平台中，对KOL/KOC信任程度更高、黏性更足的用户吸引到自己的私域流量池中，因为这部分用户对KOL/KOC的高度信任，变现的能力也更强。

私域生态专栏2：

喜茶的私域流量之路

在餐饮行业中，商家之间的竞争主要在于外卖平台上面的竞争和线下门店的竞争。外卖平台上，店铺的排序、曝光度，以及用户对店铺的评价都会影响该店铺在线上外卖平台上的销量走势，而线下门店的竞争在于餐饮行业的商家能否通过餐饮门店打开餐饮整体的市场，同时增加企业名牌的曝光度，两者无非都是关于流量的竞争，一个是偏向于线上流量，而另外一个偏向于线下流量。而在群聊之中，餐饮店的老板会通过组建福利群，给予客户更多的优惠活动，从而增加企业与客户之间的互动，提高客户整体的黏性，同时也可以增加客户对商家的信任感。

一、公司介绍

2012年，喜茶HEYTEA起源于一条名叫江边里的小巷，喜茶总部位于深圳，原名皇茶ROYALTEA。为了与层出不穷的山寨品牌区分开来，故全面升级为注册品牌喜茶HEYTEA。

喜茶为芝士现泡茶的原创者。自创立以来，喜茶专注于呈现来自世界各地的优质香茶，让茶饮这一古老文化焕发出新的生命力。

二、奶茶市场中，喜茶如何脱颖而出

在国内各大主要城市的商场内，我们可以看到形形色色的茶饮门店。据2018年数据显示，中国茶饮门店数量已经超过了45万家，而整体市场规模也突破了1000亿元。到底喜茶为什么可以在如此众多的茶饮门店中脱颖而出？这是我们需要思考的问题。据新闻报道，喜茶已经完成了C轮融资，其整体估值已经超过了160亿元人民币。另外一家行业估值在第二名的奈雪的茶，其门店数量与喜茶不相上下，但其估值却落后了喜茶不少。在行业门槛极低，且同质化极其严重的行业里，为什么不同的茶饮门店品牌它们的估值会相差如此巨大，这也引发了大众的深思。传统的线下门店运营方式仿佛无法解释喜茶目前如此巨大的领先，因为在同质化非常严重的行业里，企业之间的利润率会相对较低，且难以做出较有差别化的产品。相信许多去过长沙的人都能发现一家茶饮店叫茶颜悦色，其公众号活跃，粉丝量是排名第一的。可以说在长沙的一个街角，你可以看到有4家茶颜悦色，其在长沙的热度相比于其他城市的喜茶门店并不逊色。而从门店数量和地区分布上看，CoCo奶茶已经开遍了全世界，包括在英国、美国、加拿大等国家的主要城市里都能看到CoCo奶茶的身影，而细查其为什么可以从如此众多的茶饮商家里面脱颖而出？非常多的人在看茶饮行业时都会讲某品牌的茶饮店，它的口味、包装、设计等，甚至服务比另外一家店更好。可是餐饮门店的崛起，包括喜茶的成功，我们可以更多地归结于其数字化建设的结果。

如今被广为探讨的是喜茶层出不穷的创意和精美的设计。但与其说它擅于艺术,不如说他擅于在商业的角度上理解与使用艺术——这本质上是得益于对用户群体的精准认知。

有两件事是不太被人熟知的:喜茶还是皇茶的时候,设计和装修水平也一样泯然众人;喜茶的设计"不稳定",它尝试过的艺术风格和联名次数不仅冠绝行业,在全国范围都无出其右。

在不稳定中能稳定地被用户喜欢,这种超乎寻常的用户洞察力,才是喜茶的核心能力。要如此精准地认知用户群体,数据数量是不够的,必须要有足够高的数据质量。

更好理解的说法是,在用户数据上,不仅需要知道用户的性别、年龄、职业与身份,还需要进一步知道他/她喜欢什么、热衷于哪些品牌、关心哪些时事、会被怎样的内容吸引……这些信息可以通过面对面调研与线上互动获取,但更大规模的数据质量提升,则必须依赖于诸如CRM/SCRM、数据中台等营销技术(MarTech)。再简洁一些说,就是构建私域流量池。我们先从喜茶私域流量的"数量"说起。在线上,喜茶公众号"HEYTEA喜茶"预估有185万人关注,并采用喜茶GO/喜茶星球会员系统,据喜茶官方披露,截至2019年12月31号,喜茶会员系统内已有2199万名会员。

2000万是个什么概念?换个说法会更直观:通常超过2000万人口的都是世界上数一数二的大都市,如总人口2424万的上海市。但也有一些大城市够不上这个标准,如广州市人口仅1490万。

三、公众号、小程序及门店

不知道大家有没有疑惑,为什么到了喜茶的门店,还要用小程序点单?为什么其他品牌都可以在美团、饿了么下单,喜茶却偏偏要去喜茶的小程序点?大家可能不知道,这个小程序是这家茶饮公司自己研发的,截至2020年1月,小程序用户已经超过2000万人。喜茶为什么要花重金打造小程序同时不遗余力地为它引流?普遍的说法是,能提升用户体验。用户可以在小程序上提前下单,根据预估的时间到店取茶,解决排队问题,但仅仅看到这点是不够的。

小程序是喜茶整个私域流量布局的前锋,离交易的场景最近,收集到的消费数据最直接,接触到的流量最大,和用户互动最多最丰富,流量的质量最高。

在小程序上可以完成购买、注册会员信息、评价,未来喜茶如果想要布局社交,也一定是以小程序为载体的。有了小程序,省下给外卖平台的佣金、提升用户体验、留下用户的详细交易记录、多一个品牌文化的输出口，但这还不够，因为小程序毕竟还是以功能为主，用户来是为了购买，买完了也就离开了。

所以，我们就要再看看喜茶的公众号。一般品牌的公众号，都是新品宣传、抽奖、优惠券、买N送N活动，阅读量都是几百几千次，而喜茶的公众号是一个篇篇阅读量为40万+的公众号，难怪很多人会说，喜茶是一家被茶饮耽误的内容公司。

公众号是喜茶文化输出的核心出口。如果你在百度搜索喜茶，一定会看到喜茶的管理层在反复强调喜茶的禅意、喜茶的创新。那么为什么一家茶饮公司在努力搞文化建设？因为茶本身的区别度太低、复制的门槛也很低，品牌差异化建设的重任就落在了文化建设上。

四、客户运营

私域流量的存在形式是数据，但其本质是人。这些数据本身是有生命性和生态性的，数据与数据之间链接是会产生价值聚变的，所以企业会叫它活水。可以结合这些数据的用法去更深刻地理解它。

首先看看产品迭代。茶饮是需要快速响应消费者需求的品类，所以产品更新的速度非常快。且在消费升级的大背景下，消费者的诉求不断细化。这时候，洞察用户对于产品迭代就犹如灯塔一般的存在。

其次，以前商家只能用产品的销量去衡量产品的受欢迎程度，现在商家不仅知道自己卖了100杯多肉葡萄，还知道这100杯卖给了70个人，其中40个人买过1杯，30个人买过2杯。那多肉葡萄的复购率是 $30 \div 70 \times 100\% \approx 42.9\%$

那么通过这些活数据，能在多大程度上了解自己的用户呢？

如果你在小程序上下单，那么在这一渠道的所有购买记录、偏好都有，如果点过外送，那么你的手机号、家庭地址也知道。有了家庭地址，通过小区的地理位置和楼盘价就能够对财富水平做一个间接的估计。如果还注册了会员，那年龄、性别、生日也就都有了。这时候的用户画像就相当完整了，但还可以做得更好。

很多商家都有对私域流量的布局，且希望实现跨域打通，比如公众号粉丝100万人、小程序粉丝200万人、门店到店数300万人，其中必然有一部分人活跃在多个平台上。

目前还不能把一个人在不同域的行为串联起来，但在不久的将来就可以了。

其实身份的识别在技术上已经可行了，只是在落地上受制于各个公司间、消费者与企业之间的授权认证等政策的约束。

总体来说，私域流量的运营要注重与用户的关系的长期培养，保证每一次触达都是善解人意的、有温度的，让用户对品牌产生黏性，然后再逐渐将这些用户从浅层的转化目标向深层的转化目标不断引导。

（资料来源：作者根据多方资料整理而成）

第二节　私域流量运营的底层逻辑

私域流量运营的底层逻辑在于通过社交的手段与用户达成信任，不同于公域流量中只从内容和产品上吸引客户，私域流量主要是通过对客户进行精细化运营达到客户对企业品牌的产品产生信任感和认可感，从而对企业所生产出的内容进行消费和购买，从而变现。

一、私域流量运营

私域流量的本质就是运营与客户之间的关系，这也是与公域流量最大的不同之处。企业希望建立一个可持续发展的私域流量池，就需要了解如何运营好流量，在保证流量不流失的前提下，制订一个合理的运营防线。可以从四个维度入手，如图4-4所示。

图4-4　私域流量运营流程

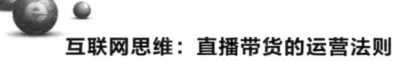

（一）建立个人IP

无论是公众号、微信号还是任何个人账号，都需要先明确账号的标签。账号可以给客户带来什么价值是最重要的，客户需要先了解你能为他们带来什么价值之后才会开始信任你，从而开始对你的产品感兴趣。

首先，在引流客户的时候，账号需要通过建立自身的个人IP来让客户快速了解销售人员。个人IP简单来讲就是个人人设，客户对于一个冰冷冷的销售顾问并没有多大的好感度，更希望与一个真正有血有肉的人交流，所以账号需要有个明确的定位、IP，定位可以通过使用职业标签、门店标签等，如公司名+姓名的昵称。

其次，在认识新客户的时候，需要通过简洁且高质量的方式介绍自己，使客户了解你能帮助其解决什么问题和你的业务是什么。与此同时，介绍自己能为客户提供的价值和发现客户目前所存在的问题是什么，由此与客户产生共同话题。通过人设的营造可以快速使客户了解你，个人IP的形成都是以个人为中心，而不是为了某一个单一的产品服务，营销人员希望通过个人IP延伸来达成最终的变现。

除此之外，市场上产品的同质化愈发严重，个人IP可以向客户展现出除了产品价值外营销人员的个人价值，同时这也是一种建立信任的办法，而信任是最终达成交易的一切前提。信任指的是客户对于个人IP的信服程度，因此个人IP需要额外发展自己的副标签，如某领域的专家等，可以在日常生活中为客户提供有价值的意见。产品的总体价值=个人IP价值+产品价值。

（二）引流经营私域流量

建立个人IP的过程是与客户建立信任感的过程，维护与客户的关系是深入了解客户需求的一步，同时有助于提高客户的价值感知。经营私域流量即对客户进行及时的跟进并记录客户信息。

首先，在跟进的过程中需要注意跟进的方法和频率。跟进客户、与客户聊天的重点是持续向他们传递有价值的信息。比如每周可以定期推送公众号文章，优秀内容可以不断驱动消费者关注行业信息；传递企业的产品与品牌形象给用户，优质的信息可以更好地提高消费者对企业产品的价值感知，建立与用户更深层次的交流和使客户更加认可企业的品牌价值。而且，基本上每个人都转发过公众号文章，这背后的原因是文章的内容与读者产生了共鸣，每一次转发代表着用户对于内容的认可，同时也能通过用户的分享达成私域流量的裂变。所以越来越多的公众号会以"干货"+"广告"的模式发文，文章的前半段聚焦于行业信息或者是当下社会的热点新闻与评论，文章的末尾加上部门产品的介绍。

其次，可以将客户分成不同的类别，对不同类别的客户执行有针对性的营销计划。按品牌信任度来分，私域流量池的客户可以分成三类：A类没购买过，B类购买过1次，C类购买过2次以上。

对于A类客户，企业的重点应该放在与客户建立更深层的信任。私域流量池中的新客户，本来对于产品是有一定的好奇心和需求的，未消费的最大原因莫过于对产品的了解程度不够，暂时处于观望的状态。这个时候企业需要加大给新用户的福利活动力度，以此来吸引他们消费，完成首单交易。

对于B类客户，他们关注或添加了企业的账号，但其需求并没有得到满足，企业应多向他们推广新的产品，同时了解并挖掘客户需求。购买过的用户与企业已经建立起了一定的信任，有可能是对过往购物体验并不满意或产品并不符合需求，销售人员可以通过调研寻找这背后的实际原因，对产品做出提升。

对于C类客户，他们对于品牌已经有足够的信任感，同时也足够认可品牌形象。不需要过度向此类客户宣传产品，重点在于提高他们的购物体验，提供更多额外的福利。从需求的角度上看，他们已经是企业的忠实客户，并不需要做过多的产品推广也会购买，应该深层次挖掘其购买力和制订相应的套餐服务。

总而言之，经营客户是了解客户的初步过程，通过有效引导和培养客户的感受，将客户细致化分类并制订相对应的营销决策，提高流量的变现能力。引流的方法如图4-5所示。

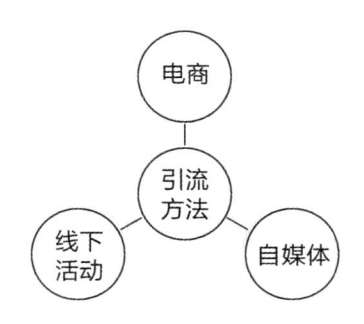

图4-5 引流方法

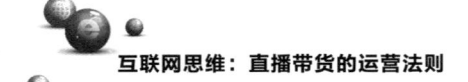

1.通过电商引流

电商平台中商家通过加微信返现等模式来吸引消费者关注或添加商家的私人微信，如每次消费者购买后可以通过给商品好评截图发给商家的微信进行返现，这种引流的方法成本较低。电商直播中，可以通过主播内容的传播来引导消费者进入商家的私域流量池，在直播商家每个产品的链接中，附上商家的微信号等，同时可以在直播过程中向消费者传递企业的品牌形象。

2.线上自媒体内容引流

商家可以在垂直领域的自媒体中，发布关于企业信息的软文，通常消费者对于生硬的产品广告较为反感，所以软文的编写应该设计更多关于行业内部的故事内容，内容必须要具备明确的主题内容和感染力，如行业内的热点新闻等，或者通过专业的内容输出精准地吸引消费者的注意力，在文章的最后可放置个人微信的二维码或公众号进行引流。

3.线下活动引流

企业可以在自家门店进行新品的宣传活动，将线下的流量转换成线上的私域流量。具体的方法是在线下的门店中举行促销活动或发放礼品，吸引路人进店光顾，无论消费行为是否构成，营销人员都可以添加或邀请消费者进入自家的微信群，将还在犹豫的客户变成自家的私域流量，在线上再次寻求变现的机会。

（三）变现流量

首先，营销人员要了解用户购买商品时的源动力是什么，只有抓住了用户购买时的心理活动及底层逻辑，才能更好地制订相应的营销计划。让消费者产生购买欲望的因素主要有三点，如图4-6所示。

图4-6 需求因素

一是刚需。用户需要解决生活里某一特定问题所产生的需求，通常来说商品均为生活必需品，如柴、米、油、盐、酱、菜、茶等。

二是影响。可以是身边的环境如场景、朋友、评价，或者是企业本身的品牌影响力。例如，在私域流量的社群中，企业发布新产品遭到了哄抢，用户可能会产生从众心理而购买，这属于受到了场景的影响，商家也有时候会利用用户的这种心理进行营销。

三是信任。用户出于对个人IP或领域专家的信任而选择其推荐的产品，当用户购买了某一个公众号推荐的产品后，发现其价格和质量都不错，就会产生信任感而重复购买公众号推荐的商品。

其次，出售的商品的类别决定了用户付费的理由，不同的商品由于其性质不同可以采取不同的定价方式，主要的商品类别有三种，如图4-7所示。

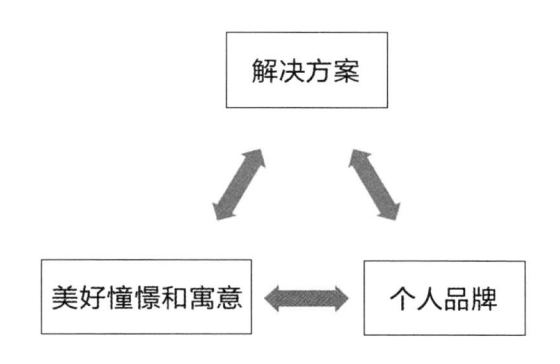

图4-7 商品类别

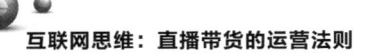

一是解决方案。产品和服务是为了解决用户目前的某个或者某一类问题，如留学中介向学生提供留学申请方向的咨询服务，学生不清楚自己的成绩具体能够申请到什么样的大学，留学中介会分析学生各方面条件和能力来给出申请的方案，这个过程就属于销售解决方案。

二是美好憧憬和寓意。钻石在当代工业上已经被证明没有多大的实用价值，其之所以价格如此之高是因为钻石生产商讲了一个钻石极度匮乏和钻石的坚韧代表着爱情的坚不可摧的美好故事，由此向消费者传达买了钻石就会有美好未来的憧憬，这个过程就属于销售美好憧憬和寓意。

三是个人品牌。指将个人使用某个产品的使用体验和效果，展示给消费者，为商品进行背书。如增肌粉及健身用品，通常都会由健身博主等来代言，他们本身的健美身材搭配品牌产品的宣传，使消费者产生使用该品牌的产品就能身材变好的感觉。而他们用亲身经历代言产品，可以提高用户对产品的认可度，而这个过程就是在销售个人品牌。

（四）管理客户

私域流量的建立同时也帮助我们构建出了客户的流量数据体系，客户的数据可以帮助企业更好地了解客户的需要及购买习惯。同时，对于私域流量池的客户，需要提供给他们高质量的产品服务和消费体验服务，更重要的是构建一个生态社交服务圈。

首先，对于每个客户需要建立标签体系，这与淘宝的"千人千面"体系类似，每一个客户都需要有一个特定的标签，对于客户的信息了解得越详细，越能更好地去服务客户。对客户的年龄，偏爱购买的商品、价格等信息进行标注，在客户询问或者推广期间能更有针对性地输出客户所需要的信息。

其次，私域流量的运营更多地是为客户提供一个社交的平台，先与客户成为朋友再进行交易。与公域流量的不同点在于服务的客户数量较少，但每个客户的质量更高，可以对每个客户进行更细致化的管理。细致化的管理指真真切切关心每一个客户，思考客户的需求是什么，能帮助到客户什么，用心与客户先成为朋友，再进行营销。客户需要体会到在私域流量圈中购买的体验与在其他电商平台上购买有所不同，所以才会在私域流量圈中消费。管理客户的方法如图4-8所示。

图4-8 管理客户的方法

1.社群运营

用户加入社群希望能够在社群内获得有价值的内容，而社群则是一个交流分享的社交平台。通过话题的引领和问题解答，激发消费者之间对于产品的讨论，分享各自的产品使用感受。在这个过程中，企业可以使用红包激励和免费小礼品的回馈活动，来促使消费者多分享自己的消费感受。

2.建立品牌形象

在私域流量运营的过程中，重点在于获得用户的信任度，而信任度的建立在于用户对企业品牌的看法。企业能够不断地向消费者传递正确的价值观及完善的服务，是提高消费者对企业信赖程度的根本。建立品牌形象的方法：注重消费者对产品的评价，及时向消费者解答问题，提供专业性的商品解疑，这不单单包括对自家产品的解疑，如服饰店可以向消费者提出穿搭的建议，不仅限于自身产品的推销工作。私域流量池也是解决消费者售后遇到不满意的地方，可以及时向商家反馈，体现了品牌负责的态度。

二、私域流量的底层逻辑

商品同质化的日益严重和流量留存的困难，是"互联网+"营销模式面对的重要问题，私域流量的底层逻辑在于打造私域流量闭环，才能有效地维持流量社交体系的正常运转，体现产品的差异化价值。在私域生态中构建流量闭环简单来讲是以内容为出发点，搭建引流渠道，利用产品价值差异化来实现流量变现，再通过流量的运营打造流量生态圈，形成流量的循环利用。私域流量闭环如图4-9所示。

图4-9 私域流量闭环

（一）内容与引流

内容输出是私域流量的基本盘，没有好的内容无法吸引到足够的流量，流量也就无法正常地运转下去，内容是维持流量可持续发展的基本条件。客户只有在感受到内容所带给他们的积极作用，才会对企业产生黏性，否则再好的营销方案或再强大的IP都有倒下的那一天。

首先，内容是企业对于客户的价值所在，而这个价值是客户留下的根本原因，只有源源不断地向客户输出有价值的内容，流量才能不断发展壮大。而随着互联网的发展，信息碎片化日益严重，每个人每天都会收到成千上万条信息，丰富性、有深度和高质量的内容会更吸引客户的注意力，这也体现了内容价值的重要性。

其次，有价值的内容指实用性强、垂直化和能与客户产生共鸣的内容。我们可以看到大部分高阅读量、高转发量的文章大多都是干货的分享，如向读者讲述实用的技巧和内容，这样实用性强的内容可以为读者传播真正有价值的信息。而且传播的内容需要与企业所在的垂直领域相符，通过不断地向读者灌输企业的价值观和定位，为将来的变现打好基础，这也相当于变相地推广自家品牌形象。同时文章输出需要抓住消费者的痛点，使消费者产生购买的冲动，只有充分了解消费者的消费心理，知道消费者希望获取的信息内容是什么，才能使他们有点开内容文章的欲望，从而产生购买的欲望。

除此之外，内容输出所希望达成的目的是引起读者的共鸣，使读者能够认同内容所想表达的核心价值观，才能够实现引流和解决客户的问题。引起的共鸣无非就是与其在情感上的交流，要使流量中的客户成为企业的忠实粉丝，必须有一个逻辑完整和振奋人心的故事来吸引客户的注意力。在内容的输出上，每个企业都可以有自己创建的故事，或者是产品诞生的故事，因为客户会更容易对这种故事产生共鸣，特别是创业企业故事，可以用此来吸引更多的流量。

一个典型的例子莫过于目前大火的直播带货大V李佳琦，作为"口红一哥"的他每天涂上百支口红，一年从头到尾都在直播，这种底层销售的创业故事深入人心，使消费者对于其业务能力及产品的质量更加信服，随之客户黏性也更强。

（二）产品与变现

产品的推出是建立在消费者的需求之上的，产品的类别需要符合私域流量池的垂直定位，比如一位美妆博主收集来的私域流量应该推广化妆品等生活用品，因为大部分受众为女性，也可以根据受众群体推广其他的女性用品，但产品不能过度偏离原先流量池的定位。

首先，商家需要了解向用户推广的产品是什么，或者说产品的价值是什么。在私域流量中，必须要了解自家产品和服务与竞争对手的差别在哪。在产品同质化严重且价格差别不大的情况下，如何使客户选择自家产品。

其次，产品的价值除了其本身带给用户的实用价值外，更多的是服务、客户价值感知等其他因素赋能产品的价值，如智能手机品牌中，除了手机像素、运行速度和外观等硬性指标，衡量手机价值的因素还有用户到店消费时的体验、营销人员的态度、售后服务及各类APP与手机的契合度，这一系列因素都是提升客户价值感知的方式。

总的来说，产品的价值已经不单单仅限于其本身的实用价值，更多的是企业如何在私域流量池中向用户提供额外的价值，其中包括客户的服务体验价值、增值价值和礼品价值。

（三）复购与留存

私域流量中，从内容引流到产品变现，形成了流量运营的闭环。不断更新有价值的新内容可以帮助企业提高用户的留存率，同时吸引新的粉丝，内容价值的持续输出可以有效地使流量留存在企业的流量闭环之内，不断反复变现盈利，且粉丝忠诚度会越来越高，从而产生对企业的高度黏性。高留存率代表着消费者复购率的提高，用户被引流到私域流量后通过内容运营进行变现，完善客户的售后管理，以达成客户会重复购买自家产品。

（四）长期循环逻辑

闭环逻辑的核心是私域流量能够长期运转下去，这也是与公域流量最大的不同。公域流量平台为企业所带来的流量大多是新流量，且没办法帮助企业留下这批流量，大部分的消费者只是一次性流量。这好比我们在淘宝上搜索某个物件，我们选择了销量最高的那家店铺购买，可是下一次我们购买同类商品的时候还是会重复上述的步骤通过淘宝搜索，而不是去我们购买过的店铺里购买。而私域流量平台的新思路是从以往公域流量平台中的流量至上的想法转变成流量留存至上，换句话说就是不再依赖高流量所带来的一次性消费，转而专注于流量的运营和留存上，这才是衡量企业能否长期发展的标准之一。私域流量长期主义如图4-10所示。

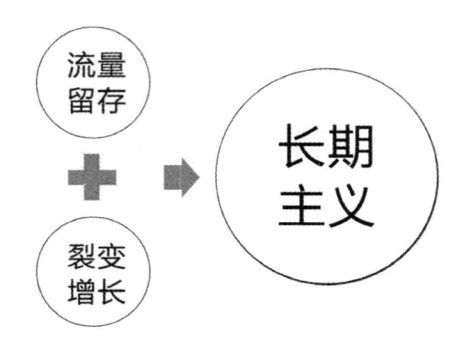

图4-10 私域流量长期主义

1.流量留存

以往传统电商运营的思维模式均为谁能获取更多的流量，谁就能在市场上拔得头筹，可在存量市场的时代，企业之间真正的博弈在于谁能留下更多客户。这也正是私域流量所带来的红利，私域流量的运营目的就是提高流量的留存率，流量的基数稳定且黏性强，也就代表着企业可以反复使用这批流量进行变现盈利，只有在客户不流失的基础上才能实现真正的扩大自身经营规模。所以从长期发展来看，流量的留存对于企业至关重要。

首先，留存率的高低取决于用户在流量池内是否有获取到其认为有价值的信息或者产品，如果流量池中，企业没办法为用户提供其所需的内容，流量自然而然会流失，而这就需要营销人员多关注用户的需求点，有效地促进与用户的沟通，了解用户的痛点，将大部分注意力从拉新转换到对私域流量的运营之上。

其次，流量留存的成本相较于寻找新流量而言更低，当下获取新流量的难度越来越高，市场同类产品越来越多且目标群体高度一致，每个人都希望能获取新的流量，自然获取流量的成本居高不下。类似前几年大火的共享单车，在百花齐放的市场下各种亏本补贴，更是出现了免费出行的引流方式，而私域流量的建立本质上是企业防止自身陷入恶性价格战的死循环之中。通过运营私域流量提高流量的留存是一种低成本高回报的运营方式，在保证流量不流失的前提下，还可以提高用户对企业产品的依赖性。

另外，我们也提到了市场内同类产品之间的竞争，每个企业都在大力发展自身的私域流量池，如何在私域流量的争夺之中夺得先机，在于私域流量差异化和效率的竞争，这其中就包括前文所提到的流量的运营效率和不断的内容价值输出。

2.裂变增长

任何私域流量都避免不了一定的流量损失，这可能与市场宏观因素有关，如经济衰退、行业风口转向等。所以在流量留存的过程中，我们也需要不断为流量池注入新的流量，呼应本章的重点，长期主义指的是能够长期且低成本获取新流量，之前我们已经阐述过公域流量池的引流成本之高，并无法长期使用。挖掘私域流量池内的用户的带动能力，成为我们引流的新方向。

首先，用户裂变增长是在私域流量运营中提高用户增长率的一种经济且高效

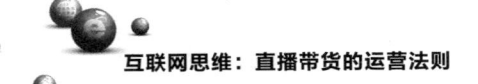

的方法。企业可以通过福利措施来刺激原有用户传播私域流量池、引来更多的用户，其常见的形式有朋友圈集赞折扣、组团优惠、分享返现等。

其次，并不是每一个用户都能成为有效的裂变用户，只有足够量级且其朋友圈覆盖圈层符合企业需求的用户才能成为有效的种子裂变用户，一个种子裂变用户所带来的裂变量是普通用户裂变数量的十倍甚至上百倍。

识别种子裂变前需要先定位企业希望获取流量的方向是什么，这与企业所要推广的产品有关，提供给消费者的福利需要与将要推广的产品在性质与特性上保持一致。比如在推广红酒的时候，可以使用红酒杯作为抽奖的礼品，其逻辑关系为只有需要喝红酒的人才会需要红酒杯。只有了解我们需要的流量用户是谁，才能精准地定位我们要获取流量的方向，同时找到这群用户存在于哪里，才能高效地进行裂变。

私域生态专栏3：

疫情下九牧王的私域应对方法

新冠肺炎疫情期间，利用私域流量成了大部分企业的第一选择。九牧王在新冠肺炎疫情期间，快速高效地组建了私域的冷启动，并且自2020年2月以来，就已经稳步把微信小程序商城的销售额做到月均超过1000万元，2020年的私域整体销售目标是破亿元。相较于大部分品牌临时匆忙上阵、被迫拉群、做秒杀，九牧王仅用了两天就制订好了策略，第三天开始培训员工，并开始有序推进，逐步完善了后台的管理和数据体系。公司采用业务纵向一体化的模式，集品牌推广、研发设计、生产、销售为一体，公司始终专注于以男裤为核心的中高档商务休闲男装的战略发展方向，致力于让男士拥有高性价比的精工时尚服饰，满足不同消费者在不同场合的穿着需求。

一、抓准发展启动时机

真正私域的启动是在2020年春节后，当时疫情的冲击让企业们焦虑万分，私域成了关键的解决方案之一。且一旦进入就增长迅速，到现在月流水都在1000万元左右。从行业水平看，这或许不高，但对一个新渠道而言，却是一个增长迅速且仍在持续快速增长的好打法。任何企业在进行私域流量的运营之前，都需要进行一种模型的建立，也就是企业的零售模型，用什么样的私域流量打法来进行企业的营销？不同的部门负责的业务是什么？

第一，企业由董事长亲自推动新零售部门来负责线上的业务，包括了IT和客户的用户体验等。

第二，零售部门将负责整个商品的规划，以及企业内部员工的培训。

第三，销售部门和其他业务部门，以及分布在全国各地的分部将负责业绩的达成。

通过这三者合一形成企业内部发力闭环，作为公司整体营销的基础模型，九牧王的私域流量打法主要有三种，一是通过直播带货的形式进行营销。二是精细化营销，如线上客服一对一。对个体客户进行专业化的营销，并提供给他们优质的服务。三是通过微信线上社群进行营销，不断更新内容，给予客户优良的购物体验。通过这三种不同的私欲打法，形成了企业营销的套路。企业先从线上直播来获取更多的流量，这一点通常是从各大直播平台、公域流量平台进行流量的引入，再通过客服和社群进行精细化的运营，来实现最终变现的结果。在这一过程中，大部分企业所面临的最大的困难是统一所有部门，使企业每一个部门的行动和思想都保持高度的一致，才能实现最终的变现。所以由企业高层及企业董事长亲自推动整个项目的进行及战略的落地。

要贯彻模型中所布置的每一项内容，引导高层去进行相关的培训及制订目标，达成一种从上而下的任务分配模式。在营销的过程中，导购是否有足够的动力去营销，也是一个十分困难的工作。因为线下传统行业的营销人员并未接触过线上带货与直播，所以他们并没有一个非常强的动力点去主动做这件事情。需要通过各种激励方式和培训，来迅速鼓励营销人员不仅要在线下门店进行销售，还要同时学习各种私域流量的打法，以及线上营销和服务客户的技能，这样才能跟得上时代的发展，将业绩与最终销售额及最终奖金挂钩。员工的业绩和他们整体的销售额在销售方面的表现，将成为未来其薪资上涨和晋升的关键之一。

二、私域体系

第一，企业维度的私域运营。首先，企业可以通过微商城、电子券、积分兑换体系、公众号、短信、朋友圈投放等维度，触达现有会员，并引导他们完成购买行为，购买转化率可达到百分之十几。其次，通过分成等形式与企业的合作伙伴进行合作，共同构建九牧王的私域生意。

第二，员工维度的私域运营。员工围绕三个着力点做具体运营：老VIP顾客、每天进店的新VIP顾客、导购的私人朋友圈。

第三，细节维度的运营。公司一共有四门课程来教授员工实战技能，分别是企业微信管理、社群营销、一对一营销、旗舰商城管理。这些课程可以让员工学会如何做VIP管理维护（包括发朋友圈的标题、内容推动的时间节点），以及搭建维护微商城组织和社群等。过程中，将线上和线下的销售绑成一体，并不会跟他们强调二者的区隔。

三、最终成果

首先，在私域业绩方面，最大的关键指标肯定是九牧王微商城的GMV。目前九牧王的月平均GMV基本保持在1000万+的水平，其中私域用户贡献占到90%。2020年上半年，私域会员增长了10万人，其中新会员增加了30%，新会员的GMV也占到了微商城总GMV的30%，复购率则增加了70%。其次，为了完成GMV总业绩，需要一些过程指标做相应的管控和监督。

第一，通过观察一线员工的周开单率和目标完成率，判断他们是否在一周内执行了相应的销售动作并获得开单，随后跟进其开单率是否有提升，这也是分公司抓销售结果的一个关键指标。这是一条纵轴线，可以将员工到线上的所有数据都关联在一起。目前，九牧王员工的周开单率保持在60%~70%。

第二，在顾客留存方面，主要关注各种卡别的占比和新顾客的占比。

第三，通过控制商品折扣率让线上微商城与线下商品价格保持一致，微商城相当于实体店铺的二楼，楼下是实体商品买卖，楼上是云买卖。尽量做到靠品牌来吸引顾客，而不是靠低价来吸引。

（资料来源：作者根据多方资料整理而成）

第三节　私域流量运营流程

在社交场景下，企业所能触达的流量群体具有更高的消费潜力，当下互联网各大巨头霸占了大部分的公域流量群体，流量的壁垒越来越高且挤压了其他软件的生存空间，运营一个高质量用户的花费远远低于在公域流量平台上引流，企业开始专注于深挖高潜力用户。

通过洞察用户的痛点，定位自身企业的资源来匹配用户需求，利用社群中流量运营提高用户黏性、激发客户的传播意识，提高企业私域流量社群的留存率和长期的增长。与此同时通过直播、内容分析和价值服务为企业的产品赋能，在拉近与客户之间的距离的同时，提升产品及企业在消费者心中的价值感知。直播等体验性产品，可以有效增强用户对企业的信任感，私域流量一直都是以社交和信任作为基础，去影响用户的购买行为，最终达成成功变现。私域流量运营流程如图4-11所示。

需求洞察 → 流量积蓄 → 价值服务 → 体验转化

图4-11　私域流量运营流程

一、需求洞察：精准定位用户痛点和资源

在运营私域流量的过程中，企业最开始往往应该考虑如何去了解客户的需求，从洞察客户的需求开始，从而抓住客户真正需要的是什么。洞察需求主要在于两个方面，从企业端出发，分析自身产品的优、劣势，了解自身的目标消费群体是谁；从用户端出发，定位消费者的消费需求点在哪。所以我们可以从用户画像和企业的产品构造来分析需求和资源的匹配程度，如图4-12所示。

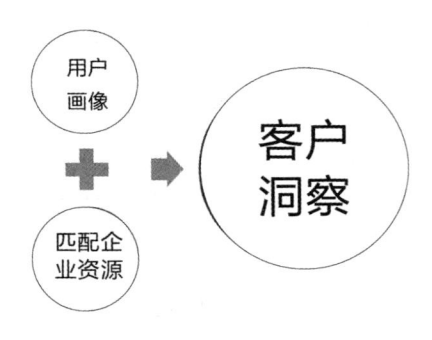

图4-12 了解需求

（一）用户画像

用户画像指的是通过了解客户的个人身份信息，如社会地位、职业、年龄、收入水平、性别，来分析客户的一个标签化的基础模型。通过对社群用户的基本信息进行精准的分析，可以得到用户的基本消费行为模式，从而更好地了解客户的主要购买驱动力是什么，同时也能知道客户的痛点在哪里。刻画典型的用户模型并进行分类，用户模型指的是用户平时的生活习惯和过往的消费行为等信息，主要目的是了解产品到底可以为目标用户提供什么样的服务，以及我们可以通过什么样的方式来影响消费者的消费决策，从而更好地指导产品的市场营销模式。

首先，我们需要了解用户画像到底可以为我们带来什么样的帮助，用户画像可以让我们了解用户的内心需求是什么，包括他们在购买时的心理活动，同时了解用户消费的痛点在哪里，影响他们购买决策的因素在哪里，这样我们可以更好地找准营销的方向。通过不同的私域流量的运营模式，来引起消费者的注意。在私域流量中，对于每个客户都需要给出一个精细化的用户画像，因为私域流量需要对每个个体用户进行精细化运营，所以用户画像的目标是社群内的每个个体。而对每个客户的精准定位，实际上是最大化每个客户的购买能力，通过私域流量的运营模式来提高每个用户的单体消费量及其留存率。

同时，不同时期的用户画像，需要不断地修改，因为用户在不同时期，其需求也是不一样的。一个人在不同的季节、年龄段和地区，也有着不同的兴趣爱好，所以用户画像需要不断更新，在不同时间段保持用户画像标签的更新频率，营销人员可以设置一个基本的更新时间段，比如每过一个月对老用户重新定位标签，通过用户不同时期的兴趣点来了解客户真正的需求是什么。

其次，企业需要建立一套属于企业自己的用户画像系统，通过收集社群内用户的年龄、性别、职业，还有社会地位等来分析用户的消费痛点。比如年龄，我们可以通过年龄段来分析，客户在不同年龄段的购买能力是怎么样的。用户画像的构建有以下几个步骤。

第一，收集用户的信息。用户的信息包括年龄、性别、职业、爱好、地域等，这些信息可以帮助营销工作者快速构建一个基础的用户画像，快速定位消费者的消费水平，以此有针对性地向用户推荐符合他们的消费水平及偏好的企业产品，但往往此类初步定位的画像并不会极其精准，更精准的用户画像需要在用户的行为模式及未来的购买习性中进行进一步的深化分析。

第二，用户数据收集后的数据整理。收集到了用户的数据之后，需要将数据进行归类和整理。比如，大部分的私域流量用户均为白领，所以得出大部分用户在早上9点至晚上6点之间处于上班状态，并不能及时有效地关注到社群内的消息和企业所做的推广活动。因此，所有的推广活动可在晚饭时间过后即19：30之后进行。某些用户可能会提出一些关于产品的问题，我们可以将此类信息进行归纳整理，并且使用自媒体做出一个回答合集。通过用户的问题，我们可以了解用户在使用产品或者购买时的顾虑是什么，并对问题逐一进行系统化的回答，有助于完善品牌形象，提升产品在用户心目中的价值感知。

第三，用户画像标签的构建。不同的社群或企业有着不同的目的，其销售的产品特质也不同，所以企业在构建用户标签的时候，需要根据自身的产品做出改变，营销人员需对用户的画像标签进行分类管理。用户的画像需要根据实际情况不断修正，画像的标签可以是用户的社会属性、消费属性、地理特征及行为特征等，企业可以根据不同的产品添加或者删减不必要的属性，其中社会属性就是用户的年龄、性别、收入状况、社会地位等，社会地位指的是用户的职业等；而消费属性相对来说较为容易理解，比如消费者的收入水平是怎么样的？不同收入水平的消费者，所能承担产品的价格，对价格的敏感程度也是不一样的。所以当私域流量引入新的用户时，我们需要给每个用户一个初始定位，通常其社会属性是最容易得知的，可以通过微信的个人简介来了解，再通过消费者后续的购买行为，确定其他属性，并由此来制订有针对性的销售方案或者销售套餐。

最后，用户画像的重点在于抓住用户的需求。通过不同的标签，我们可以了解到不同用户的需求点，利用企业已有的资源和产品去匹配用户的需求，同时用户不同的需求和痛点也有助于企业改善并提升自家产品的质量。用户的痛点并不单单体现在对产品的需求上，周边的内容输出也是必要的，比如宠物产品销售群中，用户不单单对猫粮、猫砂等产品的品质有要求，通过对用户画像的分析，大

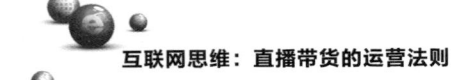

部分用户希望社群运营者能够为用户提供额外的饲养技巧，如当小猫总是吐毛球时，可以及时推荐猫用化毛膏等产品。总体来说，用户画像可以帮助企业更好地了解用户的需求。

（二）自身资源匹配用户痛点

首先，用户的痛点指的是当用户想要进行某些日常活动时，他们遇到的最大的阻碍是什么。而企业的产品的诞生就是为了解决用户的痛点，而影响用户行为的因素有产品真实的性能能否达到用户的要求、产品的价格和企业形象是否可靠。

其次，用户画像提供给我们的信息主要在于我们了解用户所需要的产品的性能，他们需要用我们的产品去做什么，而这也就是用户的痛点。同时通过私域流量的运营，我们可以更好地提升企业形象，做到企业的产品更加有信服力，更加可靠，能让消费者更加信任企业的产品。同时我们可以了解到用户可接受的价格区间。比如某种产品，用户对其最大的要求，最大的痛点是在什么地方？是它的价格还是性能，这取决于市场上同类竞争产品的数量有多少，如果同类产品非常多，质量差别不大，其价格自然而然会是用户主要考虑的因素，用户不会考虑产品的实际效用。而企业所拥有的资源在帮助企业了解用户的痛点之后，可以整合企业所能用到的所有资源，去构建一个完美的产品来匹配用户的需求。

最后，企业在整合自身资源来匹配客户需求时，要了解自己所拥有的资源有哪些、短缺的资源有什么。众所周知，资源的壁垒可以在一定程度上抑制私域流量社群的发展。当用户的需求无法得到满足时，用户对企业的黏性自然会下降，这也是非常多企业目前所面对的问题，资源无法完整地匹配用户的需求。企业的资源指社群所拥有的物力、财力等有助于企业发展的因素。例如，一家服装店在销售产品的时候，有些客户希望商家能为他购买的物品打一个精美的包装，是他能将其作为礼物送给他的朋友。这时需要的资源就不仅仅是企业所生产的产品这么简单了，还需要搭配各种装饰用品、礼物包装袋和配送等，所以说企业能否整合自身资源，对于社群的长期发展十分重要。

二、流量积蓄：裂变和社群打造流量池

私域流量运营主要在于企业希望降低获客成本，提高流量池内用户的黏性

和复购率，目前最常见的私域流量运营方法是构建企业自身的私域流量社群，企业的社群可以分为不同类别的交流群，根据用户不同的需求进行分类。社群的建立实质上是创建一个供客户交流的平台，将企业的忠实用户引流至企业的流量池中，建立新老用户之间的联系。同时社群也是企业流量引入的一个入口，社群的运营者可以通过社群发布商家的活动、推广新产品、发放用户福利，以此来提高用户对企业的忠诚度，从而更好地服务于用户。私域流量的运营中，吸粉引流是运营私域流量的第一步，社群作为私域流量池的完美载体，可以帮助企业更好地留住用户，企业希望通过粉丝和老客户的运营实现流量上的裂变。本节的重点在于社群运营能为企业带来的流量留存和裂变的方法，如图4-13所示。

图4-13 流量池的长期发展

（一）社群用户的留存

首先，用户的留存率是评估用户是否属于企业的私域流量的基准，社群用户留存指的是用户在一段时间内还持续使用企业的产品和服务，对企业的产品和服务已经产生了一定的忠诚度。在社群和个人微信号运营中，可以观察用户在经过一段时间的运营后还有多少用户还留存在群组内。关于社群用户的留存价值可以通过两种方式来了解。

第一种，通过用户在社群内的活跃度决定。社群活跃度可以通过用户在群内与其他用户互动的频率，用户咨询产品内容与服务的次数，当企业推出新品时，对新品感兴趣的用户数量来计算。以上这些指标都是在用户对于企业产品的关注度上来计量的，因为这些指标可以让企业了解哪些客户一直在关注着企业的产品，如果企业可以更好地服务此类客户，其能够为企业提供的价值将远远高于其他用户。

第二种，通过用户的复购率决定。不同企业的产品有着不同的使用周期和复购周期，产品的类型不同，其本身的使用频率就不同。例如，线上课程类，企业可以通过观察用户上课的频率，以及其平时在社群内询问老师或提出问题的频

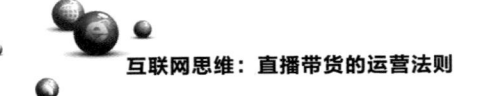

率,来观察用户对于课程的满意度。而一些高频使用的产品,我们可以通过了解产品的天然使用周期,来确定客户的黏性。比如,某个用户通过公域流量平台发现了企业正在销售垃圾袋,一捆垃圾袋一共有100个,按照一天使用一个的频率来算,用户的天然使用周期就是3个月,复购率可以通过单个用户每3个月有没有重新购买自家的产品来计算。

其次,用户留存最重要的在于如何提升用户在社群内的活跃度和用户黏性,让用户可以长期留存在企业的私域流量池中,从而产生更大的价值。所以说用户的留存在私域流量的运营过程中很重要,企业会希望通过流量的运营来提高每个个体用户所能为企业提供的价值。在社群用户留存的过程中,需要企业不断与用户产生化学反应,而这里的化学反应指的就是将有用的信息传达给用户,从而让企业和用户之间产生不可阻断的联系,以此来提高用户的留存率。

第一,社群需要明确自身的定位是什么。用户会希望通过社群的名字来了解这个群是做什么的,这对于企业一开始的引流至关重要,因为用户需要知道自己的需求能否在群内满足。因此,社群的名称需要规范化。例如,一个售卖水果的群,对于喜欢吃水果的家庭来说,他们会时刻留意这个群里所销售的水果是什么,同时也促进了群内用户的交流,并提出自己希望知道的当季的水果有什么。

第二,群组需要细分化。对于不同目的的社群,需要有针对性地将其分成不同类的小群。比如,线上课程的社群,可以分为上课群、学员群和课后作业交流群,通过不同的社群来满足不同学员的不同需求,充分做到让用户的需求在企业的私域流量中表达出来,这也有助于企业更好地为客户呈现他们需要的内容。

最后,改善用户的留存率有几个比较常见的方法。一是通过提升产品质量来提高用户的留存率。在竞争激烈的市场中,产品的质量好坏、其在市场是否有足够的竞争力,对用户来说至关重要。产品质量的提升,以及售后服务的提升,可以有效地提高产品对用户的吸引力,同时提升用户内心的价值感知。提升产品质量并不单单在于推出新品,许多企业非常注重对新品的推广,其实留住客户的关键在于通过了解客户的使用体验,来对原有的产品进行质量上的提升,不断优化产品,毕竟用户才是真正在使用产品的人,他们的意见对于企业来说至关重要,这也是私域流量池中可以为企业提供的信息。二是可以通过加强对客户的售后服务,来提升客户的消费感受。市场竞争激烈的大环境下,商品同质化的情况越来越严重,用户对于购买商品时的体验的要求也越来越看重。哪家企业可以在出售产品的同时,为其客户提供更好的服务,对于产品的附加价值来说无疑是一种提升。

（二）社群裂变

首先，当前拥有私域流量池的社群，在有了一定的用户和粉丝基础之后，在推广营销和销售产品的层面上会轻松很多。但私域流量的终极目标是利用现有流量进行流量的裂变，实现在原有流量的基础上发挥流量的潜在价值。那么，如何发挥流量的潜在价值？随着互联网公域流量平台流量的减少，互联网流量余量逐渐变少，且价格日渐昂贵。更多的企业认识到挖掘老客户价值的重要性，老客户指的是已经存在于私域流量池中的用户，对比其他公域流量的新粉丝来说，此类用户对企业的黏性更强，且传播意愿更强。所以运营好新、老用户，对于企业来说至关重要。同时，企业需要引导老用户利用自身的影响力，为企业带来更多新用户。

其次，老用户对品牌的产品有一定的认知度，已经使用过企业的产品有一段时间，对产品也更加了解，所以在他们传播他们的使用感受给另外一位消费者的时候，消费者会更倾向于信任老用户的使用感受。这就好比当企业在推广一个产品的时候，消费者会下意识地认为企业只会展示产品的优点，而在推广中忽略产品的缺点，大肆宣传产品的优势。但是如果这些是从一名资深的老用户口中说出的话，那么这些话对于新晋流量来说是更加有说服力的。所以在竞争激烈的市场上，深度挖掘一个老用户的潜在价值，是极其重要的。同时对于单个老用户的运营成本，相较于在公域平台引流10个新用户的成本更低。所以当下企业更希望通过老用户来吸引更多的新用户加入企业的私域流量池。企业也可以引导老用户用微信好友分享和朋友圈分享的方式推广其产品，微信好友之间通常都是认识的朋友，所以吸引来的新用户信任度会更高，这样就有效形成了流量的裂变，扩大了企业自身的私域流量池。

最后，社群的裂变在于企业能否有效提高用户的传播意识。私域流量运营者可以通过各种有趣的微信分享活动来提高用户传播的意愿和积极性，只有不断向用户推送有价值且新奇的内容或者活动，才能使整体的私域流量用户得到一个完美的循环，同时提高了用户活跃度。最常见的几种推广裂变的方式有以下3种。

第一，微信的抽奖活动。用户需要关注企业微信公众号，并转发抽奖的朋友圈，从而获得抽奖的资格。而在抽奖的奖品上需要符合企业产品的定位，比如一家售卖运动鞋的厂商，其抽出的奖品需要与运动鞋有强相关性，如可以抽出一双该品牌的运动鞋，以此为奖励。这种类型的抽奖活动，一方面可以调动用户传播的积极性，吸引更多的用户关注品牌自身的其他产品，另一方面又拉近了用户与

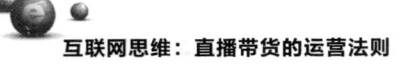

企业之间的距离。

第二，企业可以通过整合线下门店的公域流量平台来实现流量的增长和裂变。比如，实体门店的销售人员可以通过让消费者添加其微信或者关注企业公众号，来关注企业在线上所发布的活动。如果消费者对该活动感兴趣，他们自然而然会产生更强的分享意愿，同时参与到线下门店的活动当中。门店也可以根据用户的实际需求发放一些小礼品，如当消费者关注或者转发平台发布的消息时，可以适当奖励用户一些小礼品，或者在其购买的时候提供现金的反馈。

第三，红包激励裂变行为。顾名思义通过现金反馈或者折扣券反馈的方式，提高消费者或用户的传播意愿。在社群运营中，为了让社群内的私域用户活跃起来，可以给他们设置拉新的目标。比如，每位用户如若拉新超过5名，且这5名新用户均为购买了该企业产品的有效用户，则反馈给该名老用户一定金额的红包；或者在用户购买了某件商品时，可以告知用户写下自己的购物体验，并转发至朋友圈，附上企业二维码，则对其返还一定的金额，但是这种行为最好搭配着集赞活动进行，这样大量的用户可以看到这条朋友圈，保证传播的范围更广。

三、价值服务：直播塑造口碑

消费者更加倾向于互动性强和更有情感交流的引导方式，消费人群更加年轻化，传统电商平台对于年轻人的吸引力越来越小，以往的电商模式是以图片和软文为内容输出方式进行营销推广，但是随着信息碎片化，消费者接收信息的渠道和数量越来越多，传统的电商营销方式开始使消费者感到厌倦。直播的出现是信息技术发展和科技革新下的产物。在4G网络出现的初期，大众最初的感觉就是上网的速度更快，看视频的速度更加流畅；而智能手机的出现，对于大众来说则是一个小型的计算机，可以使用手机做更多的事情，手机摄像头像素跟10年前的照相机比已经相差无几。也正是因为网络速度的提升和移动端产品的升级，为大众提供了一种新的交互社交模式——网络直播。而直播的兴起，也为不同行业的企业提供了新的营销思路。直播对于任何行业来说，都是一个非常高效的广告投放渠道，商家可以通过直播更加细致地展示自家产品的优点。同时直播也是用户娱乐消遣的方式，用户通过直播可以看到更多新奇的内容。随着直播与越来越多的行业产生联系，我们看到了直播的潜力，各行各业都开始通过直播给自身产业赋能。直播可以作为一个工具，来试探市场里消费者或用户对于自身品牌的态度。

在未来，随着直播的发展，将会有越来越多的直播模式来赋能不同行业，提供给企业更多的变现方式，优化售后、售前服务，使企业的商业价值最大化。

（一）强大的社交性打造参与感

直播平台的优势在于主播可以实现同时一对多强互动性的交流方式，实现线上与消费者实时沟通，这满足了消费者对于社交的渴望。直播中，用户可以用弹幕或者评论的形式与主播进行交流，与主播实时的互动满足了用户对于社交的需求，同时提高了用户的参与度。电商直播带货的模式让消费者感觉身临其境，仿佛自己就在门店里购物一样，主播通过试穿、试用等方式展示产品，对于消费者的疑问可以做到实时的解答。

对于商家来说，他们可以通过直播得到营销转化率等数据，这种边看边买的形式，使消费者购买的流程被极大地简化。在直播推广某一产品的过程中，将观看广告、试穿和购买这三个动作浓缩成观看和购买，消费者只要看到喜欢的物品便会购买，因为一般来说，会进入带货直播间的用户本身就有着购物的欲望，进入直播间是一个选品的过程，所以主播需要做的是更好地展示产品。

在带货的过程中，主播通过展示产品，到与消费者进行沟通，并达成订单，一切都是以社交互动为基础展开的。与传统电商的区别在于展示和与消费者交流的方式发生了质变，消费者看直播购物的体验感更好。

（二）主播是信任的纽带

首先，直播电商成交的基础在于粉丝对主播的信任，主播在商家和消费者之间搭建起信任的桥梁，成为两者之间信任的纽带。然而，主播怎样才能获取粉丝对他们的信任呢？打造信任的桥梁有两个方面：主播个人专业的品牌形象和质量好的内容输出。

其次，直播的形式越来越丰富，各种直播平台向垂直化的方向发展，直播带货对于主播垂直化专业度的要求也越来越高。电商直播的主播也细分成不同的专业领域，商家也更喜欢用其产品所在领域的网络红人为其做产品推广。主播在其领域有深厚的专业知识，或者主播已经是某个领域的专家、意见领袖，面对消费者的提问能够帮助他们解决问题，才能够吸引他们，消费者也会更加信服其专业的水平必然会推荐最好的产品。

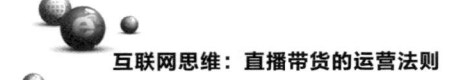

最后，主播在选择推荐商品的时候需要格外谨慎，只有真真切切为粉丝着想、推荐好货的主播才能获得粉丝的信任，主播也才有机会在推广的过程中持续向消费者输出有价值的信息。在购物中，其本质就是主播输出的内容可以匹配用户的个性化需求。近年来，消费者时间碎片化，只有真正有价值性的创作内容才能吸引消费者的眼球，这也是构建消费者与主播情感联系的方法。

（三）价值导向

首先，通过内容营销，向消费者传递有价值的产品，使消费者觉得产品是他们实际需要且物有所值的。内容营销的含义就是向消费者分享有趣的内容，为他们带来欢快，同时服务于本身的推销工作，需要创造有价值的内容来引导消费者消费，促使他们做出能为企业带来利润的行为。

其次，大部分的观众会对硬性的营销推广感到反感，因此在直播带货的过程中，主播需要添加一些互动元素，增加一定的娱乐性，不然这与电视广告没有什么区别，且无法更好地吸引消费者。

价值引导，顾名思义就是通过表现产品价值及服务来引导其购买。主播需要先判断当下销售的产品对于消费者来说是不是刚需，如果是，介绍的方法要更多地偏向于通过对比同类产品，向消费者展示该产品的优势在哪里；如果不是刚需，则需要慢慢打消消费者的顾虑，通过产品能为消费者带来什么好处，帮助消费者对标需求，如什么样的人才会需要使用到这种产品。比如，在销售电脑架的时候，大部分消费者并不了解其作用，这个时候主播可以介绍电脑架能够帮助人们调整坐姿，适用人群是每天都在办公室对着电脑的上班族，可以有效帮助他们改善脊椎问题，将一个产品变成一部分人的需求，这就是直播带货的作用。

私域生态专栏4：

格力董明珠直播带货

2020年年初在疫情阴影的笼罩下，国内大部分实体企业线下门店被迫关门歇业，与往年相比，线下客流量日渐减少。特别是实体电器行业的终端销售，此类产品部分需要入室为客户进行安装，在隔离期间受到了巨大的影响。根据空调行业的数据显示，格力电器在2020年上半年的营收严重萎缩，对比往年下降了近29%，仅为695亿元，而利润同比下降53.73%，净利润为62.6亿元。

受到疫情的影响，上半年消费者对于家电行业的整体需求降低，是格力2020年上半年业绩下滑的主要原因之一；另外这也与格力主动降低产品价格有关系，各企业为抢占市场份额的决心不容忽视。

在此大背景下，格力CEO董明珠努力寻求不同的渠道刺激企业的销售，拥抱当下风口中的直播带货行业。从2020年4月24日抖音首秀开始，董明珠就开始了全国巡回直播带货之路，通过各个平台公布的数据来看，截至目前，董明珠直播带货销售额累计达到了330亿元。

一、抖音首秀的失败

2020年4月24日晚8点，格力电器董事长董明珠一改往日的职场霸气形象，身穿一袭墨绿色长裙，首次以主播的身份出现在抖音的带货直播间，与镜头前的网友们打招呼。

在一个小时的直播中，董明珠首先带领网友们逛起了格力科技展厅，从企业创史的文化开始，再到格力旗下所经营的各类家电产品。但是由于网络原因，整场直播多次出现卡顿，网友们的观看体验并不好，几乎从头卡到尾，甚至评论区出现了无数网友的吐槽，很多网友都因此退出了直播间，导致整体直播效果不佳。这场直播并没达到预期的效果，因为实在太卡了。不是偶尔出现故障，而是在短短一个小时里，画面反复卡顿、重复，且声音断断续续。

不知道到底是抖音直播系统的问题还是因为格力的内部网络故障导致如此严重的失误。但可以确定的是，这场本该对传统实业公司产生标志性意义的直播并没有起到它应有的效果。直播结束后统计发现，本次直播的商品销量最好的是最便宜的充电宝——在一个多小时内也只售出了138件。其他商品则是随着价格的升高而订单量减少。399元的电风扇卖出了41件，439元的电风扇卖出了19件，699元的空气循环扇卖出了9件，700元的电火锅卖出了5件，而高于6000元的产品的销量基本上都是0。在直播中被董明珠大力推荐的售价1.2万元的空气净化器卖出了3台，成为本场直播销售额最高的商品。

从抖音销售后台数据可以看到，董明珠带货首秀当晚累计观看人数为431万，在线同时观看的人数最高达到了21万人次，商品销售额仅为22.53万元。可以说这

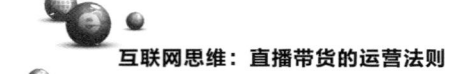

次格力与抖音，共同创造了史上最大的直播带货事故。

二、转换平台寻求新的改变——快手

继上次在抖音直播首秀遭遇滑铁卢后，董明珠在同年5月10日母亲节这天，开启了她的第二场直播，这也是她在快手的首场直播。

这一次，董明珠只用了30分钟，3个产品的销售额就破了1亿元！60分钟，单品销售额破1亿元！全场3个小时，销量额达到3.1亿元！两场直播数据一对比，高下立见。可以说，董明珠在抖音失去的，都在快手找回来了。她找回来的不仅是面子，更是信心。

由于新冠肺炎疫情的影响，格力电器在2020年的第一季度销售额较上年同期下降了300亿元。在过去的一年里，格力电器线上门店的销售额仅为3.5亿元，而此次由董明珠亲自出马带货，销售额基本上就达到了2019年整年的线上销售额。虽然3.1亿元的增收比起300亿元的损失，仍是杯水车薪，但是这次直播带货的效果让人们看到了电商直播背后的巨大潜力，从侧面提升了格力电器在渠道改革上的决心。

最终本次活动累计观看人数超过1600万人，最高同时在线人数超过了100万人。在短短三个小时内带货销售额达到了3.1亿元，其中直播开卖半小时销售额就破1亿元，100分钟破2亿元。相比此前董明珠带货首秀时出现的直播卡顿、成交额仅22.53万元的尴尬成绩，此次在快手上的直播带货无疑是线下电器行业的一次突破。

相比在抖音直播首秀时董明珠在格力的展示厅里面边走边直播，镜头一直处于晃动状态，无法真实地展示其产品的同时观众的观看体验也不好，而且直播最大的优势在于其能够及时与粉丝互动，拉近主播和粉丝之间的距离感。而这次在快手的直播中，场地的选择更加细致化，采取静态的拍摄手法，大大降低了网络不稳定的风险，同时采用更加真实的样品背景展示，使观众能够真实地感受到产品。

两次直播在选品和定价上也有着较大差别，在第二场直播中，选择的大部分都是低价产品，都是价格不超过2000元的小型家电，更加符合大众的消费水平，快手方面"拿出了千万资金来做补贴"，直播中多款产品更是全网最低价，2499元的空调在快手补贴后直降700元，而原价15899元的金贝变频Ⅱ空调更是低至8999元，比在拼多多、天猫、京东等电商上面的价格更低。

三、单日带货超65亿元，创下家电行业直播销售纪录

2020年6月1日，董明珠代表格力电器在网上直播带货，当天的累计销售额高达65.4亿元，创下了家电行业的直播销售记录。2020年第一季度格力电器的营收仅为203.9亿元，相当于这次直播带货一天就完成了格力第一季度30%的销售额。

想要了解为什么这次直播为格力带来了如此之大的效益，我们得从直播背后的逻辑入手。

相比于李佳琦等头部带货主播，董明珠背后站着的是整个格力，他们背后的商业逻辑在本质上有所不同。格力更多的是通过经销商在线下先获取一定的流量，即门店私域流量，再将流量引流到线上董明珠的直播间内完成变现。开播前，3万多名经销商及格力全体员工通过各种方法加微信，等到开始直播的时候，给这些用户发一个专属的二维码，用户就可以扫码进入直播间。这样一旦产生购买，经销商就可以赚取差价和服务费，虽然差价不如以前，但是薄利多销，赚到的利润会更多。同时系统可以通过二维码来识别你是哪个经销商所带来的流量。所以，董明珠的直播带货，本质上是直播分销的逻辑。经销商的作用在于形成自家门店的私域流量池，再将其引流至线上；而董明珠所需要做的是实实在在的推销产品完成流量的转化。此次格力直播带货的成功背后有三个主要的因素。

第一，完善的网络系统。二维码追溯、线上成交、销售分成等，这一系列流程，都需要IT系统的支持。在做直播很久之前，格力就已经做好了充分的IT建设。这套IT系统并不是专门为直播而准备的，而是早就做好了，这次正好用在了直播上而已。

第二，清晰的区域划分。在直播中卖货，总会有一些不是由经销商带来的流量。那这些流量到底应该算谁的？格力在经销商体系中，早就做好了清晰的区域划分。每一个送货地址，都有对应的经销商。所以就能很容易地把这些用户分配给相应区域的经销商，由经销商完成售后服务。经销商也能获得相应的服务费。

第三，严格禁止跨区销售。比如，你是这个区域的经销商，如果你想把格力电器卖到另外一个区域，这是做不到的。因为每一台电器都有区域激活码，如果你卖到别的区域，就无法激活电器，电器就不能使用。这就从技术上，严格禁止了跨区销售。所以在直播中，就不会出现经销商借着活动囤货，到另一个地方跨区销售的情况了。因此也就不会破坏原有的销售体系。

这是格力能做到这件事情的三个大因素。当然，董明珠这次直播能做到65.4亿元，还有一些其他的原因。比如各个渠道的配合，直播中对格力文化、格力技

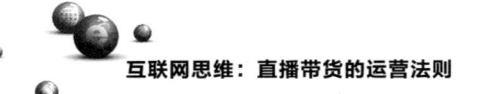

术的大力宣传，以及这次直播的时间点。这次直播，正好赶在了"6·18"之前。这就相当于把很多"6·18"的消费需求提前兑现了。

（资料来源：作者根据多方资料整理而成）

四、体验转化：诊断和体验课赢得信任

私域流量的最终目的在于流量的变现，而流量的变现在于与消费者建立信任的桥梁，这是私域流量运营的过程中最难的一点，而信任的打造在于企业是否能够为客户真真切切地提供对他们有价值的内容，或者有价值的帮助。

首先，企业要了解客户需要的是什么，不同的客户群体的需求是不一样的。私域流量群有一个非常大的优势在于它可以零距离接触到客户，从接触客户的过程中，企业可以诊断客户的需求是什么，并在满足客户需求的同时，向其提供一些有价值的内容。

其次，企业需要最大化地提升产品的价值，企业需要根据不同私域流量池中不同的对象来诊断出他们的底层需求是什么，或影响他们购物行为的因素是什么。不同的社群，企业为客户提供的服务也是不同的，企业通常会通过服务来为产品提供附加价值。

客户在购买某一些商家的产品的时候，他们首先思考的是商家的信用度，产品并非不符合客户的需求，而是他们在网上对比不同商家的产品时，不知道该购买哪一家的产品，同时他们对企业的产品还抱有怀疑的态度，对于企业所做出的产品描述有质疑。而这时企业需要提供一些真真切切的体验来打消客户的顾虑。

最后，为了赢得客户的信任，企业通常会通过体验课的模式来吸引用户。

总体来说，用户的变现在于信任的建立。企业需要诊断客户需求什么，他们困惑的点是什么，影响他们购买行为的因素是什么。了解了客户的疑虑，企业可以通过增强用户体验感的方式来打消客户的疑虑，做出有针对性的销售策略。

私域生态专栏5：

猿辅导：在线教育的获客方式

在线教育行业中如何低成本获得大量的客户，是所有在线教育机构所追求的目标，而低成本获客是近年来最火的一种方式，需要建立企业自身的私域流量池。

截至2020年秋季，猿辅导旗下的K—12正价课产品使用人次达370万左右。这个数字意味着，猿辅导是目前K12网课用户量规模最大的公司。

C端工具类产品的变现一直都是难题，猿辅导的成功，不仅打通，甚至带动了"工具+课程"的商业变现模式，而背后的底层逻辑究竟是什么？是猿辅导私域流量的运营玩法和产品发展思路，站在学习的角度来看，猿辅导确实是一个值得去学习的目标。

一、猿辅导简介

猿辅导在线教育，全国累计4亿多用户选择的在线教育品牌，国内K-12在线教育领域首个独角兽公司，目前估值超过130亿美元。

公司旗下拥有猿辅导、猿题库、小猿搜题、小猿口算、斑马AI课等多款在线教育产品，为用户提供网课、智能练习、难题解析等多元化的智能教育服务，帮助学生系统性、高效率地完成学习闭环。

公司始终致力于运用科技手段提升学习体验、激发学习兴趣、培养科学的学习习惯，让中国学生更便捷地获取优质的教育资源。

二、流量化为中心

猿辅导是李勇（猿辅导创始人，网易出身）旗下粉笔网、猿题库、小猿搜题等工具型产品衍生出来的产品。

2013年9月在开始做K—12教育之前，猿辅导产品针对的是公务员考试、会计考试、司法考试等职业教育市场。全部服务都是月付费，平均每月20元左右。所以早期的猿系列产品，产品属性一直都以工具性质为主；从工具型阶段向在线辅导、产品矩阵（低幼和K—12的课内辅导自营平台）发展。

早期市场中，因为移动互联网崛起，流量、规模化生意这几年要先于服务生意，利用流量效应卖题库成了很多平台的一种盈利模式。猿辅导流量化的生意模式：提供免费的题库，并为用户提供工具性的便利服务。

流量化市场发展的底层逻辑——猿辅导的市场定位：工具+教育辅导。在2015年，以流量为中心的市场，就已经成了猿辅导的目标。

通过小猿搜题、猿题库自身的工具性优势，来迅速积累客流量；工具引流+教育产品变现，是猿辅导运营的底层逻辑，也是一个很好的组合。

今天看来，猿系列产品市场推广的路线和私域流量的玩法不谋而合，"通过高频工具使用带动低频的课程购买"。私域流量核心价值是高频率、近距离、反复触达客户，从而提升教育培训机构的课程复购率。

小猿搜题、猿题库在引流用户层面，都是猿系列很好的工具型APP（小猿搜题不到一年的时间，便有超过5000万用户在使用），工具型APP为主要的流量杠杆，（通过这个支点撬动流量）推送猿辅导课程信息给工具APP上的用户，从而带动其他猿系列产品流量；让流量可以在自己的产品内形成一个闭环。

三、多渠道拉新转化

猿辅导的盈利信息表（信息源自网络）：

营业收入=（A短期低价课转化为长期正价课的新用户数量+B当期留存用户数量）×单用户平均收入

短期低价课转化为长期正价课的新用户数量=短期低价课用户数量×转化率

短期低价课用户数量=自有流量获客+产品间跃迁获客+社会化营销获客+媒体矩阵获客+SEO获客+社群获客+电销+转介绍

自有流量获客=工具类应用目标人群×渗透率×活跃度×购买短期低价课的转化率

短期低价课获客成本（由外部投放转化）=投放总额/外部获客数量

短期低价课获客成本（由自有工具流量转化、由产品间跃迁流量转化）=（自有工具成本+产品间流量成本）/内部获客数量

以上的几种获客方式，几乎涵盖了目前市面上能用的所有方式。也是短书平台经常提到的获客模式，即私域+公域的组合方式。自有流量获客——早期猿系列产品积累的用户。产品间导流获客——小猿搜题、猿题库之间广告位信息推送。社会化营销获客——猿辅导和最强大脑综艺IP联合活动推广方式。媒体矩阵获

客——抖音、微信公众号、微博等带有流量的平台，做内容分发。

随着互联网媒体、社交媒体的发展，用户时间被不同平台分割了。移动互联网的发展和各大媒体平台的普及，用户的时间、信息分布越来越碎片化，圈层化也越来越明显；用户很难在短时间内把信息集中起来。通过多维度的渠道，让产品的品牌信息，重复出现在客户的视野中，这样的模式最大化地抓住客户的注意力。所以无论是投放、跨界合作，还是社会营销本质都是通过不同的路径触达目标客户。

直白一点也可以理解为，是去各大平台上面买客户流量。再把这些流量变成自己品牌的私域流量。但是，流量很贵，没头没脑地买，一定是不行的。只有通过高转化率的拉新方式和私域玩法的留存运营，才能让一家公司快速而又健康地成长。

四、存量竞争靠用户思维

因为人口流量红利的下降，无论是线上市场还是线下市场，都已经进入了存量竞争市场。

说得再多，不如让大家体验一次。这就是引流课，是非常核心且有效的私域打法。私域流量最核心、最基础的就是用户思维。猿辅导搭建私域流量的营销模式格外清晰：以用户为中心，首先通过线上、线下的大规模硬广打造品牌，在客户心里形成深刻印象。再通过线上精准流量售卖免费、低价体验课。当这些短期体验课进行时，通过销售或辅导老师转化为正价课。

而快速形成品牌的方式，就是通过投放渠道。这种做法一般都非常费钱：地铁广告、公交站台广告，知名综艺IP合作等。

对大部分的教育培训机构而言，可能做不到全面覆盖地投放，营造庞大的品牌效应。不过尽可能地去利用高流量的平台，让你的潜在客户，有机会听过或者看过你，也具备等效的价值。例如，通过抖音投放的形式，做短视频内容的投放，再到热门高流量平台去投放或者内容分发，让自己的课程曝光即可。猿辅导在抖音平台的投放设计，以及其整个流程的客户转化路径和运营设计，适合大部分教育培训机构参考学习。

大部分机构在抖音平台的投放路径设计都是：客户—点开链接—在H5购买课程—添加老师微信。这样设计的好处是：多渠道刺激客户，提升每一个流量的利用率和转化率。

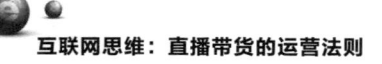

明确投放策略，用福利吸引客户的注意力。很多潜在客户点开了链接，并不一定是对课程的内容很感兴趣，有些看了课程的详细介绍之后，会选择跳出页面。因此，在这里要多加一个转化入口，通过引导客户进入公众号领取免费福利来吸引转化。

通过免费的福利，吸引潜在客户关注公众号，就可以直接进入体验课页面。不是单一的一节体验课，而是猿辅导全科目的体验课（包括小学、初中、高中）。

猿辅导的转化设计更加精细化：弱化了个人微信端，照顾那些内心决策权重更高的客户。客户可以直接在公众号端就领取体验课福利，这是一个更加短的入口，让客户更快地感受到内容价值，提高转化率。如果客户看完体验课，依旧没有下单，处于犹豫阶段（没有取消关注公众号）。10分钟内客户会再一次接收到优惠福利信息：3元即可体验引流课。

这一步动作设计很有价值，很多广告制造者，出于惯性，总会过早地暴露广告目的。有一部分客户，是很反感粗暴的广告模式的，直接奔着加微信的做法，会极大地消磨掉用户的体验热情。猿辅导通过区别以往的路径方式，给了客户超预期的体验：先不提微信号，先让客户体验。这种差异化的路径流程，可以吸引客户更多的注意力。

（资料来源：作者根据多方资料整理而成）

第四节　打造私域流量生态圈

企业可以通过微信或社群接近用户，这是最能直接接触到用户的方式，同时形成了企业自身的私域流量池，而直播则是一种更好地向用户展示内容的道具。随着互联网的高速发展，"互联网+"在直播领域延伸出了"直播+"的玩法，结合微信和社群所带来的流量基础，形成了微信+社群+直播的私域玩法。

2020年新冠肺炎疫情期间，全国大部分门店都面临着停业和整体线下流量萎缩的情况，由此，越来越多的门店开始发动员工通过线上营销的方式来获得新的流量增长。在此之前，随着直播带货的兴起及电商的普及化，人们都在怀疑线上购物是否将在未来代替实体门店运营。由此来看，实体门店必须另辟蹊径，寻找属于它们的线上模式。目前最常见的私域流量生态圈莫过于微信+社群+直播的玩法。对于实体门店来说，私域流量可以从固有的门店的流量中转换，特别是那些已经在线下门店产生过购买行为的消费者们，他们通常对于企业品牌有着较强的信任感，同时已经产生过购买行为代表着他们对于产品是认可的，可以通过线下加微信或社群的方式形成引流。在社群中，时常分享关于行业内的资讯及福利；在直播期间，通过传播直播信息将线下门店的用户转化到门店自家的直播间中进行变现。私域流量的玩法如图4-14所示。

图4-14　私域流量玩法

一、微信+社群

首先，微信和社群是企业引流和接触用户的工具，社群里的用户可以帮助企业更好地获得黏性强的粉丝，构建稳定的私域流量。简单地说，微信和社群是将对企业产品有需求的用户聚集起来，完成一个将客户变为自己的朋友的转变，打造出一个参与性强且对企业有一定忠诚度的社群。

其次，社群最大的价值在于如何去运营社群内的用户。微信社群营销是一种新的营销模式，其所具备的社交性是以往任何营销模式所不具备的。用户的社交价值在于传播和有助于树立品牌形象，在社群内的沟通具有开放性，每个人都可以分享自己对产品的观点，这不仅仅可以提高沟通的效率，同时增加了用户的互动性，减少了社交压力，形成一个社交的圈子。比如，当一个用户对产品有疑问的时候，可以在社群内向营销人员提问，每一次解答对于社群内的所有用户来说都是一次营销推广，使用户更了解产品。

此外，运营社群的一大重点就是建立起社群内成员的感情。换句话说就是链接起每一个社群成员。私域流量的初衷是与每个客户建立起朋友的关系，提高

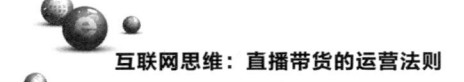

客户的忠诚度永远是打造私域流量的首要目标。每天在社群中提出一些建设性的意见和讨论当下热点话题，有助于提高社群内成员的凝聚力，使社群的氛围越来越好。

二、直播的私域玩法

粉丝经济指通过粉丝流量产生的经济收益，在直播领域中谁能获得更多的流量谁就能获得更多的经济收入。粉丝经济将互联网的用户变成企业的粉丝，并利用粉丝和偶像之间的信任度和情感链接在不同层面进行交易。而社群经济指的是将粉丝变成企业的朋友，通过朋友间的互动、交流，对企业产品产生反哺的价值关系。

首先，直播是目前粉丝经济的变现工具，是向用户展示产品和生成内容的工具；而社群奉行社群经济，利用私域流量来培养粉丝和了解用户需求。两者相结合先将直播平台的用户变成自身的粉丝，再利用社群让粉丝变成企业的朋友。

其次，结合微信和社群所带来的私域流量，利用直播进行流量变现。直播变现的模式可以同时突破当前传统电商和线下门店所面临的最大的问题，一个是线上购物客户对于产品并不了解，另一个是可以突破传统售后服务的缺失。

（一）直播为私域流量所带来的体验营销

体验营销指主播通过体验的方式使消费者真真切切地感受到产品的质量和服务的效果，深化产品消费者在心中的感知价值。其背后的原理是增加消费者对产品的信任程度，因为在对比电商和线下门店的交易成功率时发现，电商虽然获取的流量更多，但是其实际的流量转化率比线下门店低很多，究其根本是用户无法实际体验到产品的好坏。所以主播专业度的优势在这里体现出来了，主播并不一定是受雇于产品方，他存在的意义在于帮助粉丝去体验产品的价值，同时在这一领域有一定的专业知识，可以对产品或服务的性能及实用性进行专业的评价，而这种专业性可以是后天培养出来的。

同时，直播在私域流量中属于内容的呈现形式，主播不但可以更好地向用户展示产品，而且可以向用户提供其他有价值的信息，包括主播体验下来对于产品性价比的评价。直播时可以利用客户对主播的信任进行产品推广与变现。

（二）突破传统售后服务，拉近与粉丝的距离

直播的一大好处就是可以方便消费者和商家之间的沟通，在主播的使用和介绍下，产品的优缺点被充分展现出来。消费者可以在直播间内与主播沟通，企业可以及时对消费者提出的问题现场解答，这种方式可以拉近消费者和商家之间的距离，使消费者感觉像在线下门店购买一样，同时也增加了消费者的参与度。

三、三者相结合的私域流量玩法

直播平台在广义上属于公域流量平台，而微信和社群是私域流量池，三者的结合需要通过一个可以传播产品内容的工具和引流渠道来实现，即直播。在公域流量池中使自身的产品获得高曝光度，然后通过微信和社群进行粉丝的沉淀。

直播、社群和微信这三者力求打造一个线上营销的闭环，形成半私域流量加上半公域流量的玩法。微信和社群可以看成是私域流量的载体，可以在这一载体之中培养自家企业的私域流量池和经营属于企业的忠实客户，同时为流量未来的持续复购打下坚实的基础；直播则是公域平台上流量的入口，企业可以利用直播在线上反复进行拉新引流，将公域平台上的流量引入自身的私域流量池中，也就是微信和社群，不断地获取新的客户。同时直播也是企业寻求流量变现的重要工具，在直播间，主播可以带动粉丝的购买动力，同时宣传企业的核心价值观，并把实际购买的客户转化及沉淀到私域流量池中。

章末案例

快手的私域流量孵化计划

在快手大数据研究院所发布的《2019快手发展报告》中，有600多家机构入驻快手，这种情况是由近年来短视频行业的蓬勃发展、直播机构的迅速崛起，以及其背后巨大的利益链所造成的。在过去除了快手之外的短视频平台，如抖音、西瓜视频等，都有着强运营的手段，倾向于对头部MCN机构进行信息流的分发，使

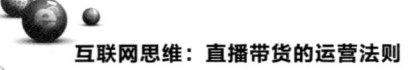

头部玩家能够最大限度地获得高曝光率和高流量，从而使整个行业发展初期的机构能够快速发育。一些小型视频的创作者，通过大型MCN机构主播账号的流量来引流，帮助发展初期的机构，以及主播，使他们能茁壮成长。在过去的一年里，快手开始大力扶植MCN机构，得到的效果也十分明显，越来越多的MCN机构开始入住快手平台，从中我们可以看到私域流量对于各类MCN机构的吸引力之大。在前期，大部分视频平台都会通过强运营的方式分发不同的流量给不同体量的短视频作者，每个视频作者都能得到公平的对待。但是这样对于机构来说是无法很好地沉淀私域流量的。因为私域流量的粉丝黏性比较高，且客户忠诚度高，主播在变现和推广过程中，都能得到非常好的支持。粉丝也会更加关注大主播的直播带货环节，但是强运营平台对于以往机构来说并不能很好地沉淀私域流量。

一、从内容到变现——快手的私域逻辑

快手在其UI的设计上，使平台上的每个个人账号的流量较为平均，可以看到在同城发布的短视频和高热度视频同时处于主页之中，快手用户发布的内容所有关注者都能看到，这使得快手构建了一定的社区氛围。与此同时，大部分用户更愿意通过关注、同城、说说等视频流量入口，去寻找并关注自己喜欢的主播，即强交互的粉丝养成。

这就与强运营下的流量导向型平台，形成了巨大的对比，如抖音等视频平台，更多的是根据单个视频热度来向用户推荐视频。而快手的用户则更加喜欢看和关注视频的原作者，不是一直在主页当中寻找有意思的内容，这对于原创作者来说，就是有了与粉丝交流的更好机会，只要一直做出粉丝喜欢的内容，就能不断增强粉丝的黏性，这其实就形成了一个私域的流量池。

这个私域的流量池，对于创作者和MCN来说价值很高。它不用创作者想尽办法地追热点，而是可以打造自己的人设，这也是创作者们很看重的一点，而从行业来讲也可以避免内容的同质化现象过于明显，这是吸引MCN机构们的一个重要方面。目前MCN机构的内容生产成本很高，如果是在以公域流量为主的平台上，花费资源和精力制作的内容如果没能成为爆款就几乎没有价值，也就是内容的成果并不稳定。但在快手这样私域流量保护较好的平台上，虽然作品不一定大爆，但播放量相对稳定，且能不断增加粉丝黏性，内容的效果更加稳定，这无疑是性价比较高的选择。

私域流量对创作者和MCN机构有吸引力的另一个方面，就是其带来了更多

元的变现方式。据克劳锐统计，目前80.6%的MCN机构都开通了广告营销变现方式，而平台补贴和内容电商分别只有48.4%和35.5%。很明显，这种营收结构太过单一，并不利于机构们的长远发展，所以在当下机构们都在寻找新的变现机会。

做私域流量的生意，因为粉丝的高黏性，让创作者无论是做什么都更容易有粉丝响应。《快手MCN发展报告》显示，直播、快接单、电商卖货、知识付费、后贴片广告都是快手提供给创作者们的变现方向，只要粉丝积累得足够扎实，MCN们就可以借助私域流量的深耕实现收入多元化。

同时，快手对私域流量的保护，也让机构有了针对自身发展的更多主控权及话语权。快手与MCN不签独家合约，而是以合作的对等关系推进，这也会让机构们有更灵活的发展机会。

二、构建内容生态链

自2019年7月快手开始介入MCN以来，其一直在探索如何更好地服务机构和创作者们，最先开始的动作就在内容侧。快手搭建了专门针对MCN的运营团队，让新入驻平台的机构能够更好地融入快手，比如在平台规则、内容封面和标题上做出指导，包括内容的迭代与调整建议，帮助机构适应平台。

在内容方面，快手也有一些运营手段，比如站内的热点活动，针对合作的MCN，快手方面会提前预告机构进行预埋，让在内容品质上更有保证的MCN不会错过活动，进而也能带动平台内个人用户的创作热情。

在商业化方面，快手也一直在积极推动。2017年9月，平台上线快接单，2018年6月上线快手小店，同年10月发布营销平台，同年12月又上线电商服务市场。一系列动作加强了创作者在变现上的能力，尤其是在电商方面做出了多种赋能，无论是在销售转化还是供应链上，都解决了不少创作者的困难。

内容电商正是当下机构们最为看好的一种新变现形式，通过在私域流量的耕耘，MCN能够增加旗下KOL的品牌性，不少美妆达人就正在实现从带货到品牌联名再到成立品牌的路径。在快手提供的种种商业化服务工具与平台后，更多原创作者和一些不具备电商能力的MCN机构就有可能向内容电商方向拓展。据快手商业生态负责人徐晗曦介绍，6·18期间，快手创作者获得了超过6000万元的收益分成，这正是快手对创作者在商业化上赋能的结果。

而除了在内容侧、商业化上快手给出了多种解决方案，在服务侧快手也在努力为机构们提供更好的体验。比如搭建机构运营后台，能够让机构们更便利地管理达人，而每月推出的月度机构榜单，从不同细分垂直进行评分，也能让机构们了解成长数据，更好地做出发展决策，并且还能激励MCN的创作与发展动力。

可以说，在快手强化了自身针对MCN的服务力与多面赋能后，构成了一个良好的内容生态，这的确能对机构们产生吸引力，尤其是对于腰、尾部的MCN来说，快手的这种强化能够提供更大的推动力。据《快手MCN发展报告》显示，目前49.1%的机构尚未盈利，这其中大部分都是非头部的MCN，而融合了对私域流量的保护与内容生态构建的快手，无疑能吸引这类MCN的青睐。

三、流量链接

从一开始，"私域流量"就是快手的最大卖点。私域流量为快手带来的是提高用户和创作者之间的信任度和依赖性，这使得快手在直播打赏和直播电商变现上相较于其他平台更具优势且进展更快。

如果短视频平台没办法更好地掌握流量分配权，这将导致后续平台上内容的生产者的变现速度降低。快手的收入构成即为例证。据报道，2018年，快手收入200亿元，直播占到了90%。2019年，快手收入近500亿元，其中，直播300亿元，广告150亿元，电商50亿元。可以看出，直播在快手的收入比例中十分高。这也就不难理解快手为什么要从私域到全域——公域的流量更大，很多品牌客户需要公域的流量来做曝光。对快手来说，则更利于做广告变现。

快手磁力引擎旗下磁力聚星与快手粉条近期进行了升级，通过打通公私域流量、提升产品力，从而起到赋能新商业模式和品牌营销的目的。其中，磁力聚星原名快接单，商家可以在平台上找合适的达人来做推广，达人通过在平台上接单，完成任务并获得收入。升级后，磁力聚星从达人私域流量价值交易平台，升级为快手达人生态营销平台。

具体来说，本次升级主要体现在四个方面。产品层面，做了为客户和达人提升连接效率、全域分发等五个层面的升级；达人层面，不断拓宽达人多样性；营销层面，为客户提供一整套策略营销玩法；生态层面，更加开放和足够包容，让每个生态中的参与者都能找到聚焦点，产生更好的互动。

值得一提的是，其中的一个重要变化在于，过去，磁力聚星的作品，只在快手APP的私域分发。在升级后，将进入公域，即作品新增在快手APP的发现页、同城页及标签精选展示。

目前快手已经在尝试。比如新氧的品牌广告，在快手上公私域占比分别为

3∶7，而安慕希的广告，公私域占比分别为5∶5。

另一个做出升级的产品是粉条。粉条是一个用户可以付费推广自己的作品、获得更多曝光、使视频成为热门的可能的工具。升级后的粉条，不再局限于推广工具的定位，而是链接起快手整个内容生态，帮客户做确定性涨粉，找到更精准的商业流量等。

（资料来源：作者根据多方资料整理而成）

本章小结

本章介绍了公域流量和私域流量的区别，以及私域流量的由来，公域流量平台下各大APP抢占了大部分流量，新晋企业在获取流量的成本上日渐增高，企业愈发愿意培养属于自己的私域流量池。通过各种载体工具，如微信、微博、小红书等热门APP将流量引流到个人的微信之中，同时与直播形成联动，形成一套可复制可长远发展的私域流量平台营销模式。私域流量可以使企业更好地留住客户，从而挖掘客户整体的生命周期，以及深挖消费者的潜在价值。通过洞察客户的需求，了解客户的痛点，用有针对性的产品来吸引客户。在通过流量的裂变及社群来形成企业自身的私域流量时，用私域流量池中有价值的内容服务消费者，从而提升企业的品牌形象。而这一切也延伸出了更多的私域流量玩法，比如微信搭配社群，再加上直播的私域流量打法，形成一个完善的私域流量生态圈，打造流量闭环，企业形成一套从公域平台引流，到私域流量时的留存，再到对客户的精细化运营，达成用户最终的变现，以及用户的裂变。作为直播带货的好帮手，私域流量是互联网时代及直播新时代各大企业的一大利器。无数企业通过利用私域流量达成了高速增长，是以往传统电商企业所望尘莫及的。

第五章

直播变现

直播带货是新零售模式下的一个创新的销售场景，其作用既不能过分高估，也不要刻意贬低。被"带货"的产品需要有一定的要求，不是所有产品都适合直播带货。更不能把直播带货当作灵丹妙药，企业的行稳致远，最终拼的还是产品技术和品牌渠道的综合实力。

——北京钉子文化传媒创始人　丁少将

第五章 直播变现

开章案例

伊能静医美直播，新氧成为最大赢家

2017年，中国成为全球第二大医美市场。然而，2020年年初的疫情对那些过分依赖线下美容院渠道的医美机构来讲，冲击是巨大的。幸运的是线上直播让很多医美人似乎感到了一丝"生机"，医美行业的直播也正在充斥着每一位医美老板的眼球。借着直播这股东风，新氧开始招募"主播天团"，精准地洞察到消费者的诉求，在新氧医美抗衰节期间，其通过直播的形式，发起821场相关直播，时长达到了957.7小时，围观人次超过1177.1万，互动评论超过16.7万条。那么，随着颜值经济进入4.0时代，新氧为什么要打造"第一医美直播"？在医美赛道上，新氧又是怎么将直播变现的呢？

一、公司介绍

北京新氧科技有限公司于2013年11月8日成立，是一家致力于用科技的方式帮助爱美女性健康变美的公司。其中，新氧网是一个关于健康和美丽的平台，在新氧网里，有很多关于整形、美容、护肤、美体方面的医生和达人。新氧成立以来一直凭借"医美社区+点评+电商"的社区运营打法攻城略地，并迅速成长为全国最大的医美行业流量入口和垂直医美平台。在移动互联网人口红利削减的大背景下，逆势高增长使得新氧的商业模式在上市前就已经获得诸多大牌风投基金追捧。从创立到赴美上市，新氧只用了五年多时间，2019年5月2日，新氧在美国纳斯达克成功上市。目前来看，新氧是国内最大的医美互联网平台，有在线查询、挑选和在线预约的功能。

在医美消费链条上，由于对机构资质、医生技术、服务水平缺乏了解，用户先要面对的是信息不对称的问题，而在线上平台了解了足够全面的信息后，用户的最终决策还需要临门一脚。此时"眼见为实"的视频面诊就发挥作用了，即时"面对面"的医美直播，不仅能拉近医生和用户的距离，而且可以消除用户疑虑，提升信任度。新氧直播主要分为以下三类，如表5-1所示。

表5-1 新氧直播类型

新氧直播类型	内容
机构直播	新氧提供平台和技术支持，医美机构依靠自身行业积淀和对用户的理解，策划推出直播内容和活动
医生直播	专业医生可以在线直播分享医美知识，一对多实时答疑用户问题
明星和达人直播	明星直播会配合重大活动节点进行，达人直播更偏向现身说法，引导医美健康消费

此外，新氧还建立了三大智能系统来供直播支持：主播变现系统，包括CPC分账体系、CPS分佣体系；主播星级管理系统，包括主播成长体系、主播任务体系等；流量动态分发调配系统，包括内容评级系统、核心流量排布策略。

二、新氧医美直播变现亮点

如今在整个互联网市场中，品牌营销人都有一个共同的焦虑：品牌试图传递的信息，在嘈杂的传播环境下，往往只是用户脑海中不过7秒的金鱼记忆。新氧医美抗衰节期间，公司CEO金星"霸气出场"，携手"冻龄女神"伊能静通过直播方式向大众传递抗衰科普知识。新氧的这次医美直播节奏紧凑，火力全开，引爆社交媒体和大众讨论，中间没有形成任何断层，使得用户在这段时间被持续强化认知，让品牌成功出圈，直播顺利变现。在这一直播变现过程中，主要有以下亮点，如图5-1所示。

图5-1 新氧医美直播变现亮点

第一，明星+CEO的组合，增加用户信任感。新氧的热玛吉狂欢夜直播采用明星+CEO的组合，可谓一举两得：邀请热门综艺《乘风破浪的姐姐》中的伊能静，利用她所积累的超高明星效应构建强大的磁场，又通过CEO权威的专业形象，增加信任感。有明星的地方，从来就不缺话题和流量，也能够使大众好感度和认知度都保持在较高的水平，对品牌来说更是一个曝光度分发机器。"冻龄女神"伊能静这个形象和此次直播活动契合度极高，能在粉丝中产生巨大的影响力和话语权，让直播产生1+1>2的效果。一方面，能让粉丝成为品牌营销的参与者、助力者，激发粉丝变现；另一方面，能将新氧抗衰节植入到更多用户的心中，强化平台信任感。

第二，商品底价+有趣的福利玩法，降低消费门槛。无论什么时候，折扣对消费者都有致命的吸引力。此次热玛吉狂欢夜直播活动，最直接打动消费者的是，实实在在的商品底价与好玩有趣的福利玩法。在直播间，新氧送出了10万元的礼品，还有各种跌破底价、让伊能静直呼"太夸张"的秒杀活动。但这些还不算重头戏，热玛吉狂欢夜新氧的"撒手锏"是补贴100套新一代双认证热玛吉。众所周知，在疫情期间，能找到的原装进口热玛吉很难，新氧推出的热玛吉不光有双认证，而且是原装正品、全新探头，确保了医美的安全可靠性。对用户来说，在降低了品质消费门槛的同时，还升级了体验，这样能保证更高的用户留存度和忠诚度。

第三，击中用户"恐老痛点"。在信息加速、消费升级和女性医美意识空前觉醒的今天，抗衰老已经不再是熟女们的需求，还没衰老的人比已经衰老的人更害怕变老。"预防脸上第一道皱纹"是年轻消费者都在关注的事情。据新氧预测，随着90后一代全部步入30岁，中国医美消费将与日本的趋势类似，即医学抗衰成为大众消费群体日常保养的方式，替代掉一部分高端化妆品和生活美容市场，医学抗衰走向大众市场。新氧这次的营销直击用户"恐老"的痛点，推出了各种抗衰老项目，如明星热推的热玛吉项目。巧妙地将品牌作为解决痛点的撬点，从潜意识里影响消费者的决策。

三、结论与启示

新氧在短短的五六年内从一家初创公司迅速成为行业龙头，核心原因在很大程度上源于移动互联网医美平台通过技术和商业模式创新解决了行业的痛点，不断提升医美行业的透明度，降低医美机构获客成本，优化消费体验。由新氧"内

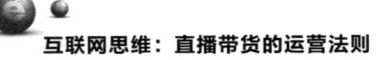

容+社区+媒体+电商"四位一体的战略卡位，以及已被证明的流量变现能力，可得出以下结论和启示。

第一，破解行业痛点，打造医美平台。在新氧的医美营销平台拥有大量的医美用户后，主流医美机构和医生便接踵而至。机构和医生的入驻，为新氧提供了做交易的条件。2017年新氧交易额超60亿元，切入交易让新氧的流量变现更具效率。目前，新氧的单月收入达数千万元，已经是其他竞争对手几倍的规模。

第二，创新营销方式，推出次卡活动。在获客成本日益高昂的今天，次卡让新氧摆脱了过去作为一个平台，无商品的尴尬境遇。用户成为付费会员后，不仅能提升用户留存率，还能提高用户在新氧平台的活跃度。在热玛吉返场福利和新氧次卡的双重加持下，新氧医美抗衰节不光获得了流量，扩大了存量用户，更产生了可持续的销量。回过头来看抗衰节，一方面，新氧在营销端以建立情感链接为触点，抢占用户心智，快速建立起新用户的医美线上消费习惯；另一方面，新氧还在整合专业、优质的医美资源供给，营造良性的行业秩序。

第三，创新商业模式，构造流量闭环。新氧的商业模式比较清晰，先通过PGC（专业生产内容）和UGC（用户生产内容）的方式在公司的社交平台沉淀大量原创、可靠及专业的内容。用户可以通过这些内容搜寻到相应的医美产品和服务，并最终形成购买决策。用户在完成消费后，可以在平台上分享医美体验并对产品和服务的质量给出评价，为其他用户提供参考。这一反馈机制在促进医美机构高服务质量的同时，也能帮助新氧平台积累更多优质的内容。由此可知，新氧通过这种模式建立了一个潜在消费者从产生想法到最终做出消费决策的闭环。

（资料来源：作者根据多方资料整理而成）

"淘宝第一女主播"薇娅，曾经创造过单场销售额超过2.67亿元的纪录；"口红一哥"李佳琦在2019年天猫"双11"的预售首日仅仅用了5分钟就卖出了上万支口红。这些成绩直接反映了直播这一营销模式的变现能力。

第一节　直播变现的价值与内涵

直播是一种"更轻快"和"更交互"的内容形式，作为当下最火的赛道之一，直播延续了"直播+电商"的热度，在疫情突袭的2020年上半年更上一层楼。目前，我国处于电商直播模式新时期，"直播+"模式成为直播平台及内容创作者的选择，尤其是能在直播中进行商品售卖的"直播+电商"模式更是引人注目。

一、直播变现的本质

直播电商实际上是内容电商的升级，也是一种"货找人、人找人[与内容社交电商的区别是人（主播）在电商交易中的比重更大了]"的形式，本质是将内容化中的交互形式大幅提升，带来"种草"效率与转化效率的提升。以直播为工具，以电商为基础，直播可以从优质内容出发为电商带来流量，从而达到为电商销售变现的目的。总体来说，直播+电商模式是一种新的推销手段，在这个营销体系中，包含导购、叫卖、商品展示、议价、现场下单等只有直播才存在的特殊电商场景。

二、零售行业入局"直播+"的机会

2017年直播行业迎来了监管和洗牌，商业模式逐渐向"直播+"转型，单纯做移动直播的模式已经遇到天花板，"直播+"不仅对直播的内容是一种丰富，在变现能力上也提供了更多可能。如今较为常见的是电商、广告、游戏、旅游等多种元素。

对于电商行业而言，直播的热潮只是让其转换了销售的地点，从而获得效能的提升，只是在"量"上的不断积累，还没有到大跨度的"质"的飞跃。但对于线下零售行业来说，从很大程度上打破了传统零售的模式，使"产品批发—固定市场—目标客户"的传统销售链转变为"用户需求—多样化产品"的模式，出现了跨维度的质的飞跃。直播模式与零售行业的关联如图5-2所示。

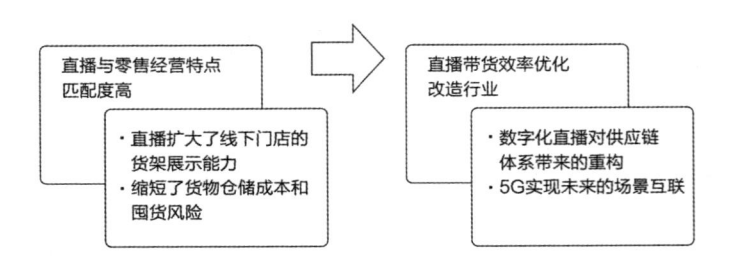

```
┌─────────────────┐         ┌─────────────────┐
│ 直播与零售经营特点 │   ═▶   │ 直播带货效率优化 │
│ 匹配度高         │         │ 改造行业         │
│  ┌───────────┐  │         │  ┌───────────┐  │
│  │·直播扩大了线│  │         │  │·数字化直播对│  │
│  │ 下门店的货架│  │         │  │ 供应链体系 │  │
│  │ 展示能力   │  │         │  │ 带来的重构 │  │
│  │·缩短了货物仓│  │         │  │·5G实现未来 │  │
│  │ 储成本和囤货│  │         │  │ 的场景互联 │  │
│  │ 风险       │  │         │  │           │  │
│  └───────────┘  │         │  └───────────┘  │
└─────────────────┘         └─────────────────┘
```

图5-2　直播模式与零售行业的关联

第一，直播的特点与零售行业的经营特点匹配度高。直播模式中的主播实际上和实体店零售的导购员身份类似，在直播模式下，通过主播和更接近用户购买习惯的直播场景间，可以扩大线下门店的货架展示能力，同时降低了货物仓储成本和囤货风险。

第二，直播带货效率优化只是当下，改造零售行业才是最终目的。数字化理念与技术的出现，再加上5G的到来为直播提供了稳定且立体化的场景（AR、VR），从而使"C2M"模式得以落地和推进，2M拥有无库存、定制化、精细化等特点，其是通过数字化技术分析前端手机消费者偏好数据，之后通过定制化的方式进行敏捷生产，最后让目标产品直达消费者。C无疑对供应链和价值链体系的融合和重构带来影响。未来直播会和现在的电商一样，成为大多数零售行业的标配。

三、直播变现的未来价值

随着5G商用的快速布局，商品信息展示动态化的趋势逐渐明显，尤其当直播进入移动终端后，更是引发了"全民直播"的热潮。从2019年开始的电商神话，到2020年"黑天鹅"中的救命稻草。电商直播的强势崛起和普及，无疑是一个非典型的互联网商业现象。未来，在直播模式不断实现流量和内容变现的过程中，电商直播的规模将持续增长，涉及的领域将不断延展，行业未来或向平台化、产业化不断发展。直播电商行业也将进入新的发展红利阶段，成为影响传统电商卖货模式的一支重要力量。

第二节 直播带货的流量变现

在互联网时代下，流量被企业看作是赢得消费者和赢得市场的重要"武器"。流量的力量是非常强大的，但直播的竞争非常残酷，因此所有主播都需要掌握流量变现的形式与技巧，让自己快速"火"起来。

在流量变现的众多形式中，直播节目与广告结合、植入式广告都是典型的流量变现形式。可以说，广告和直播都是为了提高货源的销量，广告能展示产品且水平远高于一般的带货水平。在明星大腕代言下，使得目前直播带货的入场费也逐渐提高，那么直播与广告结合、植入式广告及电商卖货究竟会创造出什么样的流量变现新模式？本节将从三个方面来阐述。

一、直播节目与广告结合

在当下直播商业化的模式中，直播带货的推广效益已经完全赶超了传统营销。广告营销是促成消费者的直接购买，扩大产品的销售，提高企业的知名度、美誉度和影响力的活动。对于广告需求商而言，让消费者加深品牌认知度和接受度，是广告投放的主要功能。而直播正是具备这种引导功能的新颖媒介，强烈的现场体验感和互动感，可以大大弥补文字和语音导致的信息量不足，这也是直播平台广告逐渐受欢迎的原因之一。因此，在直播节目与广告的结合中，不仅可以创造较高的产品转化率，而且对塑造品牌有极强的推动作用，从而吸引大量品牌商投入，可以说，广告营销也是直播平台较好的变现方式。

（一）"智能"推荐：突破传统广告瓶颈

广告无处不在，无孔不入，虽然大多数广告我们转眼就忘了，但总有一些广告能吸引大众注意。在直播带货没出现之前，核心媒体的广告位置主要聚焦于资源的分配，广告公司的人特别累，因为从创意策划到媒体投放都依靠传统且繁杂的流程来实现，服务的质量与员工的能力高度相关。而在"直播+"的营销时代下，广告的重点是广告匹配的有效、精准，因为每个人获取到的内容信息并不都相同，只有精准到用户的个性化需求才能捕获用户的心。

央视市场研究（CTR）发布的《2019中国广告市场趋势》显示：2019年增加

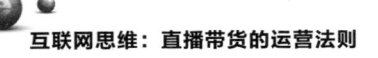

预算的广告主创10年新低，2018年广告从业者增幅6年最高，国内传统广告市场容纳了将近560万广告人、5万家代理公司，年营业额逼近8000亿元。究其原因，很大程度上是因为广告营销模式泛滥，大家盲目跟从而没有针对产品或服务的具体情况来精准营销。

据此，企业广告营销的主要工作应该是尽量去评估各种广告资源、内容的流量性质，想方设法进行精准匹配。一方面，节目与广告结合时应以用户的兴趣标签为切入点，"智能"呈现不同用户感兴趣的各种内容，精准地在电商直播中投入合适的广告信息和产品品牌。另一方面，采用"广告机台"模式，以智能数据算法让广告的业务模式更加标准化，系统地进行"广告投放匹配+数据分析"，逐渐摆脱了依靠人来进行内容策划，再寻找直播平台进行带货的服务模式，也就顺利实现了高效的广告流量变现。

（二）特殊广告资源：节目和广告的完美结合

作为另一种与广告相关的流量变现模式——特殊广告资源的开发，其最常见于电视台。具体做法就是将节目与广告高度融合，无缝连接，借此获得良好的宣传效果。其形式也是多种多样的，如冠名广告、特约赞助广告、节目结尾Logo、鸣谢字幕、演播室广告、节目内容广告、实物赞助等，如图5-3所示。

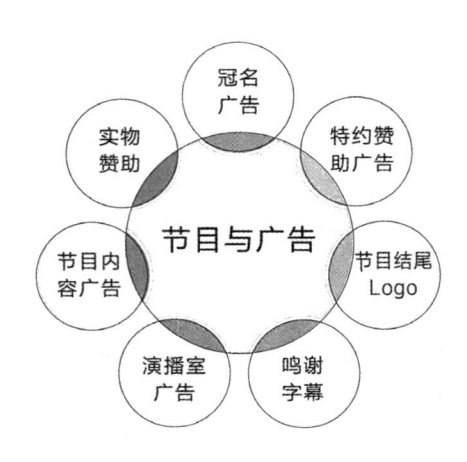

图5-3 节目与广告融合形式

这些特殊广告资源的开发形式有效提升了品牌的知名度，并为品牌销量做出了一定的贡献，是一种十分高效的变现方式，如今很多直播也开始借鉴这种方法。

直播变现专栏1：

有赞直播流量变现模式助力商家成功

在互联网电商模式下，直播主播IP充当了流量入口，为商家或自己的店铺提供推广渠道。这种用互联网思维卖货的主播IP电商导流模式，可以更加精准地把握客户的需求，流量成本更低、转化率更高，具有更大的变现优势。2020年上半年，新冠肺炎疫情对于线下零售渠道的经营造成冲击，加速了商家数字化转型的进程，极大地促进了直播变现的现象发生。

一、公司简介

中国有赞有限公司（英文名称：China Youzan Limited）总部位于香港，所属行业是软件服务业，成立于1999年8月17日，主要从事一般贸易业务。该公司通过四个业务分部进行运营，具体包括一般贸易分部、预付卡及相关业务分部、旅客相关服务分部和一鸣神州分部。其中，零售科技SaaS服务业务帮助商家进行网上开店、社交营销、高留存复购，拓展全渠道新零售业务。有赞旗下拥有：有赞学院、有赞微商城、有赞教育、有赞小程序、有赞零售、有赞餐饮、有赞美业等全面帮助商家经营移动社交电商和全渠道新零售的SaaS软件产品及人才服务，也拥有"有赞云"PaaS云服务、有赞推广、有赞分销、有赞精选、有赞微小店等服务。

二、SaaS系统的一体化新零售解决方案

有赞并不是纯粹意义上的电商公司，也算不上是面向大众用户的平台公司，

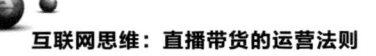

它的业务专业术语是SaaS服务，通俗一点就是为商家提供开店工具，帮助商家网上开店、网上营销、管理客户、获取订单。这种角色让有赞近距离和纵深化地理解流量变迁。

有赞向商家提供强大的基于社交网络的全渠道经营SaaS系统和一体化新零售解决方案，并应用PaaS云服务实现个性化定制，同时提供有赞担保、有赞分销、有赞推广等延伸服务，帮助商家建立及提升线上经营能力，实现与消费者线上直接连接，引导消费者在线上店铺完成交易；帮助商家通过持续与消费者的多渠道互动，提高消费者留存和复购；帮助每一位重视产品和服务的商家私有化顾客资产、拓展互联网客群、提高经营效率，全面助力商家成功。

三、有赞直播变现解决方案

有赞为商家提供线上线下一体化的数字化解决方案，帮助商家实现终端门店数字化、导购数字化、营销数字化、会员数字化，并用搭建直播货架的方式，助力商家提高销售金额，实现全面数字化升级。有赞直播电商解决方案帮助商家、主播搭建直播店铺，利用直播搭配短视频等多种导购场景，提升购买转化，实现流量变现。

第一，直播导购。直播导购是指借助直播先天优势，通过现场互动、实物演示、在线答疑，增强顾客信任，加速购买决策。有赞能够帮助企业打通直播平台，轻松实现边播边卖，提升购买转化，具体措施包括送券、抽奖、秒杀、拼团、推送微信、推送通知、推广海报……有赞通过爱逛这一小程序直播实现直播导购功能，爱逛打通有赞微商城，主播们给观众讲解商品，边聊边卖，观众可以边看边买，如图5-4所示。

第二，短视频导购。短视频导购是指对接主流短视频平台，借助短视频推荐商品，引导观众边看边买。此时，有赞店铺后台统一管理商品、订单、客户、资金，省时省心。有赞通过打通快手平台，实现顾客可在短视频、直播页面直接购买有赞商品的目的，如图5-5所示。

第五章 直播变现

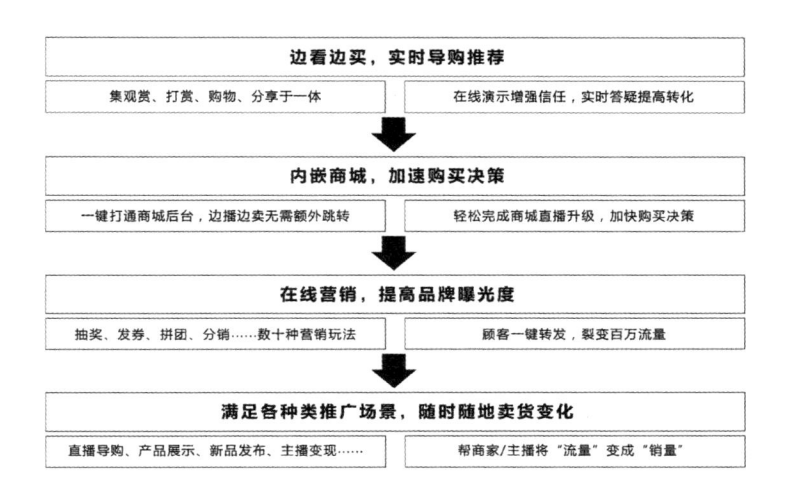

```
┌─────────────────────────────────────────────────┐
│            边看边买，实时导购推荐                │
├──────────────────────┬──────────────────────────┤
│ 集观赏、打赏、购物、  │ 在线演示增强信任，实时答 │
│ 分享于一体            │ 疑提高转化               │
└──────────────────────┴──────────────────────────┘
                        ↓
┌─────────────────────────────────────────────────┐
│            内嵌商城，加速购买决策                │
├──────────────────────┬──────────────────────────┤
│ 一键打通商城后台，边  │ 轻松完成商城直播升级，加 │
│ 播边卖无需额外跳转    │ 快购买决策               │
└──────────────────────┴──────────────────────────┘
                        ↓
┌─────────────────────────────────────────────────┐
│          在线营销，提高品牌曝光度                │
├──────────────────────┬──────────────────────────┤
│ 抽奖、发券、拼团、分  │ 顾客一键转发，裂变百万流 │
│ 销……数十种营销玩法    │ 量                       │
└──────────────────────┴──────────────────────────┘
                        ↓
┌─────────────────────────────────────────────────┐
│        满足各种类推广场景，随时随地卖货变化      │
├──────────────────────┬──────────────────────────┤
│ 直播导购、产品展示、  │ 帮商家/主播将"流量"变成  │
│ 新品发布、主播变现……  │ "销量"                   │
└──────────────────────┴──────────────────────────┘
```

图5-4 有赞与爱逛直播实现小程序直播

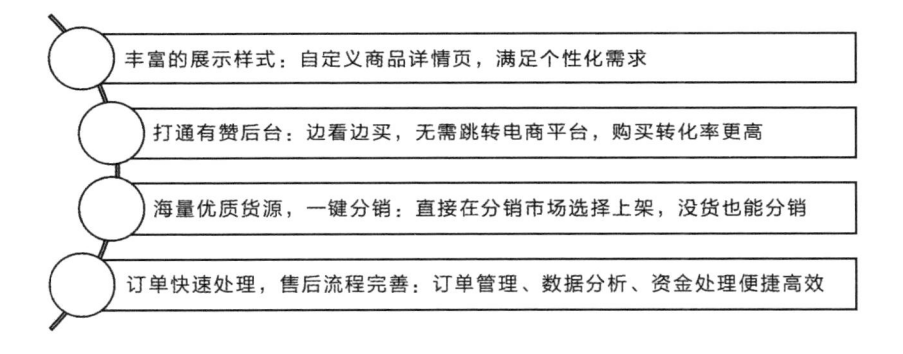

- 丰富的展示样式：自定义商品详情页，满足个性化需求
- 打通有赞后台：边看边买，无需跳转电商平台，购买转化率更高
- 海量优质货源，一键分销：直接在分销市场选择上架，没货也能分销
- 订单快速处理，售后流程完善：订单管理、数据分析、资金处理便捷高效

图5-5 有赞与快手直播实现短视频导购

总的来说，直播电商的爆发仅仅只是开始。直播电商火爆的背后则是平台公司对流量变现的渴望。无论直播以哪一种形式出现，其本质都是通过互联网打造流量，产生实际性收益。而直播+电商已经成了网络红人实现快速变现的不二选择，也成了垂直类电商开启流量和流量变现的触点。直播拥有着巨大的商机，但并不是人人都能带货成功，其最主要的原因就是"流量"。

（资料来源：作者根据多方资料整理而成）

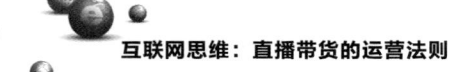

二、植入式广告

在现代社会中，任何一种产品、服务的营销推广都离不开宣传，尤其是在直播营销兴起的今天，商家更是频出奇招，而符合受众需求且粉丝众多的直播中的植入式广告则是非常有效的宣传方式。

近年来，植入式广告一直活跃于各大综艺节目、电视剧、电影，甚至是新潮的直播带货中，植入式广告取得的成果使广告的方式和作用都有了很大发展。

植入式广告指的是在视频作品中，融入企业品牌、产品因素的一种广告营销模式，观众在观看视频作品的时候，很难察觉到自己所接受的内容实际上是企业的广告。因此，植入式广告又被称为隐形广告或嵌入式广告。直播作为当下最为火热的视频社交营销方式，必然会采用植入式广告，为直播营销带来更好的用户体验和流量效益。但是，过分突兀的广告会给直播受众带来糟糕的体验，因此在直播营销中，一定要注重广告植入的技巧。

（一）硬广告与软植入：抓取用户的"心"

在直播领域中，广告是最简单直接的变现方式，直播节目和主播只需在自己的平台或内容中植入商家的广告，即可获得一笔不菲的收入。其中，广告的内容变现形式主要包括两类，即硬广告和软植入，如图5-6所示。

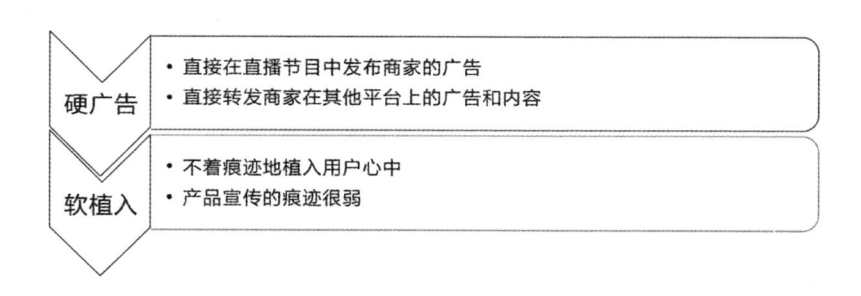

硬广告
- 直接在直播节目中发布商家的广告
- 直接转发商家在其他平台上的广告和内容

软植入
- 不着痕迹地植入用户心中
- 产品宣传的痕迹很弱

图5-6 广告的内容变现形式

从选择广告方式开始到对广告细节的策划，都需要企业精心策划。在直播中恰当地植入广告，不仅可以提高观众的用户体验，而且可以为直播营销带来丰厚的收益。直播平台为企业提供平台的二次开发服务，帮助企业搭建完善的直播系统，轻松应对各类业务的需求以实现企业稳定的发展。但无论哪种植入式广告的形式，它们聚焦的重点都是把要推广的产品或品牌的信息作为直播主题进行宣传。这就好像微信小文章的植入效果一样，朋友圈里的广告一般不会直白地夸产品有多好的使用效果，而是选择将产品渗入文章情节中去，达到在无声无息中将产品的信息传递给消费者的目的，从而使消费者更容易接受该产品。

更重要的是，硬广告与软植入的直播营销广告要匹配直播内容、直播受众。独一无二的直播内容，是直播营销在互联网中吸纳流量的必杀技之一，这才能让广告被直播受众自然接受。现在的直播受众多数为年轻的80后、90后，因此直播营销的广告也要符合年轻人的"口味"，让这些年轻的直播受众能够快速地接受。也就是说，广告与直播内容、直播受众的高度匹配，能够让直播营销的广告发挥出最大作用。

（二）多样化植入模式：为行业变现带来了更多可能性

直播平台实现营销转化广告的方式是多种多样的，如唯品会代言人发布会的全景直播，就是在直播中通过问答的方式来实现的。从内容上来看，直播中的推广方式还有很多，如产品的直接展示就是其中很重要的一种。而从直播观看的形式来看，也有着巨大的变化和发展。比如，在直播带货中采用VR技术，利用VR功能为直播行业打造一个新的标杆。

当前传统媒体普遍面临着营收困境，就算有好内容、有粉丝，但单独建立广告团队、与广告主谈合作，难度很大。字节跳动创始人张一鸣表示："广告还是非常好的媒体变现手段，只是广告的形式在发生变化。"随着广告形式的多元化，品牌方不再满足于"品牌曝光"，在日趋正规化的直播广告商业模式中，明星"太贵"，传统广告"太土"，整个市场更注重广告的"内容品质"和"品牌转化"。在移动直播火爆发展的形势下，在直播中植入广告的模式为行业变现带来了更多可能性。

在直播的过程中使用相关的产品，是最有效的植入式广告。比如，每年春晚典型的植入式广告，就是在现场嘉宾的桌子上摆放的各种品牌的矿泉水、饮料等。虽然主持人并没有提到任何与产品相关的内容，但是每位观众都能够看到这些产品，并且这些产品配合春晚整个会场出现得非常自然，不会产生任何违和感。所以，直播营销也可以自然地使用相关产品，作为直播的植入式广告。但

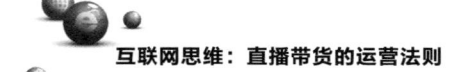

是，主播一定不能过分刻意地展示、强调产品，要尽可能地把产品展示分散到直播内容的每一个细节中，让观众可以通过自己的眼睛轻松发现。

（三）从用户喜好出发：让广告营销润物细无声

无论是线上还是线下，用户对硬生生的广告植入都是厌恶的。但广告植入又是视频直播平台的主要收入来源之一，作为盈利平台，它不可能丢弃这一模式。那么，视频直播平台就应该思考，如何能制作出幽默风趣，让用户喜爱的植入式广告呢？比如，龙珠TV就选择在与观众互动的过程中播放广告，这样做有两个好处，一个就是减少用户对广告的厌恶感，另一个就是让不付费的用户也能参与到平台的活动之中来。植入广告的步骤如图5-7所示。

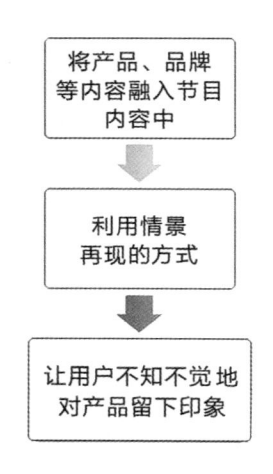

```
┌──────────────┐
│ 将产品、品牌  │
│ 等内容融入节目│
│    内容中    │
└──────┬───────┘
       ↓
┌──────────────┐
│   利用情景   │
│   再现的方式 │
└──────┬───────┘
       ↓
┌──────────────┐
│让用户不知不觉地│
│ 对产品留下印象│
└──────────────┘
```

图5-7　植入广告的步骤

（四）植入式广告优势：实现多方位的营销联动

在直播平台的广告方式多样化发展的情况下，直播所产生的宣传作用也有了发展，再辅以直播本身更具现场感和真实的宣传特性，植入式广告的宣传可以说是如虎添翼，所产生的作用也就不言而喻了。

一方面，在直播平台上进行植入式广告营销，具有两个方面的优势，如图5-8

所示。在直播平台上，通过植入式广告实现流量变现的形式是促进营销实现的一个重要体现，同时也说明了广告形式发展对推动营销实现的巨大作用。

图5-8　植入式广告营销优势

另一方面，通过直播平台进行植入式广告的宣传，还可以引发对各种话题的讨论，进而引导用户转化为直播受众，为品牌获取巨大的关注量。对于那些人气高和粉丝众多的主播，以广告宣传为目的的商家会选择他们作为合作对象，在直播页面和内容中进行直播广告的植入式推广。

三、电商卖货

在网络的催化下，各种"直播+"形式在泛娱乐直播模式的影响下纷纷涌现，社会各界开始向直播行业进军。最初与直播合作的便是电商，在直播领域中，很多内容都是与电商业务联系在一起的。那么，什么是电商？说白了电商就是打破现实地域的界限，借助互联网技术在线上进行产品销售的商业活动。这种交易方式非常便利和快捷，是对传统商业形式的一个巨大变革。

电商项目都离不开流量，更别说精准流量了，每一个成功的电商都需要学会直播引流的方法，直播不仅能涨粉，还能通过推荐商品卖货等方式实现变现。如今，国内的电子商务越来越发达，很多传统行业也在逐步地实现电商化，同时社会化媒体也呈现出繁荣发展的趋势，并衍生出很多营销媒体，电商卖货成为企业打造品牌、推广产品和塑造自身形象的常用方式。

（一）电商导流与变现：凸显产业链经济未来

随着今日头条、抖音、微信及微博等社交平台和短视频应用的兴起，各直播电商获取流量的渠道在不断丰富。特别是一些直播IP，他们在布局电商业务的同时又利用本身的强大号召力和粉丝基础，以直播的内容形式吸引流量，进行导流和电商变现，成了新时代的商业趋势。正因为"直播+"模式能带来令人意想不到的经济效益，"直播+电商"的销售变现模式一时之间红遍商业圈。电商变现如图5-9所示。

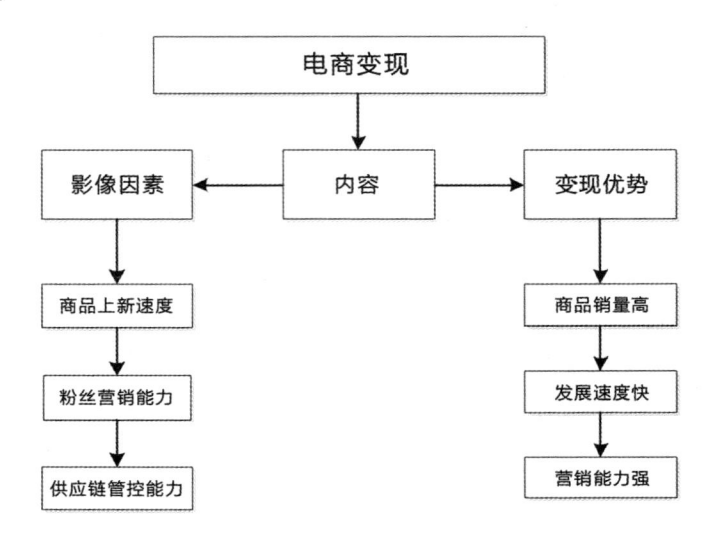

图5-9 电商变现

据《网红经济学：再造1000个ZARA》的报道，一个电商团队可以由一个网络主播和30余人的幕后团队组成。显然，主播的背后是一个复杂的经济链。助推、商业化等环节环环相扣，电商经济背后的供应链也让我们看到了主播的成功离不开其背后的产业链要素。因此，也有不少人认为，产业链才是主播的未来。

（二）创新流程模式：催化电商卖货效益

在"互联网+"的思维时代下，各种新媒体平台将电商创业带入高潮，再加上移动社交平台的发展，为新媒体运用带来了全新的粉丝经济模式，无数企业、商家纷纷加入直播电商的大军。其中，朋友圈卖产品是大部分微商和自媒体创业者的变现方式，运营者通过在各种电商平台入驻开店，然后通过朋友圈来转发相关的产品链接，吸引微信好友下单，从而实现变现。很明显，通过朋友圈卖产品变现，可以让运营者不再以电商平台为中心，抛弃以往那种通过简单粗暴的付费流量来获得销量，转而通过朋友圈这个强大的社交渠道直接联系客户，从而带来销量。除此之外，电商直播还有更加丰富的形式和创新流程模式，如图5-10所示。

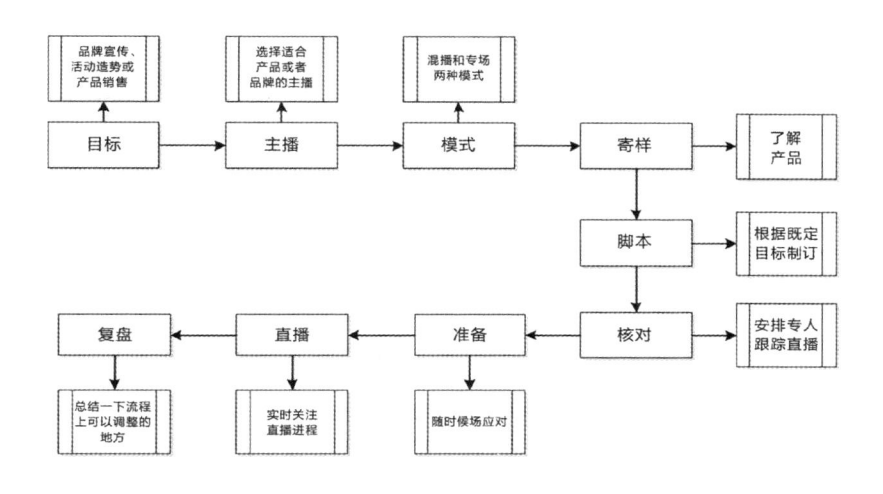

图5-10 创新流程模式

可以说，电商用自己的模式把直播安排得明明白白，让其成为自己的营销利器。而主播们也得益于电商，拥有了自己的全新直播内容和变现渠道。但电商想实现长期的变现优势还需要精准地掌握用户刚需，牢牢抓住市场需求。那么，为什么顾客会买你的产品呢？最根本的答案就是你的产品或服务能够满足顾客的需求，解决顾客面临的难题、痛点。因此，任何商品都应该瞄准顾客的需求端，这样才能换得他口袋里的钱。除了线上电商变现外，电商还可以吸引粉丝前往线下门店消费，助力实体店铺的流量变现，通过直播流量来吸引粉丝到店消费。

（三）产品选择：产品的三大选择标准

电商想要不断提升产品竞争力、品牌竞争力、服务竞争力和营销竞争力，促进客户的二次购买，就要以长期主义为目标。因此，电商在进行流量变现的过程中需要更加重视产品的口碑相传，选择优质的产品增加用户黏性，力图在买家的社交圈子上（微信朋友圈、微博等）形成广泛的二次传播，吸引更多的客户。产

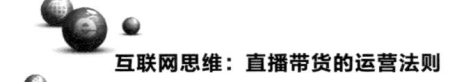

品选择方向如图5-11所示。

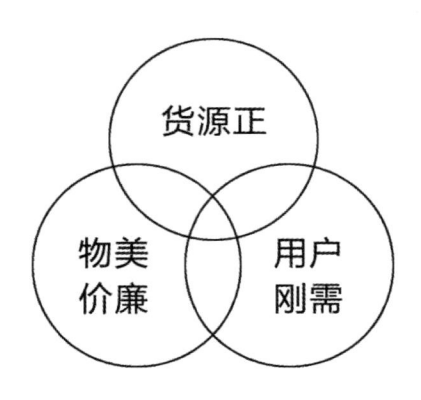

图5-11 产品选择方向

第一，货源正，增加用户黏性。在选择货源方面，"产品的选择远远大于盲目的努力"，无论想卖什么，或者在卖什么，都一定要选择正品货源，要尽可能地选择一些能够让粉丝产生依赖的货源。这样一来，产品的复购率较高，就可以吸引用户长期购买，提升老客户黏性，避免付出过高的引流成本。

第二，物美价廉，买的就是优惠。在直播中体现物美价廉是吸引用户关注并下单的又一个技巧。比如，主播在直播时反复说"性价比高，包您满意"等语句。有很多人觉得这样吆喝太过直接，但用户其实需要主播向他们传达这样的信息，因为大部分消费者都持有物美价廉的消费观。

第三，围绕用户刚需，保障长期利润。"刚需"就是硬性的，人们生活中必须要用的东西。对于产品选择来说，只有将用户痛点建立在刚需的基础上，才能保证用户基数足够大，而不是目标人群越挖越窄。此外，在满足刚需的基础上，电商也要注意尽可能地围绕消费者诉求找一些高单价、高毛利的产品，这样才能够保证自身的利润，薄利多销并不适合刚起步做微商的朋友，因为无论是出于经验还是资源考虑，都不可能短时间获得大量的订单，所以就要控制合理的"高"单价，然后通过其他的附加福利来辅助自己的销售。

直播变现专栏2：

小鹅通：在线教育解决方案赋能新教育行业

一、公司简介

小鹅通创立于2016年，是一家专注于新教育领域的技术服务商。公司主营业务大致可以被分为技术服务、流量分发、为商家服务三大板块。一直以来，小鹅通以"让知识更有价值"为使命，致力于为教育机构及内容从业者提供营销获客、效率提升、商业变现等整套互联网解决方案。

2017年9月，小鹅通顺利完成3000万元A轮融资。2018年8月，小鹅通正式发布在线教育解决方案，同年9月，开始打造"好课联盟"。2019年6月，小鹅通业务升级，成为专注于新教育的技术服务商。2019年12月，小鹅通完成由好未来领投的1亿元B轮融资。截至目前，小鹅通已经为超过100万个商家提供服务，覆盖的终端用户更是达到5亿人。小鹅通正迅速成长着，在新教育领域持续发力。

二、直播模式分析

第一，多功能满足用户丰富教学需求。人们对教育理念的越发重视使教育行业发展成为SaaS服务的重点行业。人们需求的变化及各种宏观、微观因素的影响更是使在线教育成为直播行业发展的一个新风口。作为一家教育服务的提供商，小鹅通一直努力完善平台功能，探索如何提供直播效果，给予用户更好的在线教育体验。为此，一方面，小鹅通充分利用直播互动性的优势，完善多人连麦、白板画笔、视频切换等功能，便于老师和学员之间的课堂提问、在线答疑、知识点讲解，实现更即时、有效的互动交流。为了保证线上互动的体验感，小鹅通还完善了服务器，高网速，保证直播的视频质量。目前，小鹅通的服务器已经能够支持1V1000学员的连麦和视频切换，并且做到切换不卡顿，极大地保证了用户体验感。另一方面，为满足用户多样化的教学需求，小鹅通系统开拓了PPT直播、视频录播、实时视频直播等多种功能，并拥有APP、PC端、小程序等多种授课途径，极大地丰富了教师、学员的选择和场景体验。此外，小鹅通平台还为教育商家提供平台、网站、APP等的搭建，帮助他们更好地为用户提供服务。学员管理、数据分析等功能更是作为辅助帮助商家提高教学质量。

第二，在线课堂助力企业私域流量生态池。全民直播的到来使公域流量的获取变得日益困难，私域流量生态圈的构建成为各个平台增强竞争力的关键。小鹅通所提供的服务可以帮助教育机构建立私域流量，借助于微信建立的生态，利用小鹅通搭建课堂，以线上课堂、在线直播的方式完成用户引流、产品推广、价值变现的闭环，成功帮助企业融入微信生态之中。此外，小鹅通平台上还可以发起优惠券、拼团等活动，在短时间内实现流量的获取和价值的变现。在此过程中实现用户的沉淀，打造了一个私域流量池，不仅实现课程内容与私域流量的精准匹配，更是裂变引流，实现了内容的变现。在线课堂的这一方式成为打造私域流量的有力途径。

三、总结

第一，满足用户需求，完善用户体验。互联网发展的本质最终都是要紧跟用户的需求，只有跟上用户的步伐，才能真正为企业创造出品牌价值，赢得更多用户的信赖。抓住用户的痛点有一个公式，那就是场景+角色+情感+产品。平台必须将自己代入用户的角色，真正经历用户在使用平台时的场景，才能更加了解用户的体验，感受用户的情感，察觉到问题所在。小鹅通就有改善平台服务或体系、完善多样化的功能，用各种各样的方式帮助用户满足需求，最终增加用户对平台的信任感和依赖感，并在此过程中积累口碑，实现用户数量的裂变。

第二，帮助用户获取精准流量，成为技术平台着力的方向。随着在线教育领域成为一个新的发展方向，展现出巨大的潜力。流量的获取与变现成为商家关注的焦点，小鹅通紧抓时机，赋能在线教育，实现业务升级。小鹅通的内容分销功能帮助商家迅速获取有效流量并通过社群运营留住流量。与微信生态的完美结合更好地实现了内容的变现。因此，直播平台与主播要通过多种途径打造私域流量，获取精准流量，这样才能更好地实现变现。

（资料来源：作者根据多方资料整理而成）

直播行业近年来在资本推动下异军突起,市场上一度曾涌现出数百家直播平台,但各类直播平台同质化竞争严重,而盈利模式又过于单一,致使许多平台发展并不尽如人意。想要在平庸中成为焦点,就需要义无反顾地打造优质内容,优质的内容成为各大主流直播平台的竞争重点。

第三节　直播带货的内容变现

流量变现作为直播变现最基本的一种模式,虽然是最常用与最常见的,但远远不能满足企业盈利的需求。如今是一个自媒体内容盛行的时代,也是一个内容创作必须具有互联网思维的时代,打造强大的变现带货能力,需要让内容输出与变现,进而为企业的发展提供源源不断的资金和资源。

一、卖会员

卖会员是内容变现的主要方法,无论在直播行业还是在其他行业都已经开始向这块"蛋糕"进军了,特别是各大视频平台的会员制,他们将会员这一模式植入了直播之中,以此变现。

(一)会员模式的价值

网络社交平台发展起来后,我们见惯了各式各样的网络营销手段。网络营销成本低、传播范围广、见效快,想要流量变现的主播们怎么能不学几招呢?粉丝之所以能跟着主播的节奏走,是因为主播的营销"套路"。而会员制也是"套路"之一,会员制可以增加用户黏性,把用户的利益与企业的发展进行捆绑,互利共赢。

由于主播获得打赏的资金所占比例较高,在一定程度上削弱了平台自身的利益,因此为了让直播带货的盈利更为直接、高效,很多电商企业采用会员制来降低与主播的分成,提高企业绩效。直播平台实行会员模式与视频平台实行会员模

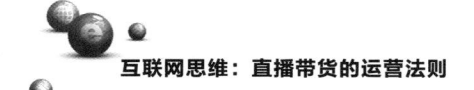

式有许多相似之处，其共同目的都是变现盈利。那么会员模式的价值到底体现在哪些方面呢？如图5-12所示。

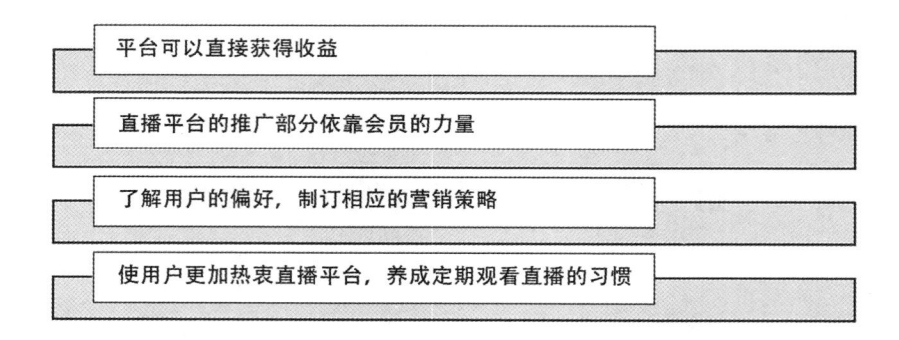

- 平台可以直接获得收益
- 直播平台的推广部分依靠会员的力量
- 了解用户的偏好，制订相应的营销策略
- 使用户更加热衷直播平台，养成定期观看直播的习惯

图5-12 会员模式的价值

（二）"会员=流量"，造就粉丝经济

直播营销模式有个等式："会员=流量"。会员越多，流量也就越多。于是"电商拼抢流量—主播拼抢流量—会员拼抢流量"，归根结底是要靠力量强大的会员，也就是粉丝。如今是以人为本的时代，"人"占领了所有营销的主导地位，没有"人"就没有"流量"。在互联网的冲击下，有许多没有组织的人在互联网中游荡，运营者需要将其中适合自己产品的人聚集起来，经过一段时间的选择，获得最忠诚的会员客户。实际上，直播带货中的会员在一定程度上又可以被称为"粉丝"，这是因为大部分用户都是跟着主播走的，如果主播在斗鱼直播，那么用户就会在斗鱼开会员；如果主播转到虎牙直播，那么用户也会跟着跑到虎牙直播开会员，从而形成了"粉丝经济"。有效定位粉丝的方法如图5-13所示。

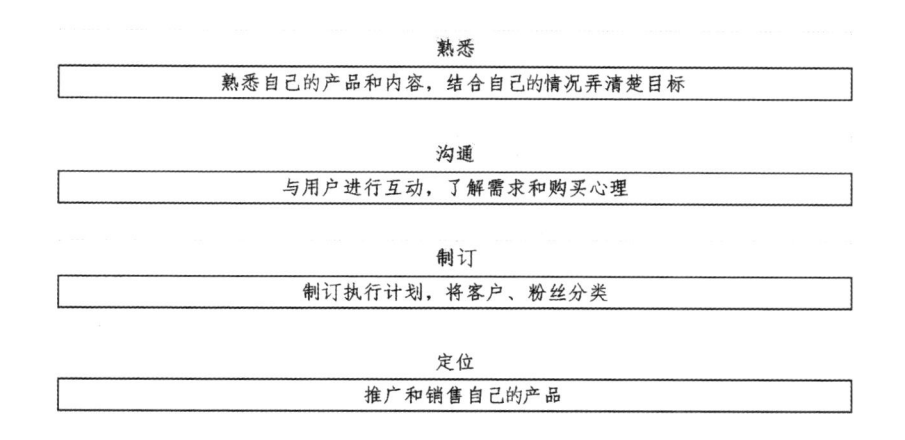

```
         熟悉
┌─────────────────────────────────────────┐
│ 熟悉自己的产品和内容,结合自己的情况弄清楚目标 │
└─────────────────────────────────────────┘

         沟通
┌─────────────────────────────────────────┐
│      与用户进行互动,了解需求和购买心理       │
└─────────────────────────────────────────┘

         制订
┌─────────────────────────────────────────┐
│       制订执行计划,将客户、粉丝分类         │
└─────────────────────────────────────────┘

         定位
┌─────────────────────────────────────────┐
│           推广和销售自己的产品              │
└─────────────────────────────────────────┘
```

图5-13　有效定位粉丝的方法

如今,我们已经身处一个"社交红利时代"。在这个时代里,只要懂得把握流量,懂得传播,就能够掌握商业流量的先机。粉丝究竟如何变现,如何形成粉丝经济呢?粉丝是主播获得经济收入的来源,也是主播忠实的追随者。粉丝经济简单来说是指通过粉丝能产生一定的经济收益,粉丝经济中的粉丝与被关注者之间存在着一定的经济交易,被关注者通过被粉丝喜爱而从其身上获得或多或少的经济收入。直播营销的真实目的就是通过挖掘粉丝需求,生成内容和产品,让粉丝变为消费者。

(三)维护与管理会员

直播基于及时性、互动性等特质深受当下企业的喜爱,在每场互动直播过程当中,主播利用自身的庞大的粉丝数量建立自己的专属会员团体,成为提升企业在直播平台进行营销传播效果的重要影响因素。但获得会员容易,维护好会员却并不容易。

第一,提高会员黏性。不管是电商、微商还是实体门店,都需要培养会员的忠诚度,激发他们的消费欲望。很多企业在采取直播带货营销模式的过程中,会发现会员群体在壮大的同时,也掺杂了许多水分,如很多会员很少在会员群里露面,也没有二次回购。这个时候,运营者需要从自身找问题,也要从群成员的角度找问题,看看是什么原因导致他们不够活跃。如果是运营者自身的原因,则需

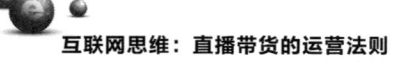

要改变运营策略，做出相应的调整。

第二，管理维护会员。大部分企业都会同时运营多个账号来打造账号矩阵，但随着会员数量的不断增加，管理这些账号和会员就成了一个很大的难题。此时企业可以利用一些电商营销工具来帮忙。例如，聚客通是一个社交用户管理平台，可以帮助用户盘活微信粉丝，引爆单品，快速提升DSR（Detail Seller Rating）动态评分，具有多元化的裂变和拉新玩法，助力企业实现精细化的会员管理。

二、卖赏赐

直播在许多人看来就是在玩，毕竟，大多数直播都只是一种娱乐。但是，不可否认的一点是，只要玩得好，玩着就能把钱给赚了。卖赏赐这种变现模式是最原始也是最主要的，现在很多直播平台的盈利大多数还是依靠打赏。所谓打赏，就是指观看直播的用户通过金钱或者虚拟货币来表达自己对主播或者直播内容喜爱的一种方式。这是一种新兴的鼓励付费的模式，因为主播们可以通过直播获得粉丝的礼物，而这些礼物又可以直接兑换成钱。

给主播的礼物或打赏这一收入来源是比较灵活且不稳定的，受主播的人气和粉丝数量、互动的影响比较大。这种模式虽然才兴起不久，但也经历了一定的发展历程，如图5-14所示。

图5-14 打赏功能的发展历程

（一）粉丝打赏：主播最主要的收入来源

给文章打赏，是因为文章引起了用户的情感共鸣；而给直播打赏，有可能只是因为主播讲的一句话或者主播的一个表情、一个搞笑的行为。相比较而言，视频直播的打赏缺乏一定的理性。同时，这种打赏很大程度上也引导着直播平台和主播的内容发展方向。因此，与微博、微信文章的打赏相比，视频直播中的打赏来得更快。粉丝付费鼓励的变现模式如图5-15所示。

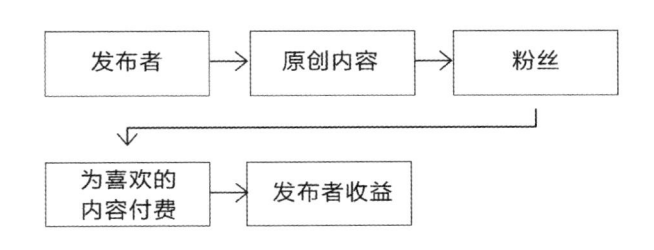

图5-15 粉丝付费鼓励的变现模式

对于那些有直播技能的主播IP来说，最主要的变现方式就是卖赏赐，该方式已经成为直播平台和主播的主要收入来源。粉丝在观看主播直播的过程中，可以在直播平台上充值购买各种虚拟的礼物，在主播的引导或自愿情况下送给主播，而主播可以从中获得一定比例的提成及其他收入。这种变现方式要求人物IP具备一定的语言和表演才能，而且要有一定的特点或人格魅力，能够将粉丝牢牢地"锁在"你的直播间，而且还能够让他们主动为你花钱购买虚拟礼物，或者为他们推荐相应的商品，赚取佣金或提成。

（二）卖赏赐：主动性盈利

对于直播而言，卖赏赐是随着直播兴起而出现的一种盈利模式。卖赏赐与广告、电商等变现方式相比，在与用户互动的过程中，主播会逐渐获得一些愿意为其消费的粉丝，但收益无法控制。与会员、VIP等强制性付费模式相比，它又可看作是一种截然相反的主动性付费模式，对于直播界的超级IP来说，用这种方式获得的收益通常不会太低，而且可以在短时间内创造大量的收益。

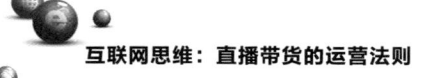

要想通过卖赏赐获得较好的变现收益，首先，主播需要拥有一定的人气；这不仅要求主播自身拥有些过人之处，还要选择一个拥有一定流量的直播平台，只有这样，才能快速积累粉丝数量。其次，在直播的过程中，还需要一些所谓的"水军"进行帮衬。因为很多时候，人都有从众心理，用户看到"水军"带头给主播送礼物，也会跟着送，这就在直播间形成了一种氛围。而主播则可以通过一定的比例将礼物代表的平台币兑换成钱，获得收益。最后，主播可以通过直播获得一定的流量，如果运营者能够借用这些流量进行产品销售，便可以直接将主播的粉丝变成店铺的潜在消费者。相比于传统的图文营销，直播导购可以让用户更直观地了解产品，它取得的营销效果往往也更好一些。卖赏赐的基础如图5-16所示。

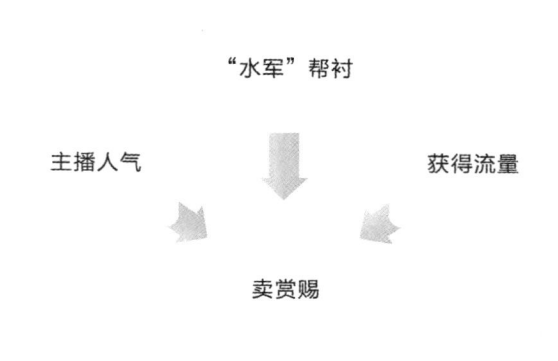

图5-16 卖赏赐的基础

直播变现专栏3：

字节跳动——抖音直播政策调整

前有祝晓晗、罗永浩直播带货成绩喜人，后有朱广权联手李佳琦公益直播火了半边天，直播行业发展如火如荼。抖音直播现在是最火的一个直播平台，许多主播都是在抖音火起来的，获得了很高的名气，同时也收获了利益。带货主播的收益主要靠卖货，一般带货主播是赚不到什么礼物的；普通主播的收益主要靠礼物分成。事实上，抖音公会已经推出了新的分成政策。

一、公司简介

字节跳动有限公司（Byte Dance）成立于2016年5月4日，所属行业为科技推广和应用服务业，总部地点在北京市海淀区，创始人是张一鸣。字节跳动有限公司的经营范围包括技术转让、技术开发、技术服务、技术推广、技术咨询等；不得面向全国招生的计算机技术培训；计算机系统服务；应用软件服务（不含医用软件）；数据处理；设计、制作、代理、发布广告；基础软件服务；从事文化经纪业务；影视策划；电脑图文设计、制作；组织文化艺术交流活动；从事体育经纪业务；企业策划；演出经纪；会议服务；文艺表演；从事互联网文化活动；互联网信息服务。字节范是字节跳动企业文化的重要组成部分，是字节跳动共同认可的行为准则。

字节跳动有限公司的产品包括今日头条、抖音短视频、抖音火山版、西瓜视频、懂车帝、皮皮虾、GoGoKid英语、飞书、番茄小说、Faceu激萌和轻颜相机。抖音短视频是一个记录美好生活的短视频平台，能够帮助用户表达自我。截至2020年年初，抖音日活跃用户超过4亿人。

二、直播产品与内容的盈利魅力

直播越来越火，大家纷纷抓住机会开通了直播带货功能。这个时代，想当主播不难，开个直播账号就可以。罗永浩愚人节也开启了直播，这场直播的销售额达到1.1亿元，累计观看人数4892.2万人，以3个多小时的直播达到如此的销售额，按照业界惯例20%的分佣比例，再扣掉平台从主播收入中抽取的10%的平台费用，罗永浩佣金收入为1980万元。据传一个坑位费60万元，罗永浩也因22个商品获得1320万元的坑位费。将罗永浩由打赏获得的3600万音浪按照10∶1的比例来换算，其音浪收入超过360万元。因此，罗永浩直播一夜的收入超过3000万元。对此，有人欢喜有人愁，相对于罗永浩，抖音公会负责人的心情却有些复杂，因为就在同一天，抖音推出了新的直播政策。

1.抖音直播分成

新政策出台之前，抖音直播分成是这样的：主播的固定分成45%，主播任务分成0~5%，主播的分成比例是45%~50%，主播的最高分成为50%；公会的分成包括公会服务费（5%），公会固定分成（5%），工会任务（0~5%），公会的最高分成为15%。

这次政策最大的变化是取消固定分成，采用双周任务弹性制，任务分为：基线任务（2%），流水任务（最高12%）；活跃任务（最高4.5%），如图5-17所示。

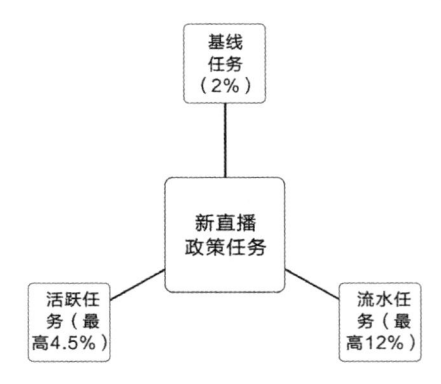

图5-17 新直播政策任务内容

比较新旧政策，抖音直播分成的变化主要体现在3个方面。

第一，最高分成比例高3.5%，但完成难度大。调整之前，抖音直播分成除了固定分成之外，任务分成是固定分成（5%）+任务分成（0~5%）+公会服务费（5%），最高可获得15%的分成；新政策抖音直播分成，取消了固定分成，采用双周任务弹性制，基线任务（2%）+流水任务（最高12%）+活跃任务（最高4.5%），最高可获得分成18.5%，比原来高出了3.5%。但从对比中我们也能发现，新政策分成虽高，但完成难度加大了很多。不仅要完成基本的直播任务，还要保证直播的活跃度和直播流水的涨幅等，对于新手主播来说，尤其困难！

第二，强化公会流水增长，最高达12%。基本上，公会保证了主播开播数量，都能拿到2%的基线任务分成。但是要拿到更高的分成比例，则需要高公会流水及活跃主播数。其中，公会流水增幅，最高可拿到12%的分成。公会流水增幅的比例是远高于原政策的。此前，公会增幅达到要求，最高可拿到2%的分成；而现在基本上有增长，就能拿到1.2%的分成。

第三，强化主播活跃度，最高4.5%分成。公会有活跃任务，与流水任务一样，根据公会上个双周流水分层，每一层的公会活跃主播增幅划分为7个增幅区间。不同层级的公会在本双周的活跃主播达到相应的增幅区间，即可获得该增幅区间对应的本双周流水分成奖励，最高的分成是4.5%。活跃主播的定义：双周满10个有效天和20个小时的直播。任务之外，还有拉新奖励，每位主播最高可得到2960元。

2.抖音直播音浪

新政策中，新主播有4周的任务流水，这个流水指的是音浪收入。音浪是主播受欢迎程度的表现，打赏礼物、付费连麦等都是产生音浪的方式。音浪是指抖音用户通过直播相关功能和玩法消费其所拥有的抖币，主播提供用户消费抖币所对应的礼物或服务后，抖音平台赋予该主播的音浪。

事实上，音浪就是用户在直播间对主播直播过程的打赏结果。这些打赏能够成为主播的音浪收入，但是平台会提取部分音浪分成，主播可以将平台提取之后的剩余音浪提现到自己的收款账户中。

对于音浪的提现比例，正常情况下，音浪与人民币的兑换比例是10∶1，即10音浪可以兑换1元人民币。不过平台有可能会根据实际情况改变音浪的计算规则、发生场景和具体类型，因此音浪的折算比例并不固定。抖音直播分成政策的调整，最根本的目的还是平台公会的拉新和促活，为了吸引更多外站主播和新公会加入，以此将抖音直播的池子做大与盘活。

三、未来期望

总的来说，主播的收入不仅受平台直播政策的影响，最重要的是受用户打赏行为的影响。如果主播想获取更高的抖音直播分成，也需要通过自己的努力做好直播，进一步赚取更多收益。目前，观众对内容的要求变高，所以也间接导致很多优质内容的产生，抖音直播是通过合理的直播内容规划来实现用户打赏的增加。

（资料来源：作者根据多方资料整理而成）

三、卖付费观赏

在直播领域，除了打赏、受众现场订购等与直播内容和产品有间接关系的盈利变现模式外，还有一种与直播内容有着直接关系的盈利变现模式，那就是优质卖付费观赏模式——粉丝交付一定费用后才可以观看直播。付费观看这一模式常用于视频网站、音频平台，如被人熟知的喜马拉雅FM中就专门开设了一个付费栏目，各大名家的节目被其收录，用户要先付费才能收听。此外，现在很多优质音乐也需要通过付费的方式才能收听。

（一）卖付费观赏的前期准备

卖付费观赏这一内容变现模式发展迅猛，以教育直播平台为首的各大电商平台逐步向改模式靠拢。如手机摄影构图大全就以"如何用手机拍大片"为主题开启了付费式的直播。当然，采用这种盈利模式的直播平台和主播如果想把付费观赏这种变现模式发展壮大，是需要一定的基本条件的，这才是内容变现最重要的环节要素。卖付费观赏的前期准备如图5-18所示。

图5-18 卖付费观赏的前期准备

在具备上述条件后，直播平台和主播就可以尝试进行优质内容付费的盈利变现模式了。其实质在于通过售卖相关的知识产品或知识服务，让知识产生商业价值，变成"真金白银"。在互联网时代，我们可以非常方便地将自己掌握的知识转化为图文、音频、视频等产品/服务形式，通过互联网来传播并售卖给受众，从而实现盈利。卖付费观赏主要出现在有自身公众号的直播内容中，是由微信公众号文章的付费阅读模式发展而来的。如千聊微课、新东方等。

（二）付费观赏多样化模式

在私域流量盛行的浪潮下，出现了很多有影响力的"大V"IP，他们通过自己的渠道来售卖付费产品，从粉丝身上获取收入，从而快速实现变现。这也就造就了多样化的付费观赏模式出现。付费观赏模式如图5-19所示。

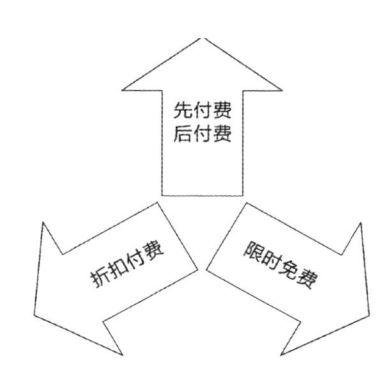

图5-19　付费观赏模式

第一，先免费，后付费。对于那些有着优质内容，但平台直播业务的开展还处于初创期的主播和平台而言，可以先让受众通过免费的方式来关注直播和主播内容，从而构建起用户关注的兴趣，然后再推出付费的直播内容。微信公众号"手机摄影构图大全"就是利用这一优质内容付费方式来推广直播和实现盈利变现的。

第二，限时免费。与"先免费，后付费"的方式有相似之处，都是免费和付费两种方式都存在。但为了吸引用户，其在直播平台设置免费的方式和时间，意在说明该直播课程只在现阶段是免费的，之后会以付费的方式出现，提醒受众注意关注直播节目和主播。

第三，折扣付费。为了吸引受众关注，直播平台也会采取打折的方式。它能让受众感受直播节目或课程原价与折扣价之间的差异。当原价设置得比较高时，受众一般会产生一种"这个直播节目的内容值得一看"的心理，然而又会因为它的"高价"退却，假如此时打折，就给了那些想看直播的受众一个观看的契机——"以低价就能看到有价值的直播，真值"。

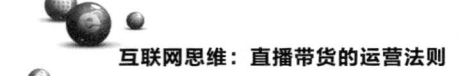

（三）知识付费：实现优质内容变现

目前，内容市场上的主流盈利做法是"内容免费，广告赞助"，而知识交易则完全相反，正如罗振宇提倡的"知识转化为交易"一样，这是一种直接收费的内容盈利模式。此外，随着移动互联网和移动支付技术的发展，知识变现这种商业模式变得越来越普及，帮助知识生产者获得了不错的收益和知名度。尤其是在2020年新冠肺炎疫情的冲击下，网络直播授课收费模式开始席卷各大教育界，知识是最值得尊重的"商品"。对于做内容营销的直播带货模式来说，知识付费应该算得上是一种可行的变现模式。只要运营者能够为用户提供具有吸引力的干货内容，用户自然愿意掏钱，这样一来，运营者便可以用优质的内容换取相应的报酬了。自媒体运营者要想通过授课收费的方式获得内容变现，需要特别把握好两点，如图5-20所示。

平台拥有流量
• 流量为王，光有大量内容可能难以获得应有的报酬

课程的价格低
• 大多数愿意为课程支付的费用都是有限的，如果课程的价格过高，很可能会直接吓跑用户

图5-20　授课内容变现

四、卖版权

观看网络直播逐渐成为一部分人喜爱的娱乐方式。各大网络直播平台提供了诸如游戏、在线聊天、个人演唱等多种直播内容。但在网络直播中，首先面临的问题是，主播对自己的直播活动是否享有合法的著作权。在相关法律中，著作权需要具有独创性，但有些网络直播的主要内容是主播与自己的粉丝聊天、直播日常生活，这些内容事实上不具有独创性。因此，版权问题既是直播带货的困扰也是它的机遇，机遇体现在版权的适用范围局限性上，因此，卖版权成了一种新的内容变现模式。

（一）版权销售："大块头"变现

版权销售这一内容变现模式一般更多的应用于视频网站、音频平台等领域，对于直播带货来说，卖版权主要是指各大直播平台在精心制作直播内容时引进的各种优质资源，如电视节目的版权、游戏的版权等。

作为直播行业中势头发展一直稳健的游戏直播来说，各大赛事直播的版权都是十分宝贵的，不亚于体育赛事的直播。因为只要谁拿到了版权，就可以吸引无数的粉丝前来观看直播，而且赛事的持续时间较长，可以为直播平台带来巨大的收益。

（二）出版图书版权盈利

一些有较高文化的主播在拥有了一定的影响力或者有一定经验之后，将自己的经验进行总结，然后进行图书出版，以此获得收益的盈利模式。只要平台运营者本身有基础与实力，那么收益还是很可观的，如在抖音平台上，"飞哥传书"等抖音号都曾采取这种方式获得盈利，效果也比较可观。

另外，当你的图书作品火爆后，还可以通过售卖版权来变现，版权可以用来拍电影、电视剧或者网络剧等，这种收入相当可观。这种方式适合那些成熟的短视频团队，当作品拥有了较大的影响力时，即可进行版权盈利变现。

（三）卖粉卖号、形象代言盈利

在生活中，无论是线上还是线下，都是有转让费存在的。而这一概念随着时代的发展，逐渐有了账号转让的存在。同样的，账号转让也是需要接收者向转让者支付一定的费用的，就这样，账号转让成为获利变现的方式之一。

就抖音等短视频平台而言，由于抖音号更多的是基于优质内容发展起来的，因此，在这里把抖音账号转让获利归为原创内容变现的方式之一。如今，互联网上关于账号转让的信息非常多，在这些信息中，有意向的账号接收者一定要慎重对待，不能轻信，且一定要到比较正规的网站上操作，否则很容易上当受骗。

五、卖吃货

在视频直播营销大势下，餐饮行业应该怎样实现变现呢？其实，美食之所

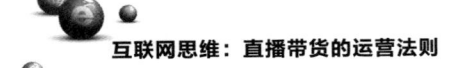

以称之为"美",主要在于"味美",而"味美"两个字仅仅通过文字和图片描述还无法全面展现出来。而想要更好地表现"味美",可以从两个方面着手,如图5-21所示。

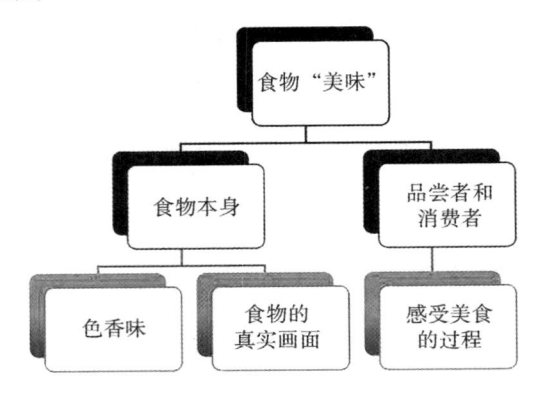

图5-21 食物味美的表现

可见,直播给餐饮营销提供了一个更加生动、直观展现的平台。因此,把直播与餐饮联系起来,利用直播内容和主播的影响力来发展餐饮,不失为一种有效的盈利变现途径。例如,美拍网直播平台一位名为"大胃王密子君"的主播就凭借其"号召力"接受来自餐饮企业和商家的邀约,用手机进行直播,在试吃或品味美食的过程中进行点评,将美食的各种特色用画面和语言描述清晰地展现在受众面前。

(一)"美食文化":美食的变现

通过直播吃美食的方式进行营销已经不是一件新鲜事了,随着直播与餐饮的结合,形成了一种"美食文化"。在这种"美食"变现模式下,主播一边吃着超出常人份额的食物,一边对食物做出点评,从而为用户提供建议。各路吃货纷纷使出大招,吸引用户注意,出现了各种各样关于美食的直播,最终又成为餐饮直播营销的一种有效变现方式。

例如,美拍上出现了一位可与火遍全球的"大胃王"木下君相媲美的美食主播"密子君"。她凭借可爱的外貌和声音赢得了不少粉丝的青睐,而她在直播平台参加"百人生撸白米饭"活动的表现也使很多网友感到惊讶,那天吃的大米品牌也成了百度热搜词。据悉，密子君已经接到了不少商家的邀请进行吃货推广，而这种以"吃秀"为主要形式的变现策略也是一种相当有潜力的发展方向，值得大力推广。

（二）淘宝直播：掀起"吃货最大"热潮

在网上购买食品，这已经成为一件稀松平常的事情。但在淘宝直播推销各种水果、零食、饮料是不是有几分新鲜呢？

随着直播行业的深入发展，在网上以直播的方式推销食品也渐渐成为一股新潮流。为了让用户有更好的购买体验，淘宝专门为食品区打造了"吃货最大"的直播板块。在这里，用户不仅可以随意挑选自己喜爱的食品，而且还有机会亲眼看到食品的生产地，甚至是食品的制作过程。

需要注意的是，网店商家在找"网红"合作时，要尽量找与自己店铺业务相关的"网红"，这样带来的流量会更加精准，转化率也会更高。例如，卖零食的商家可以找美食领域的"网红"合作，这样获得的流量都是喜欢美食的人，他们很有可能下单购买。此外，线下实体店可以推出一款不以盈利为目的的引流产品，先把用户吸引过来，然后商家可以添加他们的微信来实现流量转化，或者引导他们消费其他产品，从而实现直接盈利。例如，在很多餐厅门口的海报上，经常可以看到有一款特价菜，就是采用的这种推广方式。

直播变现专栏4：

阿里巴巴：原产地美食直播最受欢迎，淘宝美食带货量猛增

说到"吃"，没有人会不感兴趣，每天烦闷枯燥的工作之余，大饱一餐就是每天最幸福、最享受的时刻。自然，美食直播也成了变现的一种形式，以淘宝、抖音为首的直播平台纷纷打造"美食吃播"的热门直播，让用户感受到一边看视频直播，一边流口水下订单的体验。看美食直播似乎可以缓解独自一人吃饭的孤独感，当一个人在吃饭的时候，看着主播直播吃美食就像和他在同一张桌子上吃

饭，聊着日常生活，分外有趣。

淘宝网平台是属于阿里巴巴旗下的，阿里巴巴于1999年在浙江杭州创立，其位列2019《财富》世界500强中的第182位。旗下的强势业务数不胜数，淘宝网、天猫、聚划算、1688、阿里妈妈、菜鸟网络、阿里云、蚂蚁金服等都是大家耳熟能详的平台，目前，美食直播作为淘宝吃货经济的新风口，截至2019年已有超过18亿人次在淘宝中"蹲守"美食直播。

一、淘宝美食大爆炸

美食直播作为零食店铺吸引吃货粉丝的秘密武器，近年来一直保持较高速度的增长。2019年年底，直播间卖出的美食同比增幅超400%。美食店铺销售主要通过线上、线下全方位满足消费者对美食的需求，聚合淘宝、天猫、农村淘宝等资源的淘宝吃播将作为一个全新的品牌。淘宝吃货特点如图5-22所示。

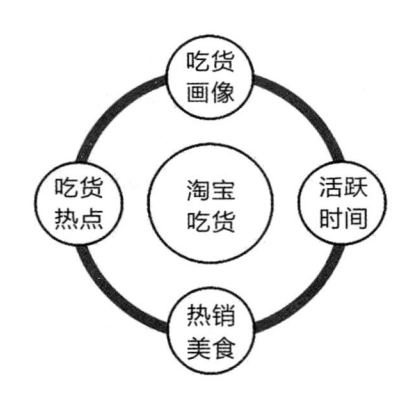

图5-22 淘宝吃货特点

根据《2019淘宝美食直播趋势报告》数据分析显示，"淘宝美食"直播栏目收集到了全球美食，是淘宝食品战略的落地项目。其与全球500个食品产业带达成联盟合作的协议，截至2019年，已经帮助全球500多个食品品牌实现万亿级销售。因此，淘宝美食直播间的热销榜单，就是一幅中国美食地图，美食主播们还深入山海、田野、果园，为美食家们带来最新鲜、最正宗的美食文化。

二、淘宝直播间的美食带货

淘宝购物平台的美食直播之所以能吸引大量的用户群，主要是因为其涉及面十分广，其具有全球口味和最时尚的饮食方式，让用户在家就能享受一饱全球美食的眼福，有深山农家采蜜、渔民出海捕捞、现摘水果蔬菜等，只有你想不到，没有吃播做不到。

第一，吃货画像千人千面。首先，年轻人和老年人都可以成为吃货。淘宝美食直播数据表明看直播的观众涵盖了所有年龄段。但70%以上是20~40岁的人，也不乏有一些退休老人和小孩出现在直播互动中。其次，吃货的男女比例相差不大，但女性对吃的热情会稍高于男性。经淘宝美食直播间数据统计，女性美食家的比例接近2/3。最后，美食家的地理属性是显而易见的。在全国所有城市中，湖南岳阳女性观看吃播的比例最高，达到了71.5%，海南三沙成为全国唯一男性观看吃播占上风的城市，占比77%。

第二，直播间打造深夜食堂。当你深夜打开直播间看主播吃美食时，直播室就是深夜食堂。在你深夜饿的时候，直播间镜头下的美味佳肴很容易引起你的关注，打破你购物的心理防线，诱惑你下单购买。这些"吃货直播"唤醒了大家深夜的胃，淘宝夜间的食品订单销量增加了180%，饿了么的宵夜订单也增加了3倍，出现了夜经济回暖现象。

第三，新鲜水果稳居热销第一。新鲜水果是直播间销量最好的食物，无论是直播观看人数还是下单金额。其中，水果之王——榴梿风头最大，其余的橙、樱桃、百香果也依次排入直播间最受欢迎的水果前几名。

第四，热点原产地美食。美食直播绘了一张美食地图，他把各地的美食带给大家。在吃播中，美食主播会到吉林省白山市、海南省海口市等美食盛产地进行考察，并在直播中一边找美食原料，一边和粉丝聊趣事，让粉丝用户有着身临其境的感觉。

总的来说，淘宝的美食直播是一次营销的"美食盛宴"，其直播的重点和主角除了美食本身之外，还聚焦于丰富的美食文化，吃货们来到淘宝美食直播间，不仅可以领略来自全球的潮流美食，还可以深入食物的原产地，感受最新鲜最地道的美食和文化，是值得借鉴的直播变现模式。

（资料来源：作者根据多方资料整理而成）

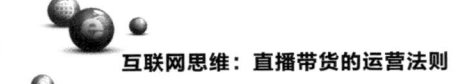

第四节 直播带货的"流量+内容"复合变现

"流量+内容"变现简单地说，就是将广告植入游戏内容之中，做到内容与广告无缝连接，相互融合。"流量+内容"的变现模式是如今直播变现中最有潜力的一种模式，它比较符合经济发展的趋势，同时又能为用户提供服务体验。随着直播变现模式的不断发展，特别是电商直播，多数直播平台已经开始尝试卖服务、卖影响力和卖悬念互动的新模式。比如，游戏直播，用户观看主播打游戏时，游戏无意中就变成了广告的载体，这种方法针对性较强，而且是很精准的。未来，"流量+内容"的变现模式会有更加完善的体系，尤其是"直播+电商"的模式也会发展壮大。

一、卖服务

直播是当前热门的话题之一，通过"流量+内容"的模式变现，网红直播教授用户一些化妆、服装搭配的技巧，然后推荐实用的产品，这样不至于引起用户太大的反感。从某种程度上看，网红与用户、电商匹配也可以算得上是一种服务。

（一）战胜挑战：实现"卖产品"到"卖服务"转变

相比原来仅仅"卖产品"，"卖服务"对于企业来说是个不小的挑战。"卖产品"是我生产什么就卖什么，而"卖服务"更需要考虑的是用户体验、用户需求，提供的产品往往是"私人定制"、量身打造的。总体来看，目前大部分直播平台对销售实物商品比较有经验，虚拟的服务类产品的直播销售还未完全开发。为此，许多直播平台迫切希望找到打通服务类产品直播带货的链条方案。

（二）直播"卖服务"：助推企业降本增效

2020年，我国市场主体大多面临生存困境，直播的营销模式成为打破困境的营销"良药"，是企业降本增效、提振我国市场主体的活力和信心的催化剂。

如何扬长避短，注重"用户体验"、用户需要，变"卖产品"为"卖服务",是企业进军电商行业需要重点思考的问题。需要了解"服务"这一产品的特性,抓住"流量+内容"的变现福利。卖服务类型如图5-23所示。

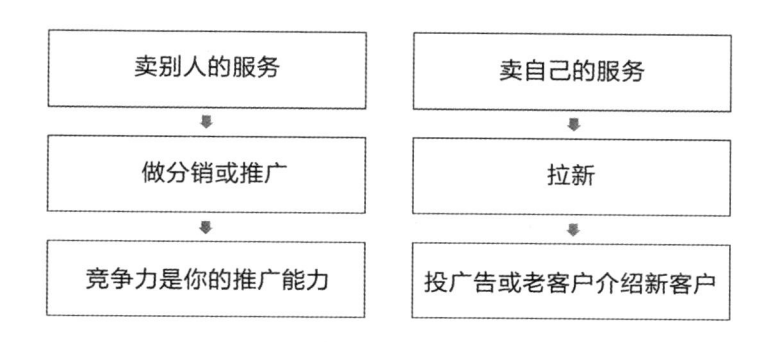

```
卖别人的服务              卖自己的服务
    ↓                        ↓
做分销或推广                  拉新
    ↓                        ↓
竞争力是你的推广能力    投广告或老客户介绍新客户
```

图5-23 卖服务类型

(三)直播服务:专业流量变现服务平台

直播带货变现的方法多种多样,运营者既可以直接在平台上售卖产品,也可以通过广告位赚钱,还可以通过向用户提供有偿服务,把服务和变现直接联系起来。

在为用户提供有偿服务时,主播方应该报以"薄利多销"的想法,用服务次数取胜,而不能想着一次就要赚一大笔。否则,目标用户可能会因为服务费用过高而被吓跑。向用户提供有偿服务的直播平台并不是很多,因为费用相对较低,再加上其具有一定的趣味性。所以,许多用户在闲暇时间还是会将看直播视频作为一种休闲消遣活动。但是,即使观看直播的收费比例比较低,但随着使用人数的增加,流量效应使得直播服务积少成多,也获得了不可小觑的收入。

二、卖影响力

"流量+内容"的变现模式为直播的变现开启了一道新的大门,使其向更加专业的方向不断发展进步,这也是直播变现的必然趋势。越来越多的品牌选择与网络红人合作来宣传自己,这主要是希望凭借网红的个人影响力来发动粉丝经济。因此,卖影响力这种复合变现模式不仅性价比更高,而且传播效果也会更胜一筹。

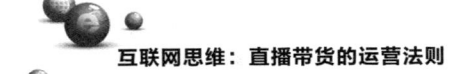

（一）影响力：筑造用户信任与希望

依靠影响力来实现"流量+内容"的复合变现模式对各方面要求都很高，对内容、主播、平台三者来说都是一个巨大的挑战。但是这种模式给直播带来的收益是不可估量的。

影响力可以通过获得用户的信任而实现变现，那么，有了用户的信任，你还怕卖不掉产品吗？在打造主播影响力的过程中，直播主播需要培养自身的正能量和亲和力，他们可以将一些正面、时尚的内容以比较温暖的短视频内容形式，第一时间传递给自己的粉丝，让粉丝信任他，在粉丝心中生成一种具备人格化的偶像气质，从而企业就拥有了一个黏性极高的垂直消费群体。

（二）IP流量助力主播影响力"变现"

直播模式要想帮企业夺下真正的成功，一个重要的考量就是"变现"，即使你具备再强的实力，但赚不到一分钱，那么你的价值就没有得到真正的体现。IP的出现将人们带入了新的商业时代，他们不但有效刺激了新销售经济的发展，而且曝光度和交易频率也越来越高，同时具备较强的商业变现能力。

对于企业运营者来说，进行直播模式运营的主要目的就是用借势与造势来提高自己的影响力。企业可以借助具有一定影响力的事件、人物或者产品等，然后通过策划活动，达到广泛深入传播产品或品牌的目的，如图5-24所示。

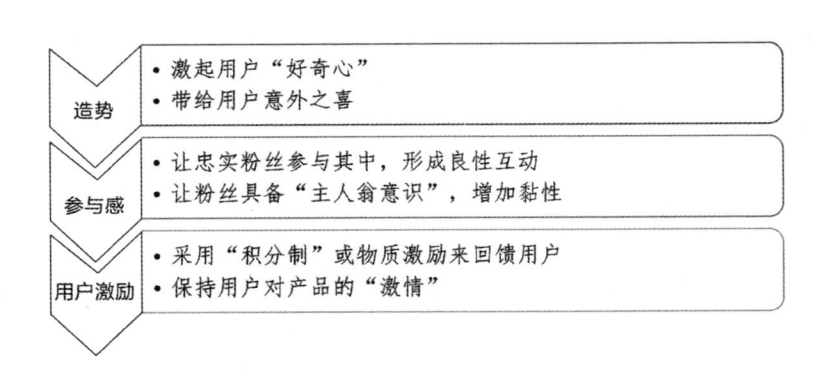

造势	• 激起用户"好奇心" • 带给用户意外之喜
参与感	• 让忠实粉丝参与其中，形成良性互动 • 让粉丝具备"主人翁意识"，增加黏性
用户激励	• 采用"积分制"或物质激励来回馈用户 • 保持用户对产品的"激情"

图5-24　活动运营的相关技巧

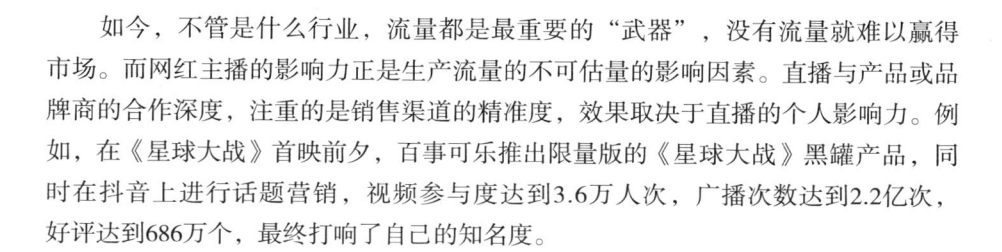

如今，不管是什么行业，流量都是最重要的"武器"，没有流量就难以赢得市场。而网红主播的影响力正是生产流量的不可估量的影响因素。直播与产品或品牌商的合作深度，注重的是销售渠道的精准度，效果取决于直播的个人影响力。例如，在《星球大战》首映前夕，百事可乐推出限量版的《星球大战》黑罐产品，同时在抖音上进行话题营销，视频参与度达到3.6万人次，广播次数达到2.2亿次，好评达到686万个，最终打响了自己的知名度。

直播变现专栏5：

谦寻文化——依靠发展策略拿下淘宝直播Top1机构宝座

坐拥2000多万粉丝、身价上亿的主播薇娅身后，站着一位重要的幕后老板——董海锋，他一步一步将薇娅从一个服装店主转变为淘宝第一主播。董海锋和薇娅两人搭乘淘宝直播的东风，白手起家创立了淘宝直播Top1机构——谦寻文化。那么谦寻文化到底是怎么发展起来的呢？如何迅速地从淘宝直播的机构中脱颖而出呢？

一、公司简介

2016年10月，淘宝直播有了200多家机构，第一批进驻到淘宝直播的机构刚开始大力招募和培养主播；2017年年初，已经有了主播背靠机构才能更好发展的一些共识。有着强烈忧患意识的董海锋意识到，不能让薇娅一人"孤军奋战"，便萌生了成立机构的想法。

谦寻（杭州）文化传媒有限公司总部地点位于浙江省杭州市滨江区，于2019年9月29日成立。

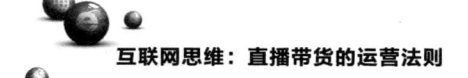

二、直播机构发展策略

2019年,薇娅凭借"双11"引导成交额超30亿元,在淘宝直播圈鹤然而立,此后,谦寻文化始终占据淘宝直播机构TOP1的霸主地位,由谦寻和薇娅开始的直播网红时代正式开启。目前,薇娅直播间邀请众多当红明星,薇娅甚至参与各大当红综艺的录制,使得自己的人气影响力直线飙升。虽然薇娅被称为"直播带货一姐",但她的影响力却已蔓延至资本市场。由于薇娅用几场直播带货撬动了一家上市公司37.13亿元市值,她"意外"地成了资本市场风向标。事实上,谦寻文化主要通过四个方面的发展策略来培养主播的影响力,如图5-25所示。

不轻易签约主播,保证主播的平等地位　　公司的每个主播至少配置了4个人的团队　　打造超级供应链基地,做MCN背后的MCN　　整合平台外资源

图5-25　培养主播影响力的发展策略

第一,不轻易签约主播,保证主播的平等地位。无论对淘宝直播平台还是谦寻文化来说,一个薇娅主播是不够的。2018年,谦寻文化重点培育签约主播。但董海锋从不轻易签约主播,他希望公司能给每一位主播配置相应的团队。很多人以为薇娅是谦寻文化的全部,所有的资源都给了薇娅。但其实谦寻文化对每一个主播都是平等的,激发每一位主播的奋斗激情。

第二,专业的团队配置。以深夜徐老师为例,谦寻为她实现了与《人民日报》官方的合作,这也是继薇娅之后又一个能够与《人民日报》合作的电商带货主播。董海锋签约了许多明星红人主播,包括明星主播歌手林依轮、主持人李响和李静、演员高露等。董海锋"爱惜每一根羽毛"的发展策略,也让主播和公司都得到了发展,很多垂直领域的TOP主播,都归属于谦寻文化旗下。主持人张予曦在加入谦寻文化3个月后,每场直播从几百的观看量变为十几万的观看量。腰部主播安安,在进入谦寻文化后一年的时间里粉丝量从60万上升到140万,成为淘宝美搭TOP10的主播。美食主播考拉二小姐加入谦寻文化后迅速成为淘宝直播美食

TOP1主播。

三、整合平台外资源，打造超级供应链基地

2019年4月，谦寻文化与最强网红经纪公司无忧传媒正式达成了合作意向，拉开了长期战略合作的帷幕。合作的重点在于，由谦寻机构支持无忧传媒旗下艺人在电商领域的发展，由无忧传媒帮助谦寻旗下主播扩大其淘外影响力，以便旗下主播实现多平台、多维度发展，让更多人认识专业的谦寻主播，让更多人因为谦寻而用上好商品，过上更优质更舒心的生活。

对主播来说，供应链是主播背后最重要的保障。董海锋也知道很多主播个人条件不错，却因为没有稳定长期的供应链资源渐渐没落。薇娅能成为"淘宝第一主播"，除了自身的能力与平台的能力外，背后谦寻的强供应链也功不可没。谦寻文化已经跟20多家供应链进行了深度绑定，同时涵盖了直播的各个品类商品，为主播扩展了丰富的品牌资源。也正是依托这样的供应链体系，除了基本的红人孵化外，董海锋从2019年就开始引领谦寻打造"超级供应链基地"，并于2020年逐步开放给其他MCN及网络红人。谦寻的超级供应链基地，可以帮助主播们以购物的方式在商场里进行选货直播。这样的供应链模式，不仅让商家省去了反复寄样的麻烦，也让主播可以有充足的货品资源做后盾。

（资料来源：作者根据多方资料整理而成）

三、卖悬念互动

如今线上电商店铺的玩法，主要是给消费者各种最低的促销让利，以利诱刺激消费者在最短的时间内下单，从而拉升店铺的整体销量。每年的"双11"狂欢日就是最好的例子。如果说，传统线下渠道各大品牌商是在疯狂地做圈地运动，那么线上电商渠道各大品牌商则是在疯狂地做造节运动。而造节的直接利诱就是促销让利。如今的直播带货，除了促销，是否还有其他新鲜的营销玩法？

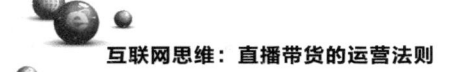

（一）悬念互动：实现"流量+业绩"双丰收

制造悬念吸引人气是很多营销一直都在使用的一种方法，苹果手机在利用悬念为营销造势这件事上，可谓是做足了文章。每一款苹果手机在上市之前，都会事先通过各种渠道对其新增功能、外形变化、硬件升级等方面进行宣传。比如，在iPhoneX上市之前，苹果公司对全新的全面屏手机机型、面部识别解锁和支付功能进行了宣传造势。但是在产品发布会之前，并没有公布实体机的真实样貌，吊足了用户的胃口。在日益积累的"悬念作用"下，iPhoneX开放预售仅三天，在中国市场的预订量就超过了650万部。可见，悬念对营销的推动作用巨大。

（二）悬念互动式营销之绝妙策略

企业要根据自己的实际情况制造直播内容悬念方面，脚踏实地，一定要考虑产品的特色及主播的实力等因素，不能夸大其词。设置直播标题和内容双料悬念是网罗人气的一大绝佳方法，有些直播标题虽然充满悬念，但直播内容却索然无味，这就是人们常说的"标题党"。那么，要如何给直播标题设置悬念呢？如图5-26所示。

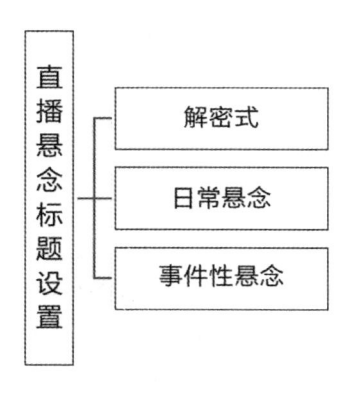

```
                ┌─ 解密式
直播悬念标题设置 ─┼─ 日常悬念
                └─ 事件性悬念
```

图5-26 标题设置悬念的方法

例如，淘宝直播中有一位潮流达人利用富有悬念的直播标题吸引了不少用户的关注。这个标题隐约带有悬念的意味，用户可以知道这是一个服装搭配的直播，当然，它的内容同样也给用户带来了惊喜。因为这位主播在直播中不仅试穿了衣服，还给一位模特也进行了服装搭配，呈现出明星服装搭配的"小心机"。带有悬念的直播更容易激发用户的好奇心，从而将用户转化为粉丝，实现变现。因此，设悬念网人气不失为直播变现的一个绝妙策略。

通过制造悬念吸引用户关注品牌店铺，引发用户参与互动，自行分享传播（推疑），并引流到电商店铺，最后在店铺主阵营揭晓真相（解疑），这样就顺理成章地完成了悬念式营销的策略全过程。悬疑营销策略三部曲如图5-27所示。

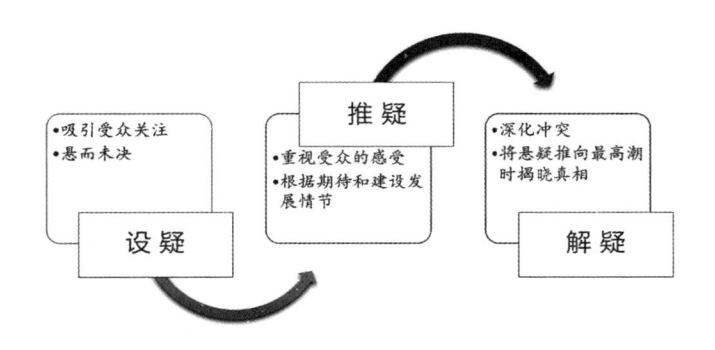

图5-27　悬疑营销策略三部曲

第五节　跨界变现

如今，在直播领域，前有抖音、淘宝和快手渐成寡头趋势，后有拼多多、京东加码追赶。而除百度、搜狐和网易之外，美团、携程、哔哩哔哩、知乎和探探等平台也都已纷纷入局。这些原本与电商关联不强的企业，开始抢滩直播带货领域。"直播+"的模式变现已经深入各个领域，对于这些平台来说，带货并非最终目的，通过直播获取流量、实现品牌营销更显重要。

一、"跨界+变现"：走多样化的互联网道路

在十年前甚至二十年前，普通人成为明星拥有众多的阻碍，出圈也非常困

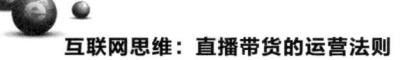

难，以湖南卫视的《超级女声》和《快乐男声》为代表的选秀类综艺节目，给予了这些具有明星梦的普通人走红的契机，也成功造就了李宇春、周笔畅、张杰等如今的一线歌手。

而如今，在互联网飞速发展的冲击之下，互联网改变着人们的生产和生活方式，以网络作为生产工具的各种娱乐项目应运而生，如网络音乐、网络电影、网络电视剧、网络综艺、互联网短视频等。在这些领域有突出表现的人往往可以拥有大批量的"流量"，而这些人也便自然而然地晋升为"网红"。

除了卖货，网红变现的方式还有很多，但是都要结合网红自身的特点。比如，罗辑思维兜售视频课程，王尼玛、同道大叔通过出席各种活动赚取出场费，papi酱通过广告费赚钱。

二、直播带货"众生相"：跨界多元的产品模式

疫情之下，直播行业的热度不断攀升，海量玩家涌入直播领域，开辟了一条全新的赛道。2020年3月30日，淘宝内容电商事业部总经理俞峰披露了淘宝直播2019年的成绩单：目前淘宝直播有4亿用户，主播数量100多万人，2019年淘宝直播引导成交2000多亿元，177位主播带货销量破亿元，直播带货商品数超过4000万件，商家直播店数同比增长268%。可见，直播带货似乎已经成为如今大众消费的新常态。

进一步的"直播+"的内容边界不断扩大、泛化，各种垂直平台都在积极探索跨界入局的方式。淘宝直播、聚美优品、蘑菇街、蜜芽……几乎所有传统电商平台均已入局电商直播领域。"电商+直播"所组成的新型直播形态让许多传统电商嗅到了新的商机，几年时间，这种直播的全面入侵让整个直播行业呈现出一种"众生相"：人人可带货，万物皆可卖。

时代在不断变革，食品企业老一套的营销手段在如今的消费者身上已经不再适用，直播带货的兴起给了企业营销创新的新思路。例如，随着5G时代的到来，食品企业的销售平台、销售方式、推广方式都在发生变革，业内企业都面临巨大挑战。与此同时，2020年的疫情对食品企业的影响颇深，直播带货无疑是企业自救的一剂良方。你以为买菜、买水果只能去菜市场？不，现在你还可以在直播间下单。

三、"直播+教育"跨界：实现学习资源共享

教育直播是在线教育的一种，按照教学内容来划分，涵盖了所有年龄段和行业的群体，每一类都有相当明确且壮大的针对目标群。在线教育平台会力求做到兼顾，但很难做到全面，一般会侧重发展一大类。从教育的在线化，到移动化，再到智能化，随着互联网的发展，在线教育也发生着很多改变，而教育+直播也随之迎来了一波热潮。教育直播类型如图5-28所示。

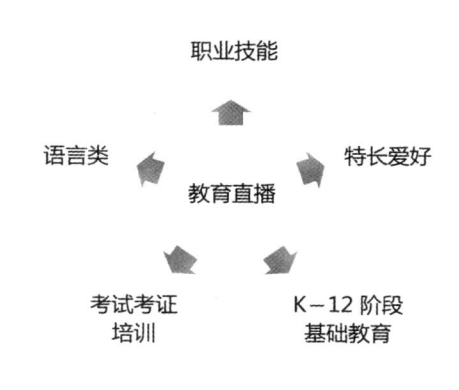

图5-28 教育直播类型

在互联网、移动互联网及AI等技术的引领下，知识与经验的传播方式发生了转变，学生的学习方式、管理方式、师生互动的方式都有了更多的选择，让教育可以更高效。无论教育直播跨界平台侧重点在哪一方面，在线教育受众群体广泛、可选择平台数量丰富、市场还未饱和是不可争辩的事实。也就是说，在线教育直播行业还有很大的盈利空间和更多新的模式，利用知识盈利是教师或身怀技能的人进行营利的途径。老师不一定非要站在讲台上，如今老师也上网，活跃在电脑屏幕前的他们与时俱进，开启了在线教育的新时代。

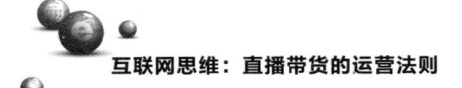

直播变现专栏6：

盟主直播——开创家居行业的3O营销模式

2020年年初，直播电商迎来了空前繁荣。传统行业尤其是家居行业受线下门店关闭影响，纷纷开启线上直播。对于家居企业来说，直播电商除了是新的流量变现渠道外，也为商家沉淀了私域流量。然而，争相追捧的直播电商却呈现两极化的结果。究其原因，一方面是家居交易天然具有低频高价、非标、服务链条长、重服务和体验的特性，信息化程度低、对人的依赖性高，所以传统互联网的模式已不适用。另一方面，目前的直播市场95%属于C端直播，B端直播平台少，且大部分未下沉形成垂直应用解决方案，家居企业只能依靠降价、秒杀等促销手段和明星自带的"光环"去取悦C端用户群体，所以"叫好却不卖座"成为常态。针对家居交易特有的低频高价、非标、服务链条长、重服务和体验的特性，盟主直播开创性地打造了家居行业的3O营销模式。

一、公司简介

盟主直播是盟主世纪（天津）网络科技有限公司旗下的直播品牌，秉持着"让营销更简单"的使命，以"2020年成为企业直播领域独角兽"为愿景，以专业级直播技术为基础，为企业打造社群化和自媒体化营销平台。公司的核心价值观是：为用户创造价值；心在一起叫团队；结果导向，使命必达。

盟主直播已深入到100多个细分行业，服务过近400家世界和中国500强企业，为成长型企业提供了超过100万场次的直播，多年零失误。

二、直播盈利模式—SaaS一站式解决方案

十年前，裴勇作为首批"吃螃蟹"的人，开始接触商业直播领域。三年前，当众多玩家还在以技术手段为众多企业做"嫁衣"的时候，裴勇首次出了直播营销的理念。如今，裴勇又再次在业内首次实践3O（O2O2O）直播营销理念。盟主

直播变的是模式，不变的是初心。裴勇在企业商务直播领域不断摸索前行，但其初心未变，摸索出一条适合广大中小企业的营销之路，通过直播的赋能，助力企业实现产业互联网转型。

在商业直播领域，盟主直播作为后起之秀，与其他商业直播平台将直播作为技术手段为企业提供PaaS服务不同，盟主直播自成立伊始，其创始人裴勇就提出直播营销的理念。裴勇的着眼点就是为企业提供SaaS服务，通过直播的技术手段，基于互联网理念，帮助企业打造属于自己的IP。盟主直播用专业级的直播技术，为中小企业提供一整套在线商城服务，企业可以在盟主商城里展示产品，进行营销推广活动；与此同时，消费者可通过企业直播点赞互动、下单购买。这样一来，流量很快就能变现了。鉴于中小企业没有技术开发能力，盟主直播的研发团队在直播服务的基础上，重新架构了业务商业模式，开发了近百项产品营销功能，适用于不同的行业赛道和应用场景。盟主直播SaaS服务一站式解决方案就此产生。比较接地气的是，中小企业只要在盟主直播平台开个账号，就可以"拎包入住"。盟主直播运营小掌柜会7×24小时为客户提供全方位服务，从直播活动的选题策划方案到直播间的搭建、场景布置；从平时的日常维护和在线答疑，到后期的用户管理及数据分析，小掌柜都会提供一对一的VIP服务，让客户尊享"英式管家"般的体验。而在与家电领军品牌荣事达共同发起的周年店庆直播活动中，裴勇看到了直播营销更为广阔的天地——传统企业不仅可以"触网"实现品牌与价值的提升，还可以通过互联网的方式，实现线上"反哺"线下的品牌倍增。

三、3O（Offline-Online-Offline）营销新零售模式

盟主直播推出的3O（Offline-Online-Offline）直播营销的创新模式，深度结合产业互联网的3O，完全颠覆传统意义上Online-Offline-Online理念，通过精准线下（Offline）门店蓄客、线上（Online）直播引爆和线下（Offline）核销及二次营销的手段，以直播为纽带，对传统企业和行业进行产业链和内部的价值链进行重塑和改造，为传统企业赋能，实现互联网与传统产业深度融合，从而形成基于企业自身的互联网生态，如图5-29所示。盟主直播的3O营销模式打破了线上、线下消费场景的界限，重构"人、货、场"的三角关系。

```
           精准线下门店蓄客

           线上直播引爆

           线下核销及二次
              营销
```

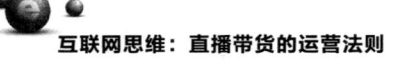

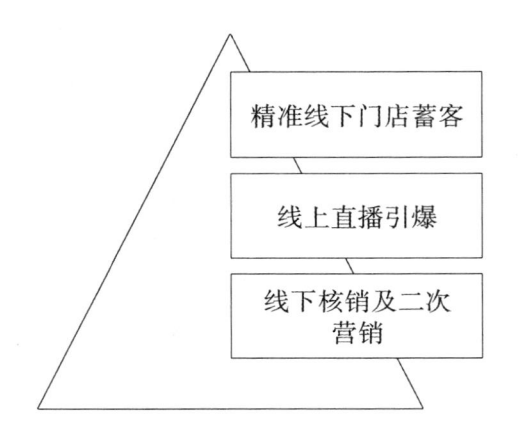

图5-29　盟主直播的3O营销新零售模式

疫情期间，盟主直播为知名家居品牌欧派提供了一场大获成功的线上直播营销活动。2020年2月14日，欧派卫浴在官方小程序中嵌入盟主直播，发起"上直播抢工厂"大型促销活动，实现在线观看人数65万人以上，直播总订单数12356单，转化销售额超1亿元。盟主直播的3O营销新零售模式在此过程中的应用如下。

第一，前期线下门店预热。门店预热的目的是锁定潜在客户群体。线下家居利用盟主创客平台成为家居企业的精准流量引擎。创客（行业从业者/导购）通过创客系统APP端管理任务，实时掌握直播前精准锁客进度，可通过社群管理等功能实现用户裂变，完成直播前锁客蓄水。

第二，线上直播引爆。线上通过精准直播和线上营销互动将导购锁定的精准流量进行高效触达和转化。通过直播前发红包等方式进行预热为直播引流；直播过程中利用抽奖、超强优惠刺激等方式引爆直播，鼓励用户下订单。例如，欧派在直播当天的爆品用最大优惠力度让利消费者，原价5888元的浴室柜只需要3680元，引爆直播。

第三，线下限时购买。所有预付定金的客户在线下付尾款，由店员负责上门安装，在此期间开展二次营销。直播后，商家通过后台进行订单处理和数据分析，导流到线下门店核销，完成店面和直播的无缝融合和锁客。还可以进行二次营销，围绕全流程触点，建立客户大数据跟踪，打造立体化的营销系统。

盟主直播的直播+家居行业解决方案由创客系统、直播系统、数据系统组成。基于盟主直播的全新营销平台，家居建材企业通过线下营销预热与创客裂变引客蓄水，线上直播吸引客户下单，再引导客户线下终端核销并进行二次营销，获取客户数据进行管理运营，以此解决了终端集客、产品促销、终端销售锁客和客户管理等问题。

（资料来源：作者根据多方资料整理而成）

第六节　直播盈利模式在线

继"直播元年"后的短短几年间我国已经涌现出众多直播平台，直播平台正逐渐向"直播+视频+娱乐+电商+金融"等多领域全方位拓展。而无论对主播还是平台来说，直播营销的最终目的是获利，这也是进行和发展直播营销的关键。那么，直播是如何利用流量、内容及"流量+内容"复合形式来实现变现并盈利呢？直播的盈利模式主要可以从以下三方面来分析。

一、增值服务盈利：让流量转化为实际销量

主播们开始在线售卖货品。最早是快手做起来的，后面抖音也开始这样做。然后淘宝发现：原来你们做得都这么好，我干吗不直接做直播？所以现在淘宝也上线直播，做得火热。一看大家都做得这么好，其他一些流量平台也开始跟进，走带货直播的路线。

直播带货模式可以说是粉丝变现最直接、最快速的模式。增值服务是最早出现在直播带货平台的盈利模式，同时其催生出"粉丝经济"，观众在直播平台看到主播的直播后，通过充值人民币的方式购买虚拟礼品赠送给主播，进行打赏，充值道具的收益由主播和平台方分成。增值服务是直播平台最开始也是最主要的盈利来源，本质为"粉丝经济变现"。

其中，卖"赏赐"的粉丝付费鼓励是最主要的盈利变现模式，礼物打赏是非常普遍的事，粉丝为自己喜欢的主播消费是一种为情怀消费。而该模式主要出现在一些以才艺、亲身经历和干货内容为主的直播中，当受众观看到精彩之处时就会进行打赏。平台为什么要花高价签你这个主播？其实平台高价买的不是主播，而是流量。没有流量你怎么接广告收入？如今的打赏机制更离不开流量。观众打

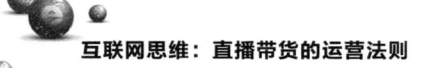

赏给主播的钱平台自然也会抽取一部分，这是一个双向的选择，平台同样也在做引流推广。而对于一些有着自己产品的企业和商家来说，其直播所产生的盈利变现主要还是通过其产品的销售实现的，为直播吸引足够的流量，最后让流量转化为实际销量。

二、广告投放盈利：使直播和电商、娱乐相融合

广告的投放，如文字广告、横幅广告、边栏广告等，可以使用户进入主播商城购买主播的周边产品，如游戏主播销售游戏手办、机械键盘，音乐类主播销售话筒，美妆主播销售化妆品等。投放广告的方式使直播和电商、娱乐相融合，使用户享受到了一体化的直播体验。

在进行直播时，运营者有必要从以下两个方面出发设置吸睛点吸引用户，提升直播体验。一方面，在标题上设置吸睛点，如加入直播节目中的产品能给你带来改变的词汇，如"早秋这样穿减龄10岁"，其中"减龄10岁"明显就是一个吸睛点；或是在标题中展现产品的差异点和新奇点，如"不加一滴水的面包"。另一方面，可以在直播过程中设置吸睛点。这样可以尽可能地展现优质直播内容的重点和中心点或产品的优异之处，让受众在观看的过程中受到启发，从而现场下单订购。如在淘宝直播上，当服饰、美妆产品的实际效果展现出来时，其完美的形象和效果就会促使很多人下单，甚至可能出现一分钟之内订单暴涨的情况。

三、孵化"网红+电商"盈利：促进直播平台的转型与改进

通过对各类网红的包装，在日常直播和粉丝互动过程中提升粉丝受众群体的黏合力和凝聚力。例如，美妆网红直播各种美妆教程、服装网红直播穿衣搭配教程等，通过网红的粉丝力量带动消费者的关注度，进而促使美妆品牌的热销或淘宝服饰店爆款服装的大卖，由此实现了网红经济和电商平台的完美融合。直播平台和网红主播间的合作会促进网红经济的发展，也会促进直播平台的转型与改进。

无论是直播的流量还是内容营销变现形式，它们终归还是要通过盈利来实现自己的价值。未来，网络直播的盈利渠道将变得多样化，包括电商变现、广告变现、流量变现、举办活动变现等。直播带货也将是未来的主流趋势，并将成长为一棵常青树。

章末案例

不攀网红流量，董事长亲自直播——凯洋海鲜

新冠肺炎疫情令凯洋海鲜6大销售渠道全部不同程度地受阻，专卖店客流大减，西贝、海底捞、陶然居等龙头餐饮采购企业自身难保，线下商超渠道也需求骤减。紧急情况下，凯洋海鲜作为食品龙头企业还要坚持保民生不涨价。2020年春节，大连凯洋集团董事长魏洋多次召开会议研究应急出路，他发现一个叫快手的直播平台上有很多人在卖货，在关注了1000多个主播后，魏洋萌生了为凯洋打造一个直播平台的想法。2020年2月20日，在1万多凯洋人无人应聘的情况下，魏洋以"马背水手魏洋"为名开启了直播生涯的第一次试水。谁也没想到，汹涌而至的百万粉丝和千万级订单不仅打开了凯洋海鲜的新销路，也给遭受重创的农副产业企业主们，提供了彻底改变销售方式的成功样板。

一、公司介绍

大连凯洋世界海鲜股份有限公司（以下简称凯洋海鲜公司或凯洋世界海鲜）的前身为大连凯洋世界海鲜礼盒有限公司，成立于2009年12月10日，由大连凯洋食品有限公司投资设立。2014年11月12日，凯洋海鲜公司在新三板上市，股票代码为831324。凯洋世界海鲜一直专注于水产行业，特别是海鲜行业，是一家集水产品加工、保税仓储、进出口及转口贸易为一体的大型综合性企业。公司主营项目有冷冻海鲜系列、海鲜礼盒系列、海鲜干品系列、海洋珍品系列、海洋休闲食品系列等产品。此外，凯洋世界海鲜依靠自身强大的资源整合优势，创造性地将世界各地的名、优、特海洋珍品汇聚一盒，让国人不出国门即可尝遍世界各地的珍奇海鲜，并在国内首创出将"世界海鲜"系列产品汇聚礼盒中这一经营理念，凯洋海鲜礼盒已成为国内著名商标。

凯洋世界海鲜始终以向广大消费者提供源于深海、天然营养、健康安全的海洋食品为己任，秉承"感恩大海、回馈社会、和谐共赢、永续发展"的企业经营宗旨，为将公司打造成为受人尊敬、享誉国际的一流海洋食品企业而奋斗。2019年公司营业收入实现37155.47万元，同比增长66.98%。

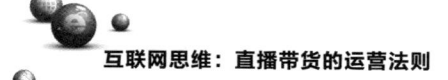

二、优势显著

近年来，凯洋海鲜公司不断拓展市场销售渠道，放大品牌效应。凭借强大的资源优势与全球百余家渔业捕捞公司建立长期稳定的合作关系，为海鲜事业搭建起全新的世界海鲜产业共赢平台，成为国内海鲜市场的领航者。凯洋海鲜主要有以下几点优势，如图5-30所示。

图5-30　凯洋海鲜的优势

第一，仓储物流优势。凯洋冷库的综合仓储能力达5万余吨，其中拥有国家海关指定3万吨的公共保税冷库，为凯洋聚集世界各地珍奇海鲜奠定了坚实的基础，让国人不出国门，尝遍世界海鲜。

第二，资源优势。凯洋世界海鲜凭借强大的资源整合优势与世界各地百余家渔业捕捞公司长期稳定合作。充分保障了凯洋世界海鲜野生、海捕、船冻优质海鲜的可持续供应。

第三，品牌优势。凯洋世界海鲜全国首创出将"世界海鲜"系列产品汇聚礼盒中这一经营理念，凯洋世界海鲜礼盒已成为国内著名商标产品。凯洋海鲜公司经过近20年的发展，已经发展成为拥有多家分、子公司，近1000家经销商及专卖店的集团企业。

三、直播变现亮点

2020年2月，中国渔业协会副会长、国际贸易分会会长、大连凯洋集团创始人魏洋正式入驻快手，最多一天直播10小时，4个月时间积累了110万粉丝。6·16活动期间，魏洋与"快手6·16品质购物节"同步发起"世界海鲜大集"卖货节，截至6月18日，魏洋卖出超过30万单商品，总成交额近千万元，让"马背水手魏洋"第一次被快手电商官方注意到。虽然不如董明珠、丁磊快手带货那么引人注目，但魏洋却是第一位转型常态化"专职主播"的企业家。其意义不仅仅在于成交额，更在于模式和路径的创新，魏洋在直播变现过程中的亮点主要有以下3方面，如图5-31所示。

图5-31 凯洋海鲜直播变现亮点

第一，建立直播与门店联动的新零售模型。凯洋海鲜公司在全国有超过1000家线下门店和分仓，在魏洋的带动下，门店也全都入驻快手开播。线上开播的同时可以直接通过线下门店及分仓就近发货，大幅节省了物流和冷链运输费用，一个直播与门店联动的新零售模型开始建立。除了直接2C，凯洋还可以对接来自餐厅、食堂、商超的需求，一个快手上的"麦德龙"就此诞生。可以对比的是董明珠带货65亿元的案例，即由经销商线下聚集流量，将流量带到董明珠直播间完成转化，再根据地址分配给不同区域经销商配送、安装，核心是带领全国经销商完成引流和转化。这些尝试也让直播带货不再仅仅停留在疫情期间企业的应急之举，更为企业在"后疫情时代"常态化发展提供了新的工具和思路。

第二，联合知名农业企业，拓展带货品类。"世界海鲜大集"期间，魏洋联合农业领域知名企业，直播带货以海鲜为主，以优质农产品辅之，这大大拓展了带货品类，增加了产品的多元性。比如，和辽渔、中水、中渔合作，拓展了鳗鱼、金枪鱼罐头品类，还售卖内蒙古金鹿集团的油、大连调味料企业金葵的调味料、辽宁盘锦大米、内蒙古河套面粉等商品。这次尝试给了魏洋新的启示，在未来的直播带货中应更加注重以海鲜为基础，同时售卖大农业领域优质农产品，不断整合优质资源，做大做强直播带货的供应链和产业链，打造特色的海鲜直播带货产业生态圈。

第三，发挥源头好货优势，打造品牌口碑。截至2020年7月，魏洋快手小店共卖出39万件商品，商品评分高达4.9分，这足以证明凯洋商品的优质和魏洋对于直播带货的严谨态度。魏洋把快手直播间看作是一家企业再次创业的过程，坚持正确的带货价值观，与粉丝真诚交流，让用户口碑产生社交传播。另外，凯洋世界海鲜非常注重企业品牌和口碑，为此直接从海外渔业资源配额及海外捕捞船等初始环节直接购买海鲜，真正做到了源头好货，减少中间商赚差价，为用户提供更高性价比的优质商品。

四、结论与启示

魏洋在快手有三个目标，一是品牌推广，二是直接销售变现，三是寻找更多志同道合的合作伙伴。目前来看，这三个目标都已经实现。此外，"世界海鲜大集"的成功及魏洋本人作为CEO下场直播的标杆效应已开始带动更多企业重视直播带货。由魏洋在直播带货中摸索出一系列通过直播重塑传统产业生命力的新方式，可得出以下结论和启示。

第一，直播与线下联动。入驻快手的同时，魏洋要求凯洋千余家线下专卖店都开设快手账号直播。入驻快手一个月后，魏洋做了首次大型活动"首届中国国际线上渔业博览会"，并取得了不错的卖货成绩。如今在快手有1000家线下专卖店的入驻，让魏洋开始建立自己独特的直播卖货体系。魏洋介绍，凯洋的1000家线下店相当于1000个线下分仓，魏洋自己会给专卖店连麦涨当地的粉丝，线上卖的货可以直接线下店就近发货，可以节省30%~40%的冷链和快递成本。线上直播与线下专卖店的联动成为魏洋带货最重要的优势之一。

第二，创新商业模式。2020年新冠肺炎疫情暴发以来，凯洋世界海鲜抓住电商直播的风口，努力打造长效品牌价值，全面变革卖货模式，进而扩大网络销售的规模。凯洋世界海鲜根据自身及行业特点，依托完整的"采购—加工—销售"一体化业务链条、稳步拓展的销售市场及持续累积的品牌效应，通过线上、线下结合的方式，不断拓展专卖店、经销商规模。董事长魏洋亲自下场直播带货，说明为了实现品牌价值沉淀，企业不能总是靠找大主播"开外挂式"卖货，而需要从直播分销、引流转化、供应链建设、分仓式配送、IT化营销等各方面对自身产业链进行升级适配。

第三，供应链与直播模式的结合。魏洋从快手上探索出一条泛农领域互联网转型新路径：从原产地货源—采购入库—直播亮价（无中间商差价）、在线成交—全国物流分仓响应（节省分销成本）—就近2小时派送上门。这条高效便捷、透明化的供应链与直播模式的结合，正是魏洋与流量主播最大的区别，是他能在短时间内打响品质、口碑的集团化作战力量，也是他打算长期扎根直播平台，与上下游合作伙伴一起，做世界一流的海鲜产业的根基和机遇。

（资料来源：作者根据多方资料整理而成）

本章小结

直播带货其实是一种全新的零售，将直播和电商完美地结合在一起，从"人—货—场"3个角度来说，是一个非常高效、新零售的风口。从2019年淘宝"双11"超过200亿元的直播带货的规模，到因为疫情各种线下服装店、超市因为封锁纷纷转战线上，多位老板直播下海，直播平台一派生机盎然。在初创期，直播平台的内容及变现模式都较为单一，变现依靠用户打赏分成；在成长期，以导购分成为代表的增值业务、广告业务、游戏联运等业务也逐渐壮大；现今，经历过15年的发展以后，内容变现、流量变现、流量+内容复合变现及跨界变现等模式的不断出现，使直播的变现模式逐渐清晰、多元化。可以说，在当下的直播模式中，人人都可以具备强大的变现能力，直播带货是未来的不变趋势。

参考文献

[1] 陈莉. 海尔智家北京001号店开业，发布全球首个场景品牌三翼鸟[J]. 电器，2020（10）：70-71.

[2] 陈昕. 欢聚时代公司直播业务盈利模式研究[J]. 商业经济，2018（4）：76-78.

[3] 陈杰，丁晓冰，张凯. 买它买它2019年度网红带货影响力榜[J]. 知识经济，2020（Z1）：90-107.

[4] 陈蕾. 中国在线教育平台盈利模式探析——以网易云课堂为例[J]. 视听，2018（5）：171-172.

[5] 陈政峰. 新媒体运营实战指南：社群运营·短视频运营·直播运营·微信运营[M]. 北京：人民邮电出版社，2019.

[6] 陈迎欣，郜旭彤，文艳艳. 网络直播购物模式中的买卖双方互信研究[J/OL]. 中国管理科学，2020（3）：1-14.

[7] 陈可，涂平. 顾客参与服务补救：基于MOA模型的实证研究[J]. 管理科学，2014，27（3）：105-113.

[8] 成也，王锐. 网络直播平台的治理机制——基于双边平台视角的案例研究[J]. 管理案例研究与评论，2017，10（4）：355-363.

[9] 崔钰晴. 李子柒与网红变现新模式探索[J]. 商讯，2020（10）：6-7.

[10] 丁俊杰. 公私流量的照妖镜[J]. 中国广告，2020（1）：93-94.

[11] 邓燕玲，高贵武. 直播带货带来了什么 网络直播带货的机遇与思考[J]. 新闻与写作，2020（7）：95-99.

[12] 冯兆，倪泰乐. 基于李子柒现象的MCN模式下文化输出策略研究[J]. 传媒，2020（4）：94-96.

[13] 冯平，刘焱飞，朱中域. 私域流量[M]. 北京：机械工业出版社，2019.

[14] 冯珊珊. 六间房：借道宋城，曲线回归[J]. 首席财务官，2015（21）：37-39.

[15] 冯子晴. 美妆KOL的营销模式分析——以李佳琦为例[J]. 现代营销（下旬刊），2020（8）：170-171.

[16] 冯小宁，宋成. "冰与火之歌"：直播时代的知识新形态与出版新业态[J]. 出版发行研究，2019（10）：15-19+14.

[17] 封亚南. 专访李佳琦：直播之上的奇遇人生，李佳琦和他的"口红一哥"[J]. 电视指南，2020（8）：14-17.

[18] 方立荧. 微信自媒体受众信任度对购买意愿的影响研究[D]. 成都：西南交通大学，2015.

[19] 方勇，李倩，张鹤达. 我国企业基础研究的交易成本与支持政策研究[J]. 科技管理研究，2020，40（12）：19-25.

[20] 菲利普·科特勒，凯文·莱恩·凯勒. 营销管理[M]. 15版. 何佳讯，于洪彦，牛永革，等译. 上海：格致出版社，2016.

[21] 菲利普·科特勒，何麻温·卡塔加雅，伊万·塞蒂亚万. 营销革命4.0：从传统到数字[M]. 王赛，译. 北京：机械工业出版社，2018.

[22] 高琴. 李子柒野食系短视频的内容生产和传播策略探析[J]. 河北民族师范学院学报，2019（3）：109-114.

[23] 谷麒. 直播营销用户体验策略研究[J]. 商业经济，2017（11）：32-33.

[24] 勾俊伟，张向南，刘勇. 直播营销[M]. 北京：人民邮电出版社，2017.

[25] 何天黎. 梦洁家纺布局线上线下匹配营销[J]. 纺织装饰科技，2016（1）：28-29.

[26] 康彧. 私域流量：概念辨析、运营模式与运营策略[J]. 现代商业，2020（23）：10-12.

[27] 柯醒，倪林峰. 私域流量：流量池的自建与变现[M]. 北京：化学工业出版社，2020.

[28] 梁湘. 深耕私域流量赋能新经济[J]. 社会科学，2019（12）：26-27.

[29] 李雨桐. 我国电子竞技直播的大众之路——以虎牙直播为例[J]. 西部广播电视，2018（7）：18-20.

[30] 李阳，侯艳. 贝因美新风采半年度盈利，入选大国品牌[J]. 乳品与人类，2020（4）：34-36.

[31] 李蕊娟. "带货女王"薇娅：年入5000万的背后[J]. 中关村，2020（6）：110-113.

[32] 李科成. 直播营销与运营：盈利模式+推广技巧+经典案例[M]. 北京：人民邮电出版社，2017.

[33] 李亚，武洁，黄积武，等. 直播：平台商业化风口[M]. 北京：机械工业出版社，2016.

[34] 李琪，王璐瑶. 基于ABC态度模型的消费者重复购买意愿研究[J]. 商业研究，2016（11），17-23.

[35] 李梅芳，薛晓芳，窦君鹏.基于信息共享的建筑供应链"去中心化"研究[J].管理现代化，2020，40（1）：88-92.

[36] 刘宛乔.海尔智家：强化产学研融合赋能智慧家庭[J].高科技与产业化，2020（1）：58-61.

[37] 刘洋，李琪，殷猛.网络直播购物特征对消费者购买行为影响研究[J].软科学，2020，34（6）：108-114.

[38] 鲁艳敏. 国家网信办指导属地网信办依法约谈处置虎牙、斗鱼等10家网络直播平台[J].传媒，2020（13）：20.

[39] 罗辉林，唐琳琳.共享思维——互联网下的去中心化商业革命[M].北京：电子工业出版社，2017.

[40] 马嘉璐.VR直播：未来传媒直播形态分析[J].现代视听，2017（5）：43-45.

[41] 马化腾.数字经济：中国创新增长新动能[M].北京：中信出版社，2017.

[42] 迈克尔·波特.竞争优势[M].陈晓悦，译.北京：华夏出版社，2014.

[43] 倪徐冰.三只松鼠营销策略研究[J].老字号品牌营销，2020（8）：12-13.

[44] 倪丹. 基于swot分析的在线云课堂研究——以"网易云课堂"为例[J]. 软件导刊（教育技术），2017，16（10）：22-24.

[45] 庞熙来.电竞直播平台的媒介形象研究——以"虎牙直播"为例[J].新闻研究导刊，2018（23）：49-50.

[46] 浦甲玲，虞娟.论企业的品牌定位与市场之间关系[J].品牌研究，2020（4）：32-35.

[47] 钱丽娜.薇娅，24小时的"秘密"[J].商学院，2019（9）：62-66.

[48] 孙聪，魏江.企业层创新生态系统结构与协同机制研究[J].科学学研究，2019，37（7）：1316-1325.

[49] 王倩倩，沈笑.国内音乐短视频盈利模式研究——以抖音为例[J].江苏商论，2020（3）：33-37.

[50] 王旭红.抖音短视频的营销模式及商业价值探究[J].西部广播电视，2019（22）：28-30.

[51] 王祯.六间房发掘秀场模式[J].经理人，2013（7）：40-41.

[52] 王松梅.广告的定位与品牌的塑造[J].商业研究，2004（9）：163-164.

[53] 王永贵.市场营销[M].北京：中国人民大学出版社，2019.

[54] 王永贵.服务营销[M].北京：清华大学出版社，2018.

[55] 温静.我国游戏类网络直播平台的运营策略研究——以斗鱼直播平台为例[J].传播与版权，2019（1）：143-147.

[56] 翁伟.直播营销初探[J].艺术科技,2017(4):425.

[57] 武亚军,郭珍.转型发展经济中的业务领先模型——HW-BLM框架及应用前瞻[J].经济科学,2020(2):116-129.

[58] 吴汉东.为数字中国建设供法律保障[N].人民日报,2018-08-19(5).

[59] 吴小节,陈晓纯,彭韵妍,等.制度环境不确定性对企业纵向整合模式的影响机制:认知偏差与动态能力的作用[J].管理评论,2019,31(6):169-185.

[60] 谢广营.B2C及C2C网购物流服务质量测量述评:一个概念模型及理论框架[J].管理评论,2016,28(4):186-200.

[61] 邢小强,张竹,周平录,等.快手科技:追求公平普惠的"隐形"之手[J].清华管理评论,2020(Z1):136-144.

[62] 许晖,王琳.价值链重构视角下企业绿色生态位跃迁路径研究——"卡博特"和"阳煤"双案例研究[J].管理学报,2015(4).

[63] 杨乐怡.重新崛起:短视频行业的UGC价值再现——以快手为例[J].新闻战线,2017(10):107-109.

[64] 杨松.虎牙的"氪金"钱途[J].21世纪商业评论,2020(7):50-53.

[65] 杨松.小鹅通赋能术[J].21世纪商业评论,2019(4):62-63.

[66] 杨雪琴,田桂瑛,谢建军."互联网+"背景下供应链平台生态圈模式创新探究[J].商业经济研究,2019(1):5-8.

[67] 闫妍,秦华.习近平在中共中央政治局第三十六次集体学习时强调 加快推进网络信息技术自主创新 朝着建设网络强国目标不懈努力[N].人民日报,2016-10-10(1).

[68] 尹宏伟.直播修炼手册:主播IP打造+营销运营+商业变现[M].北京:机械工业出版社,2019.

[69] 尹宏伟.直播营销:流量变现就这么简单[M].北京:机械工业出版社,2018.

[70] 尹基跃.可复制的私域流量:私域流量实战指南[M].北京:机械工业出版社,2020.

[71] 殷中军.引爆私域流量池:新零售时代如何低成本实现爆发式增长[M].北京:机械工业出版社,2020.

[72] 于飞,蔡翔,董亮.研发模式对企业创新的影响——知识基础的调节作用[J].管理科学,2017,30(3):97-109.

[73] 翟文婷,史小兵.快手为什么能抓住沉默的大多数[J].中国企业家,2017(Z1):58-65.

[74] 张智. 移动传播时代下的场景营销——以"三只松鼠"为例[J]. 新闻研究导刊, 2020（19）：77-78.

[75] 张媛珍. 特殊时期海尔智家的破冰之旅：推出全流程智慧健康场景方案[J]. 电器, 2020（4）：40-41.

[76] 张悦畅. 新媒体视域下电商网红店主个人品牌化塑造——以淘宝直播主播薇娅为例[J]. 新媒体研究, 2019, 5（12）：134-135.

[77] 张建军, 赵启兰. 基于"互联网+"的供应链平台生态圈商业模式创新[J]. 中国流通经济, 2018, 32（6）：37-44.

[78] 张晓雯, 朱旭丹, 李晶, 等. 网络直播平台的营销策略研究——以斗鱼TV为例[J]. 中国商论, 2019（14）：14-16.

[79] 张毅梦. 网络直播带货："李佳琦"的传播策略——以博主李佳琦为例[J]. 东南传播, 2020（4）：88-91.

[80] 张罡, 王宗水, 赵红. 互联网+环境下营销模式创新：价值网络重构视角[J]. 管理评论, 2019, 31（3）：94-101.

[81] 钟艺聪. 新媒体时代网络文化消费下的"网红经济"——以抖音为例[J]. 艺术教育, 2019（12）：97-99.

[82] 周国林, 伍珈汛, 付开放, 等. 直播平台的商业模式研究——以斗鱼为例[J]. 上海商学院学报, 2019, 20（3）：102-112.

[83] 周晋竹. 全球价值链重构的三大特征及对中国的挑战[J]. 中国对外贸易, 2017（1）：23-25.

[84] 周姬文希. 基于品牌定位理论对星巴克在中美市场品牌定位策略的分析[J]. 现代商业, 2020（13）：35-37.

[85] 周辉. 企业操盘私域流量：流量池建设+社群运营+内容输出转化[M]. 北京：人民邮电出版社, 2020.